面向"十二五"高职高专规划教材

物流管理实务

宋 洋 唐芳柱 黄 琦 主编

中央广播电视大学出版社

北 京

图书在版编目（CIP）数据

物流管理实务 / 宋洋，唐芳柱，黄琦主编．—北京：
中央广播电视大学出版社，2012.7
面向"十二五"高职高专规划教材
ISBN 978-7-304-05583-7

Ⅰ．①物… Ⅱ．①宋… ②唐… ③黄… Ⅲ．①物流－
物资管理－高等职业教育－教材 Ⅳ．①F252

中国版本图书馆 CIP 数据核字（2012）第 127129 号

面向"十二五"高职高专规划教材

物流管理实务

宋　洋　唐芳柱　黄　琦　主编

出版·发行：中央广播电视大学出版社
电话：营销中心 010-58840200　　总编室 010-68182524
网址：http://www.crtvup.com.cn
地址：北京市海淀区西四环中路 45 号
邮编：100039
经销：新华书店北京发行所

策划编辑：苏　醒　　　　　　　　**责任编辑**：谷春林
印刷：北京密云胶印厂　　　　　　**印数**：0001～3000
版本：2012 年 8 月第 1 版　　　　　2012 年 8 月第 1 次印刷
开本：787×1092　　1/16　　　　　**印张**：13.75　　**字数**：326 千字

书号：ISBN 978-7-304-05583-7
定价：27.00 元

（如有缺页或倒装，本社负责退换）

前　言

随着世界经济一体化的进程加快，许多大型跨国物流集团进入我国，各级政府部门和许多市场意识敏锐的企业已经把物流作为提高竞争能力和提升企业核心竞争力的重要手段，并将现代物流理念、先进的物流技术和现代经营与管理模式引入国家、地区经济建设和企业经营与管理之中。但是，我国的物流教育仍十分滞后，造成现代物流人才严重匮乏，阻碍了经济的发展和经济效益的提高。根据我国加入世界贸易组织的承诺，物流和分销服务业是全面开放的行业之一，国内市场将会呈现高层次、高起点的激烈竞争局面，这势必会使本身就匮乏的物流人才竞争加剧。如果我们不从现在做起，加快我国物流管理与技术人才的培养，那么"物流产业化成为 21 世纪新的经济增长点"就将成为一句空话。因此，加速推动现代物流产业的人才培养工程，实施多层次、多样化的物流教育，是 21 世纪物流产业化发展中保证物流产业形成合理的人才结构，提高我国物流管理水平和经济效益的决定性因素。

为了满足物流高等教育、高等职业技术教育和各层次人员培训教育的不同需求，我们特意组织编写了这套集案例与实训于一体的教材。本书为打造"零距离"上岗的高级实用人才，以企业的物流业务为主线，结合现代企业物流作业与物流信息技术，将理论与企业实践有机结合，形成了集实用性、实践性和应用性于一体的教学特色。

本书共 9 个项目，其主要内容包括：物流基础知识，采购管理，仓储与库存管理，运输管理，配送管理，物流信息技术管理，物流成本管理，第三方物流与国际物流，物流客户服务。本书采用项目化的任务驱动模式，每个项目设置情景导入、实训活动及巩固练习。

　　本书由辽宁金融职业学院宋洋、贵州轻工职业技术学院唐芳柱、首都经济贸易大学黄琦任主编，辽宁金融职业学院侯心媛任副主编。其基本分工如下：项目一、项目二由宋洋编写，项目三、项目四、项目五由唐芳柱编写，项目六、项目七由黄琦编写，项目八、项目九由侯心媛编写。

　　本书在编写过程中，借鉴了国内外关于物流的相关理论和最新研究成果，参考了许多专家的相关著作，在此，谨向各位专家、学者表示感谢。

　　由于编者水平有限，本书难免存在纰漏之处，恳请专家和读者批评指正。

编　者

2012 年 5 月

目　录

CONTENTS

项目一　物流基础知识

学习目标

1. 了解物流的概念以及物流的发展历程。
2. 掌握各种不同角度的物流分类。
3. 理解物流系统的属性。
4. 掌握物流系统的基本构成要素。
5. 了解现代物流管理的特征及目标。
6. 了解物流发展的新变化。

情景导入

加入 WTO（World Trade Organization，世界贸易组织）后，外资物流企业大量涌入我国市场，推动国内物流业的跨越式发展。

国家发展改革委员会、国家统计局、中国物流与采购联合会 2010 年 3 月 5 日发布的最新统计数据显示，2009 年全国社会物流总额达 96.65 万亿元，同比增长 7.4%。国家发展改革委员会 2010 年 12 月 27 日在其官网表示，2010 年全年社会物流总额达 125 万亿元以上，同比增长 16% 左右。中国 2010 年社会物流总额同比增长 16% 的数据高于美国、加拿大等国家。物流业已名副其实地成为我国经济发展的重要因素和企业创造利润的源泉之一。据发展改革委员会初步统计核算，2010 年 11 月，社会物流总额为 11.9 万亿元，为 2010 年以来单月最高，同比增长 30.8%。

2010 年中国物流运行呈现 3 大特点：

1. 物流需求增速加快

据初步统计核算，2010 年 1～11 月累计社会物流总额达 114.6 万亿元，同比增长 16.2%。其中，工业品物流总额达 103.4 万亿元，同比增长 15.8%；进口货物物流总额达 8.5 万亿元，同比增长 23.6%。从物流实物量情况来看，1～11 月累计货运量同比增长 14.8%，货运周转量同比增长 14%。其中，港口货物吞吐量同比增长 15.9%，集装箱吞吐量同比增长 20%。

2. 物流相关行业固定资产投资增长较快

2010 年 1～11 月物流相关行业固定资产投资完成额 2.6 万亿元，同比增长 23.2%；其中，交通运输业完成投资额 1.9 万亿元，同比增长 23.6%；仓储邮政业完成投资额 2018.3 亿元，同比增长 31.3%；贸易业完成投资额 4732.3 亿元，同比增长 18.1%。

3. 物流价格涨跌互现，物流企业成本压力加大

2010 年 11 月中国沿海（散货）运价指数受煤炭和粮食运输需求减缓的影响出现回调，较月初下跌 79%，但 11 月均值环比上涨 6.3%；大中型公路货运企业运价指数比上月上涨 2.8%，

中小型公路货运企业运价则下降 1.8%。

（中华人民共和国国家发展和改革委员会：《11 月份我国物流行业加快增长》，
http://www.ndrc.gov.cn/jjxsfx/t20101227_387669.htm）

讨论与思考：

1. 以上数据反映了中国物流发展的哪些特点？
2. 在世界新形势下，我国应如何推动物流的快速发展？

任务一　物流的认知

一、物流的概念

物流是指物品从供应地向接收地的实体流动过程。物流根据实际需要，将运输、储存、装卸、搬运、包装、流通加工、配送、信息处理等基本功能进行有机结合。其中，"物"是指一切可以进行物理性位置移动的物质资料和物流服务。物质资料包括物资、物料和货物；物流服务包括货物代理和物流网络服务。"流"是物的实体位移，包括短距离的搬运、长距离的运输和全球物流。

物质实体的物理运动，在人类社会开始经济运动的初期就已经存在。然而，物流作为一门科学进行系统的研究，发达国家大致是从 20 世纪中期开始；我国对物流的系统研究开始得更晚，至今不过 30 年的历史。虽然物流科学还很年轻，但由于它的重要性已被普遍认识，物流科学的发展相当迅速。

物流是物资资料从供给者到需求者的物理性运动，是实现价值和创造价值的经济活动，其内涵有以下几个方面：

（1）物流的客体是物资资料。其内容既包括有形物资资料，也包括依从物质载体的无形资料。

（2）物流的主体是供给者和需求者。供给者包括生产者和经营者，需求者包括一般消费者、业务需求者和产业需求者。

（3）物流是物资资料在时间、空间、数量、质量的物理性运动。

（4）物流是实现价值的经济活动。使用价值是价值的物质承担者，生产过程创造的价值必须经过物流才能最终实现。

（5）物流又是创造价值的经济活动。物流具有生产性，物流劳动是社会必要劳动，物流通过时间、空间、数量、质量效应来创造价值。

二、物流的产生与发展

如果从"物体的流动"来理解，物流是一个古老又平常的现象，因为自从人类社会有了商品交换，就有了物流活动（如运输、仓储、装卸搬运等）。若将物流作为一门科学，从系统的角度来研究，却仅有几十年的历史，因此说物流是一门新学科。它的发展经历了以下几个阶段：

1．物流兴起阶段

英国是物流的发源地。1918 年，英国犹尼里佛的利费哈姆勋爵成立了"即时送货股份有限公司"。其宗旨是在全国范围内，把商品及时送到批发商、零售商以及用户的手中，这被一些物流学者认为是有关物流活动的早期文献记载。

1921 年，美国阿奇·萧在《市场流通中的若干问题》一书中提出"物流是与创造需要不同的一个问题。物资经过时间和空间的转移，会产生附加价值"。这里"时间和空间的转移"指的是销售过程的物流。

2．实物配送阶段

物流的理念被应用于企业界。最初，仅移植了军队后勤理念中的"实物分配"理念。它先是作为企业"市场营销的另一半"（1954），后来被直接定义为"有计划地对原材料、在制品和制成品由生产地到消费地的高效运动过程所实施的一系列功能性活动"（1963）。在随后的二十多年里，同时出现多个术语描述企业物流活动，包括物资管理、营销后勤、商业后勤、供应管理、后勤工程、商业后勤、分销管理等。在第二次世界大战末期，为了合理解决军事后勤的物质配送问题，美国军事部门运用运筹学和电子计算机技术进行了科学研究，较好地解决了这一问题。这一时期是物流科学的萌芽阶段。

实物配送的思想具有战略性，是企业发展的战略而不是一时谋取利润的手段，因此实物配送不是一项单纯性的职能活动，而是一种思维方式，按这一观念可以建立起企业新的管理模式。

实物配送网络的基本实体要素主要有原料产地、制造工厂、配送中心和客户。实物配送活动的具体内容包括客户服务、订单处理、配送联络、存货控制、需求预测、交通和运输、仓库和储存、工厂和仓库布局选地、物料搬运、物料采购、备件和维修服务保障、工业包装、退货处理、废弃物处理等。

3．第三利润源与综合物流阶段

"第三利润源"的说法主要出自日本，是对物流潜力及效益的描述。它基于两个前提条件：第一，物流是可以完全从流通中分化出来，自成一个独立运行的系统进行管理，因而能单独对其进行判断；第二，物流和其他独立的经营活动一样，它不是成本构成因素，而是赢利因素，可以成为"利润中心"型的独立系统。1970 年成立的日本最大的物流团体就叫"日本物的流通协会"，每年举行的物流会议也都叫"全国物的流通会议"。1970 年以后，很多人认为"物的流通"有点长，于是就简称"物流"。直到 1985 年，美国物流管理协会（Council of Logistics Management，CLM）才统一了有关企业后勤活动的术语，并将物流定义为"是以满足客户需求为目的，以高效和经济的手段来组织原材料、在制品、制成品以及相关信息从供应到消费的运动和储存的计划、执行和控制的过程"。

综合物流时期，人们从注重对物品实体配送活动的成本，转向注重服务；从对单一物流活动的研究，发展到注重物流相关环节的系统研究，物流科学开始走向成熟。

4．供应链管理阶段

美国物流管理协会在 1991 年将 1985 年物流定义中的"原材料、在制品、制成品"修改为"产品、服务"，这实际上把物流从以支持生产制造为核心的管理过程，提升到企业市场营销管理的一般层面上,将物流运作的价值取向从面向企业内部,调整到面向外部市场,更加强调了物流运作的客户服务导向。

1998年,美国物流管理协会又在1991年定义的前面加上"物流是供应链过程的一部分",这实际上不仅把物流纳入了企业间互动协作关系的管理范畴,而且要求企业在更广阔的背景下来考虑自身的物流运作。企业不仅要考虑自己的客户,而且要考虑其供应商;不仅要考虑客户的客户,而且要考虑供应商的供应商;不仅要致力于降低某项具体物流的成本,而且要考虑使供应运作的总成本最低。概括起来,就是所有供应链成员企业为了共同的客户服务目标而协调行动,直至建立稳定的合作伙伴关系。

供应链是指围绕核心企业,通过对信息流、物流和资金流的控制,将产品生产和流通中涉及的上下游原材料供应商、生产商、分销商、零售商和最终消费者连成一体的功能网链结构模式。在供应链整合中,物流起主导作用,其范围进一步扩大,形成现代物流。

三、物流的分类

今天,社会经济活动中的物流发展迅速,各个领域的物流,虽然其基本要素相同,但由于物流对象不同,物流目的不同,物流范围、范畴不同,形成了不同的物流类型。对物流的分类标准目前还没有统一的看法,主要的分类方法有以下几种:

1. 按照物流活动的空间范围分类

按照物流活动的空间范围分类,可分为国际物流、区域物流。

(1)国际物流是不同国家之间的物流,这种物流是国际贸易的一个必然组成部分,各国之间的相互贸易最终通过国际物流来实现。国际物流是现代物流系统中重要的物流领域,近十几年有很大发展,也是一种新的物流形态。

(2)区域物流是相对于国际物流而言的概念,它是指一个国家范围之内的物流,如一个城市的物流,一个经济区域的物流均属于区域物流。

2. 按照物流发生的范围大小分类

按照物流发生的范围大小分类,可分为宏观物流、微观物流。

(1)宏观物流是指社会再生产总体的物流活动,是从社会再生产总体的角度来认识和研究物流活动。宏观物流主要研究社会再生产过程物流活动的运行规律以及物流活动的总体行为。

(2)微观物流是指消费者、生产者企业所从事的实际的、具体的物流活动。在整个物流活动过程中,微观物流仅涉及系统中的一个局部、一个环节或一个地区。

3. 按照物流系统的性质分类

按照物流系统的性质分类,可分为社会物流、行业物流、企业物流。

(1)社会物流属于宏观范畴,它是指超越一家一户的,以整个社会为范畴,以面向社会为目的的物流。这种物流的社会性很强,经常是由专业的物流承担者来完成,包括设备制造、运输、仓储、装饰、包装、配送、信息服务等,公共物流和第三方物流贯穿其中。社会物流的范畴是社会经济大领域。社会物流研究再生产过程中随之发生的物流活动,研究国民经济中的物流活动,研究如何形成服务于社会,面向社会又在社会环境中运行的物流，研究社会中的物流体系结构和运行，因此带有宏观和广泛性。

（2）行业物流属于宏观范畴，它是指在一个行业内部发生的物流活动。在一般情况下，同一行业的各个企业往往在经营上是竞争对手，但为了共同的利益，在物流领域中却又常常互相协作，共同促进物流系统的合理化。在国内外有许多行业均有自己的行业协会或学会，并对本行业的行业物流进行研究。在行业的物流活动中，有共同的运输系统和零部件仓库以实行统一的集体配送；有共同的新旧设备及零部件的流通中心；有共同的技术服务中心进行对本行业的维护人员的培训；有统一的设备机械规格、采用统一的商品规格、统一的法规政策和统一的报表等。行业物流系统化的结果使行业内的各个企业都得到相应的利益。

（3）企业物流属于微观物流的范畴，它是指从企业角度上研究与之有关的物流活动，是具体的、微观的物流活动的典型，包括生产物流、供应物流、销售物流、回收物流和废弃物物流等。

4．按照物流活动的方向分类

按照物流活动的方向分类，可分为正向物流、逆向物流。

（1）正向物流又称为顺向物流，是指从供应链上游向下游的运动所引发的物流活动。这一系列的流动过程包括从原材料的种植、采掘、生产，到产品的加工生产，再到产品的批发零售，最终到消费者的使用。

（2）逆向物流也称为反向物流，是指从供应链下游向上游的运动所引发的物流活动。一般包括回收物流、废弃物物流。逆向物流有广义和狭义之分。狭义的逆向物流是指不合格物品的返修、退货以及周转使用的包装容器从需方返回到供方所形成的物品实体流动。如托盘和集装箱的回收、客户的退货、缺陷产品返修、退货等的物品实体反向的流动过程。它是将物品中有再利用价值的部分加以分拣、加工、分解，使其重新进入生产和消费领域。广义的逆向物流除了包含狭义的逆向物流的定义之外，还包括废弃物物流的内容，其最终目标是减少社会资源的使用，并通过减少使用资源达到废弃物减少的目标，同时使正向以及回收的物流更有效率。

5．按照物流在物品流转中的作用分类

按照物流在物品流转中的作用分类，可分为生产物流、供应物流、销售物流、回收物流、废弃物物流。

（1）生产物流也称为厂区物流，是企业物流的核心部分。企业生产物流指企业在生产工艺中的物流活动。生产物流一般表现为：原料、零部件、燃料等辅助材料从企业仓库开始，进入生产线的开始端，随生产加工过程每一个环节按照工艺安排向下一环节流动。在流动的过程中，物品被加工，同时产生一些废料、余料，直到生产加工终结，再流转到产成品仓库，才结束企业的生产物流过程。人们在研究生产活动时，过去主要是注重其中的某个生产加工过程，而忽略了将每一个生产加工过程联系在一起，使得一个生产周期内，物流活动所用的时间远多于实际加工的时间。所以，从物流的角度分析企业生产物流，可以大大缩减生产周期，节约劳动力，降低生产成本，提高经济效益。

（2）供应物流是指企业为组织生产所需的原材料、零部件等各种物资供应而进行的物流活动，包括从物资提供者采购、储运、送到本企业的外部供应物流和组织本企业将物资

送达生产线的内部物流。企业为保证本身生产的节奏，不断组织原材料、零部件、燃料、辅助材料供应的物流活动，这种物流活动对企业生产的正常、高效进行起重大作用。企业供应物流不仅要保证供应，而且要以最低成本、最少消耗来最大地保证组织供应物流活动，因此，有很大的难度。企业竞争的关键在于：如何降低这一物流过程的成本，这可以说是企业物流的最大难点。为此，企业供应物流就必须解决有效的供应网络问题、供应方式问题和零库存问题等。

（3）销售物流是指企业在出售商品过程中所发生的物流活动。生产工厂或商业批发、物流企业、零售商店，从商品采购、运输、储存、装卸搬运、加工或包装、拣选、配送、销售，到顾客收到商品过程的物流。企业销售物流是企业为保证本身的经营效益，不断伴随销售活动，将产品所有权转给用户的物流活动。在现代社会中，市场是一个完全的买方市场，因此，销售物流活动便带有极强的服务性，以满足买方的需求，最终实现销售。在这种市场前提下，销售往往以送达用户并经过售后服务才算终止，而销售物流的空间范围很大，这便是销售物流的难度所在。在这种前提下，企业销售物流的特点，便是通过包装、送货、配送等一系列物流实现销售，这就需要研究送货方式、包装水平、运输路线等并采取各种诸如少批量、多批次、定时、定量配送等特殊的物流方式达到目的，因而，其研究领域是很宽的。

（4）回收物流是指伴随货物运输或搬运中的包装容器、装卸上具及其他可再用的杂物等，通过回收、分类、再加工、使用过程的物流。企业在生产、供应、销售的活动中总会产生各种边角余料和废料，这些东西回收是需要伴随物流活动的，而且，在一个企业中，回收物品处理不当，往往会影响整个生产环境，甚至影响产品质量，也会占用很大空间，造成浪费。

（5）废弃物物流是指将经济活动或生活中失去原有使用价值的物品，根据实际需要进行收集、分类、加工、包装、搬运、储存等，并分送到专门处理场所的物流活动。它包括伴随着生产过程中产生的副产品，如铁屑、铁板等；消费中产生的废弃物，如生活垃圾等，针对上述进行的回收处理的物流。

6．按照物流提供的主体分类

按照物流提供的主体分类，可分为第一方物流、第二方物流、第三方物流、第四方物流。

（1）第一方物流（First Party Logistics，FPL）是指由供应方提供专项或全面的物流系统设计或系统运营的物流服务模式。

（2）第二方物流（Second Party Logistics，SPL）是指由需求方提供专项或全面的物流系统设计或系统运营的物流服务模式。

（3）第三物流（Third Party Logistics，TPL）是指独立于供需双方为客户提供专项或全面的物流系统设计或系统运营的物流服务模式。由物流劳务的供方、需方之外的第三方去完成物流服务，第三方就是提供物流交易双方的部分或全部物流功能的外部公司。

（4）第四方物流（Fourth party Logistics，FPL）是指物流服务提供者是一个供应链的集成商，它对公司内部和具有互补性的服务提供者所拥有的不同资源、能力和技术进行整合和管理，提供一整套供应链解决方案。第四方物流的特点是：一是第四方物流提供一整套完善的供应链解决方案；二是第四方物流通过其对整个供应链产生影响的能力来增加价值。

第四方物流公司的运作方式有超能力组合（"1+1>2"），方案集成商，行业创新者。

7. 按照物流在各个行业的差异分类

按照物流在各个行业的差异分类，可分为军事物流、医药物流、邮政物流、建筑物流等。

（1）军事物流是指用于满足平时、战时军事行动物资需求的物流活动。军事领域的物流概念是现代物流概念的来源。在军事上，物流是支持战争的一种后勤保障手段，是伴随战争和战场的转移而发生的军事物资的运动。它和服务经济活动的"物流"具有不同的特点。

（2）医药物流是指依托一定的物流设备、技术和物流管理信息系统，有效整合营销渠道上下游资源，通过优化药品供销配运环节中的验收、存储、分拣、配送等作业过程，提高订单处理能力，降低货物分拣差错，缩短库存及配送时间，减少物流成本，提高服务水平和资金使用效益，实现自动化、信息化和效益化。

（3）邮政物流是指邮政企业利用"两网（实物网、信息网）融合、三流（实物流、信息流、资金流）合一"的优势，为满足客户需求，对商品、服务和相关信息及资金流在货源地与消费地之间进行有效的流动和控制的全过程。它将运输、仓储、装卸搬运、包装、加工、配送和信息及货款代收（转账）等进行有效的结合，形成完整的物流供应链，为客户提供多功能、个性化、一体化的综合性服务。

（4）建筑物流是指在工程建设项目中，统一组织运输、储存、装卸搬运等物流功能，为按时、按品种、保质、保量将材料配送到指定的施工现场的整体活动。工程建设项目消耗的材料主要包括钢材、水泥、木料、砖瓦、沙石等，这些材料体积大、质量重，往往需要大型运输、吊装设施，并占用很多的场地，因为工程建设项目具有个体性、时间性和一次性的特点，产品的形成属单件生产方式，因此为工程建设项目提供的物流服务也具有特殊性，如服务量的不稳定、服务地点的变动性、服务方式的灵活性。大型工程建设项目受影响的因素多而复杂，特别是受经济环境因素的影响难以预料，因而对材料消耗计划很难做到准确，这就要求强化施工过程中对材料供应的有效控制。

8. 根据发展的历史进程分类

根据发展的历史进程分类，可将物流分为传统物流、现代物流。

（1）传统物流的主要精力集中在仓储和库存的管理和派送上，而有时又把主要精力放在仓储和运输方面，以弥补在时间和空间上的差异。

（2）现代物流是为了满足消费者需要而进行的从起点到终点的原材料、中间过程库存、最终产品和相关信息有效流动及储存计划、实现和控制管理的过程。它强调了从起点到终点的过程，提高了物流的标准和要求，是各国物流的发展方向。国际上大型物流公司认为现代物流有两个重要功能：能够管理不同货物的流通质量；开发信息和通信系统，通过网络建立商务联系，直接从客户处获得订单。

现代物流不仅提供运输服务，还包括许多协调工作，是对整个供应链的管理，如对陆运、仓储部门等一些分销商的管理，还包括订单处理、采购等内容。由于很多精力放在供应链管理上，责任更大，管理也更复杂，这是与传统物流的区别。

9. 按物流的工作对象特殊性分类

按物流的工作对象特殊性分类，可以分为一般物流和特殊物流。

（1）一般物流是指物流活动的共同点和一般性，物流活动的一个重要特点是物流具有涉及全社会的广泛性，因此物流系统的建立及物流活动的开展必须有普遍的适用性。

（2）特殊物流是指在遵循一般物流规律的基础上，带有制约因素的特殊应用领域、特殊管理方式、特殊劳动对象、特殊机械装备特点的物流，如油品物流、煤炭物流和危险品物流等。

10．按物流的流向不同分类

按物流的流向不同分类，还可以分为内向物流和外向物流。

（1）内向物流是指企业从生产资料供应商进货所引发的产品流动，即企业从市场采购的过程。

（2）外向物流是指从企业到消费者之间的产品流动，即企业将产品送入消费市场并完成与需求者交换的过程。

四、商流与物流

商流是指对商品所有权转移的活动，泛指商品交易的流通过程及其间所有权转移的所有活动。物流是指实物从供给方向需求方的转移，这种转移既要通过运输或搬运来解决空间位置的变化，又要通过储存保管来调节双方在时间节奏方面的差别。商流是价值运动，物流是使用价值的物质运动。正像使用价值是价值的物质承担者一样，物流又是商流运动的物质内容。

物流不是先于商流存在的，它是在有了买卖行为之后才产生的。物流虽然只是在商流确定之后实现买卖的具体行为，但如果没有物流，买卖行为也无法实现。商流和物流是相辅相成、互相补充的。

随着商品流通的深化、企业管理的需要和信息技术的发展，企业物流与商流分离成为必然的趋势，它是企业供应链优化的必经之路。

1．商流在前，物流在后

物流是在商流之后完成的。商品的预购就属于这种情况，商品预购时，首先是买卖双方进行一系列交易活动，如商务谈判、签订合同、交付订金或预付货款等。这时商品可能还没有生产出来，当然也不会有物流，经过一定的时间，等商品生产出来以后，才从生产地运送到购买者手里，在此过程要发生商品的包装、装卸、运输、保管等物流活动。

2．物流在前，商流在后

商品的赊销就属于这种情况。在商品赊销的条件下，买者不是先付货款，而是先获得商品。商品实体首先发生包装、装卸、运输、储运等物流活动。之后，才实行付款和结算，商流是在物流之后完成的。

3．商流迂回，物流直达

如在商流中，产品的所有权多次易手，但产品实体可能从最初的生产者直接送达最终的购买者。在这种场合，商流是曲线迂回地进行，但物流则不需要迂回进行，而是直达供货。商流和物流是商品流通中的两个方面，两者是互相制约的。在商流的一切活动中，中心的环节是销售，其他活动都是为了实现商品的销售。离开销售，社会的需求就无从满足。商流堵塞，物流随之不畅。反过来，物流是商流的物质基础。物流堵塞，商流也不能畅通无阻。而商流与物流的分离不仅具有其客观必然性，而且也有其重要的现实意义。商流与物流的分离有利于减少商品实体运动的不必要的中转环节，节约流通时间。商流与物流的分离既是商品经济发展的产物，又会给商品经济的发展带来新的矛盾。如在商流与物流分离的条件下，非法投机、买空卖空活动易于滋生，不法之徒可利用这种空隙转手倒卖，造成中间环节膨胀和人为的损失浪费。因此，对不同商品要注意从商流与物流分离的特点上去采取不同的调控和管理方法，防止商品经营出现混乱。

任务二　物流系统认知

物流系统就是指在供应链管理活动中的各种物流功能，随着采购、生产、销售活动而发生，并使物的流通效率提高的系统。这种系统大致由作业系统和信息系统组成。

（1）物流系统是在一定的时间、空间里，由所需要运转的物流产品、包装设备、装卸搬运机械、运输工具、仓储设施、运输道路、流通加工和废弃物回收处理设施等物质、能量、人员和通信网络（情报信息）等所构成的系统。

（2）构成系统的各要素处在动态之中，它们相互作用、相互依赖、相互制约而构成一个统一体。

（3）物流系统是具有包装、装卸、搬运、运送、储存保管、流通加工、废弃物回收处理，以及信息的搜集、加工、整理等功能的有机整体。这个有机整体同时处于整个国民经济系统环境之中。

物流系统是由物流各要素组成的，它是要素之间有机联系并使物流总体具有合理化功能的综合体。

一、物流系统的特点

物流系统具有以下几个方面的特点：

1. 物流系统的客观性

物流系统本来就是客观存在的，但一直未被人们所认识，从而未能能动地利用系统的优势。物流系统的各个要素，在长期的社会发展历程中，都已有了较高的水平，因而，一旦形成物流观念，按新观念建立物流系统，就会迅速发挥系统的总体优势。人们发现诸如运输、储存、装卸搬运等活动可以构成解决实物物理性运动问题的系统关系，这还是第二次世界大战以后的事情，从这个意义上来讲，物流系统是现代科技及现代观念的产物。

2. 物流系统的远程性

物流系统是一个大跨度系统，这反映在两个方面：一是地域跨度大；二是时间跨度大。国际物流的地域跨度之大自不待言，即使是企业间物流，在现代经济社会中，跨越不同地域也是常有的事。大跨度系统带来的主要问题是管理难度较大，对信息的依赖程度高。

3. 物流系统的动态性

物流系统稳定性较差而动态性较强。它和生产系统的一个重大区别在于：生产系统按照固定的产品、固定的生产方式，连续或不连续生产，少有变化，系统稳定的时间较长；而一般的物流系统，总是联结多个生产企业和用户，随需求、供应、渠道、价格的变化，系统内的要素及系统的运行经常发生变化，难以长期稳定。

稳定性差、动态性强，针对这个特性寻求的解决措施是要求系统有足够的灵活性与可改变性，这自然会增加系统构筑、管理和运行的难度。

4. 物流系统的中间层次性

物流系统属于中间层次系统范畴，本身具有可分性，可以分解成若干个子系统；同时，物流系统在整个社会再生产中又主要处于流通环节中，包括国民经济大范畴中的"流通"中的物流和企业经济小范畴中的"流程"中的物流。因此它必然受更大的系统如流通系统、生产系统、社会经济系统的制约。这一点，对物流系统起约束性的界定作用。

5. 物流系统的复杂性

物流系统要素本身便十分复杂。例如，物流系统运行对象——"物"，包括全部社会物质资源，将全部国民经济产品的复杂性集于一身，不可能不引起物流系统的复杂性；此外，物流系统要素间的关系也不如某些生产系统那样简单而明确，这就更增加了系统的复杂性。

6. 物流系统要素间的"背反"性

物流系统要素间有非常强的"背反"现象，常称之为"交替损益"或"效益背反"现象，要素之间并不是天生的 $1+1 \geq 2$ 的关系，在处理时稍有不慎就会出现系统总体恶化的结果。发生这种现象的主要原因之一是物流系统的"后生性"。物流系统中许多要素，在按新观念建立物流系统前,早就是其他系统的组成部分，因此，往往较多地受原系统的影响或制约而不能完全按物流系统的要求运行。

二、物流系统的功能要素

物流系统的功能要素指的是物流系统所具有的基本能力。这些基本能力有效地组合、联结在一起，便成了物流的总功能，便能合理、有效地实现物流系统的总目的。物流系统的功能要素从系统结构角度来看，也是物流这个总的功能系统的功能子系统。

物流系统的功能要素或者称之为功能子系统，一般认为主要有运输、仓储、包装、装卸搬运、流通加工、配送、物流信息等，如果从物流活动的实际工作环节来考察，一个完整的物流过程由上述 7 项具体工作环节所构成，或者说，物流能实现以上 7 项功能。

1. 包装功能要素

包装功能要素包括产品的出厂包装，生产过程中在制成品、半成品的包装以及在物流过程中换装及分装、再包装等活动。对于生产这个大系统来讲，包装系统是处于末端环节的子系统；对于物流这个大系统来讲，包装是处于起始端环节的子系统。地位不一样，各个子系统的目标也有很大差别，这就要根据物流方式和销售要求确定。实现包装这个功能，是以商业包装为主，还是以工业包装为主，要全面考虑包装对产品的保护作用、促进销售作用、提高装运效率作用、包拆装的便利性以及包装材料的回收及处理等因素；还要根据全物流过程的经济效果，具体决定包装材料、强度、尺寸及方式。

2. 运输功能要素

运输功能要素常常被认为是物流的主要功能要素，或者说是物流系统的主要子系统。在没有形成现代物流系统的观念之前，运输系统的范畴，实际是物流系统的大部分。运输功能要素主要针对社会物流系统而言，在传统的企业生产流程伴随的物流系统中，常常没有运输子系统，而仅有装卸搬运子系统。但是，在现代跨国企业和供应链的结构之中，运输子系统又成了企业生产的物流子系统和供应链的子系统。

运输功能要素的活动包括供应及销售物流中的车、船、飞机等方式的运输，生产物流中的管道、传送带等方式的运输。对运输这一项功能要素的优化，是选择技术经济效益最好的运输方式及联运方式，合理确定运输路线，以实现安全、迅速、准时、价廉的要求。

3. 装卸搬运功能要素

装卸搬运在物流过程中是多次发生、频繁发生的一项活动。装卸搬运功能要素包括对输送、保管、包装、流通加工等物流活动进行衔接活动，以及在物流的具体活动过程中，为衔接各项操作需要配合的装卸搬运活动，如检验、维护、保养过程中所进行的装卸搬运活动。伴随装卸活动的小搬运，一般也包括在这一活动中。

在整个物流过程中，装卸搬运活动是频繁发生的，因而不但需要消耗劳动，而且是产品损坏的重要原因。对装卸搬运这一功能要素，主要是确定最恰当的装卸方式，力求减少装卸次数，合理配置及使用装卸机具，以做到节能、省力、减少损失、加快速度，获得较好的经济效益。

4. 仓储功能要素

在农业经济时期，仓储的地位远远高于运输、装卸搬运等与物流相关的其他活动的地位。在传统经济中，仓储这项功能要素也经常和运输这项功能要素处于同等重要的地位。在现代物流系统中，物流系统特别强调"流"的能力，而尽量减少储存保管活动及其带来的消耗。所以，仓储功能要素的地位迅速下降。

仓储包括堆存、保管、保养、检验、维护等活动。对仓储活动的要求是正确确定库存数量，明确执行储存保管任务的仓库在物流系统中的功能，是以流通为主还是以储备为主；合理确定保管制度和流程，对库存物品采取有区别的管理方式，力求提高保管效率，降低损耗，加速物资和资金的周转。

5. 流通加工功能要素

流通加工是流通过程的辅助加工活动。这种加工活动不仅存在于社会流通过程，也存在于企业内部的流通过程中，是现代物流系统中的一项创新的功能要素，这项功能要素有增值的积极因素。生产企业和流通企业为了有效地衔接不对称的产需，弥补生产过程中加工程度的不足，更有效地满足用户或本企业的需求，更好地衔接产需，往往需要进行这种加工活动。

6. 配送功能要素

配送是物流进入最终阶段，以配货、送货形式最终完成社会物流并最终实现资源配置和对用户服务的活动。

在传统经济中，配送活动一直被看成运输活动中的一个组成部分，看成一种运输形式。所以，过去未将其独立为物流系统的功能，未看成独立的功能要素，而是将其作为运输中的末端运输对待。但是，配送作为一种现代流通方式，集经营、服务中库存、分拣、装卸搬运于一身，已不再单单是一种送货运输所能包含的。配送功能要素是整个物流系统服务能力的集中体现，这在现代经济中是非常重要的。现代物流系统将其作为独立功能要素，是现代物流功能系统中的一个非常重要的子系统。配送这项功能要素，也是现代物流的一个非常重要的创新。

7. 信息功能要素

物流信息功能要素是现代物流系统的灵魂要素。物流信息功能要素贯穿于所有的物流子系统和这些子系统的每一项具体活动之中，包括进行与上述物流各项活动有关的计划、预测、运行动态的信息活动及有关的费用信息、生产信息、市场信息活动等。对物流信息的管理，要求建立物流信息系统和信息渠道，保证其为物流系统中的各项活动提供支持。有效的物流信息功能要素是物流系统取胜的关键。

上述功能要素中，运输、仓储和配送属于物流的基本构成要素，在物流系统中处于主要地位，包装、装卸搬运、流通加工等属于辅助功能要素。

任务三　现代物流管理

一、现代物流管理的特征

现代物流是指具有现代特征的物流，是与现代化社会大生产紧密联系在一起的，体现了现代企业经营和社会经济发展的需要。在现代物流管理和运作中，广泛采用了代表着当今生产力发展水平的管理技术、工程技术以及信息技术等。随着时代的进步，物流管理和物流活动的现代化程度也会不断提高。现代化是一个不断朝着先进水平靠近的过程，从这个意义上讲，"现代物流"在不同的时期也会有不同的内涵。现代物流的特征可以概括为以下几个方面：

1. 系统化

传统上讲，物流一般涉及产品出厂后的包装、运输、装卸、仓储。而现代物流则向两头延伸并加进了新的内涵，使社会物流和企业物流有机地结合在一起。从采购物流开始，经过生产物流再进入销售领域，要经过包装、运输、装卸、仓储、加工配送，最终到达用户手中，最后还有回收物流。可以说，现代物流包含了产品的整个物理性流通过程，即通过统筹协调、合理规划，控制整个商品的流动，以达到效益最大和成本最小，同时满足用户需求不断变化的客观要求。这样，可以适应经济全球化、物流无国界的发展趋势。物流的系统化可以形成一个高效、通畅、可调控的流通体系，可以减少流通环节，节约流通费用，实现科学的物流管理，提高流通的效率和效益。

2. 信息化

电子数据交换技术和国际互联网的应用，使物流质量、效率和效益的提高更多地取决于信息管理技术。物流的信息化是指商品代码和数据库的建立、运输网络合理化、销售网络合理化、物流中心管理电子化、电子商务和物品条码技术的应用等。物流的信息化可实现信息共享,使信息的传递更加方便、快捷、准确,提高整个物流系统的经济效益。现代物流由于信息系统的支持,借助于储运和运输等系统的参与,借助各种物流设施,共同完成一个纵横交错的物流网络,物流覆盖面不断扩大,规模经济效益日益显现,社会物流成本不断下降。

3．自动化

自动化的基础是信息化,核心是机电一体化。自动化的外在表现是无人化,自动化的效果是省力化。另外,自动化还可以扩大物流作业能力,提高劳动生产率,减少物流作业的差错等。物流自动化的设施非常多,如条码／射频自动识别技术与系统、自动分拣系统、自动存取系统、自动导向车、货物自动跟踪系统等。

4．柔性化

在生产领域提出柔性化,本来是为实现以顾客为中心的经营理念,但要真正做到柔性化,即真正能根据消费者需求的变化来灵活调节生产工艺,没有配套的柔性化物流系统是不可能达到目的的。20世纪90年代,国际生产领域纷纷推出柔性制造系统、计算机集成制造系统、敏捷制造、企业资源计划、大量定制化以及供应链管理的概念和技术。这些概念和技术的实质是将生产、流通进行集成,根据需求端的需求组织生产,安排物流活动。因此,柔性化的物流正是适应生产、流通与消费的需求而发展起来的一种新型物流模式。这就要求物流配送中心根据消费需求多品种、小批量、多批次、短周期的特色,灵活组织和实施物流作业。

5．标准化

物流的标准化指的是以物流为一个大系统,制定系统内部设施、机械装备、专用工具等各个分系统的技术标准;制定系统内分领域如包装、装卸、运输等方面的工作标准;以系统为出发点,研究各分系统与分领域中技术标准与工作标准的配合性,按配合性要求统一整个物流系统的标准;研究物流系统与其他相关系统的配合性,进一步谋求物流大系统的标准统一。随着全球经济一体化的不断发展,各个国家都很重视本国物流与国际物流相衔接,在本国物流管理发展初期就力求使本国物流标准与国际物流标准化体系一致。

6．社会化

随着市场经济的发展,专业化分工越来越细,一个生产企业生产某种产品,除了一些主要部件自己生产外大多外购。生产企业与零售商所需的原材料、中间产品、最终产品大部分由专门的第三方物流企业提供,以实现少库存或零库存。这种第三方物流企业不仅可以进行集约化物流,在一定半径之内实现合理化物流,从而大量节约物流费用,而且可以节约大量的社会流动资金,实现资金流动的合理化,既提高了经济效益,又提高了社会效益。显然,完善和发展第三方物流是流通社会化的必然趋势。

7．网络化

物流网络化的基础也是信息化。这里所说的网络化有两层含义:一是指物流配送系统的计算机通信网络,主要指物流配送中心与供应商、制造商以及下游顾客之间的联系,实现计算机网络化。比如物流配送中心向供应商提出订单这个过程,就可以通过网络来自动实现,物流配送中心通过计算机网络搜集下游客户的订货的过程,也可以自动完成;二是指组织的网络化,主要包括企业内部组织的网络化和企业之间的网络化。

随着市场竞争的加剧，越来越多的生产企业显现出集中化趋势，采取低成本扩张等方式迅速壮大企业实力。一方面，企业生产规模越来越大，其产品要经过各种通道送达全国乃至国外客户手中，需要网络化的物流企业作为其分销网络的组成部分，帮助其销售和拓展市场；另一方面，竞争导致产品本身成本的压缩空间减小，希望通过物流企业的规模效益和综合服务降低物流的总成本，从而提高市场竞争力。因此，构筑具有网络化和信息化特征的综合物流体系，就成为历史发展的必然。

8．智能化

智能化是物流自动化、信息化的一种高层次应用。物流作业过程中大量的运筹和决策，如库存水平的确定、运输（搬运）路径的选择、自动导向车的运行轨迹和作业控制、自动分拣机的运行、物流配送中心经营管理的决策支持等问题，都需要借助于智能化专家系统才能解决。物流的智能化已成为新经济时代物流发展的一个新趋势。

二、现代物流管理的目标

现代物流管理，从宏观上来讲是要在社会主义市场经济体制下，运用管理的基本原理和方法，以物流系统为研究对象，研究现代物流活动中的技术问题和经济问题，以实现物流系统的最佳经济效益，不断促进物流业的发展，更好地为社会主义现代化和提高人民生活水平服务。从微观上来说，现代物流管理就是运用计划、组织、控制三大管理职能，借助现代物流理念和现代物流技术，通过运输、搬运、存储、保管、包装、装卸、流通加工和物流信息处理等物流基本活动，对物流系统各要素进行有效组织和优化配置，来解决物流系统中供需之间存在的时间、空间、数量、品种、价格等方面的矛盾，为物流系统的各类客户提供满足要求的物流服务。

现代物流管理追求的目标可以概括为7R：将适当数量（right quantity）的适当产品（right product），在适当的时间（right time）和适当的地点（right place），以适当的条件（right condition）、适当的质量（right quality）和适当的成本（right cost）交付给客户。具体来讲，通过加强物流系统管理可以实现 7S，即服务（service）目标、快捷（speed）目标、节约（space saving）目标、规模优化（scale optimization）目标、库存控制（stock control）目标、安全性（safe）目标、总成本（sum cost minimum）目标。

1．服务目标

物流系统是连接生产和消费的纽带和桥梁，因此要有很强的服务性。物流系统采取送货、派送等形式，在为用户服务方面要求做到无缺货、无货损、无货差，且费用便宜；在技术方面，近年来出现了准时供货方式、柔性供货方式等。作为物流系统服务目标的衡量标准，可以列举如下：

（1）用户的订货能很快地进行配送。

（2）受用户订货时商品的在库率高。

（3）在运送中交通事故、货物损伤、丢失和发送错误少。

（4）储存中变质、丢失、破损现象少。

（5）具有能很好地实现运送、保管功能的包装。

（6）装卸、搬运功能能满足运送和保管的要求。

（7）能提供保障物流活动流畅进行的物流信息系统，能够及时反馈信息。

（8）合理的流通加工，以保证生产费、物流费之和最少。

2．快捷目标

要求把货物按照用户指定的地点和时间迅速及时地送到，这不但是服务性的延伸，也是流通对物流提出的要求。快速、及时既是一个传统目标，更是一个现代目标，随着社会大生产的发展，这一要求更加强烈了。在物流领域采取的诸如直达物流、联合一贯运输、高速公路等管理和技术，以及把物流设施建在供给地区附近，或者利用有效的运输工具和合理的配送计划等手段，都是快捷目标的体现。

3．节约目标

节约目标指有效地利用面积和空间的目标。节约是经济领域取得效益的重要途径。一方面虽然我国土地费用比较低，但也在不断上涨，特别是对城市市区面积的有效利用必须加以充分考虑，逐步发展立体化设施和有关物流机械，求得空间的有效利用；另一方面，在流通领域中，除了节约流通时间外，由于流通过程消耗大而又基本上不增加商品的价值，所以通过节约来降低支出是提高相对产出的重要手段。

4．规模优化目标

生产领域的规模生产是早已为社会所承认的。以物流规模作为物流系统的目标，也可以追求规模效益。在物流系统中，考虑物流设施集中与分散是否适当，机械化和自动化程度如何合理利用，信息系统的集中化所要求的计算机等设备的利用等，都是规模优化这一目标的体现。

5．库存控制目标

库存过多则需要更多的保管场所，而且会产生库存资金的积压，造成浪费。因此，必须按照生产与流通的需求变化对库存进行控制，这也是宏观调控的需要，它直接涉及物流系统本身的效益。在物流系统中，正确确定库存管理方式、库存数量、库存结构、库存分布，就是这一目标的体现。

6．安全性目标

物流系统的各环节都应坚持"安全第一，预防为主"的方针，以避免货运事故给企业和客户带来损失。

三、物流管理的新发展

进入 21 世纪以后，全球经济一体化不断深入，高新技术发展迅猛，以信息化和网络化为代表的新经济逐步形成新的经营管理模式，随着信息技术的普及与应用，物流业在社会经济生活中的作用和地位越来越重要。现代物流在发达国家已经成为国民经济发展的重要支柱产业，是产业升级和企业发展的关键推动力，也是国家和地区社会经济发展的关键因素之一。物流业的发达程度和物流管理水平的高低已经成为一个国家现代化程度的重要标志之一，现代物流已经成为发达国家最具普遍影响力的"朝阳产业"。

当前，现代物流业的发展日新月异。信息化、自动化、智能化等关键技术的应用，新型运输、装卸搬运设备与技术、新型包装材料与技术、新型配送技术等高科技在现代物流中的作用日益明显，它们的运用既能很好地降低物流成本，同时也在物流实践中得到不断的丰富和发展。现代物流表现出了许多新现象：社会的专业物流逐渐形成规模，共同配送成为主导。物流企业向集约化、协同化、全球化方向发展。各国、各行业企业间的国际联合与并购，必然带动国际物流业加速朝全球化方向发展，而物流业全球化的发展趋势，又必然推动和促进各国物流企业的联合和并购活动。电子商务物流需求强劲，快递业发展迅猛。

物流技术高速发展，物流管理水平不断提高，国外物流企业的技术装备已达到相当高的水平，目前已经形成以信息技术为核心，以信息技术、运输技术、配送技术、装卸搬运技术、自动化仓储技术、库存控制技术、包装技术等专业技术为支撑的现代化物流装备技术格局，其发展趋势表现为信息化、自动化、智能化和集成化。物流专业人才需求增长，教育培训体系日趋完善。

1. 绿色物流

企业物流成本中包含巨大的环境污染成本，企业物流活动中存在的非绿色因素。现代物流活动中的各个元素都在不同程度上因存在非绿色因素而对环境造成污染。运输工具的排放污染环境；商品保管中使用杀虫剂等污染仓库周边环境；易燃、易爆、化学等特殊危险物品保管不当，造成爆炸、泄漏破坏、污染环境；流通加工产生的废气、废水和废渣等三废都对环境和人体构成危害；包装材料、过度包装对环境影响也很大；因装卸不当导致物品损坏，造成浪费。可见，现代物流活动对环境的影响已经威胁到我们的日常生活。

随着全球经济一体化的发展，传统关税和非关税壁垒的作用逐渐弱化，环境壁垒却逐渐兴起，为此，ISO 14000 成为众多企业进入国际市场的通行证。ISO 14000 的两个基本思想就是预防污染和持续改进，它要求企业建立环境管理体系，使其经营活动、产品和服务的每一个环节对环境的不良影响降低到最小。

为适应世界社会发展的潮流和可持续发展的要求，一种能促进经济和消费生活健康发展的环境共生型的物流，即绿色物流、循环型物流应运而生。绿色物流是最大限度降低经营成本的必由之路，是企业取得竞争优势的有力保障。

所谓绿色物流，指的是为了实现顾客满意，连接绿色需求主体和绿色供给主体，克服空间和时间限制的有效、快速的绿色商品和服务的绿色经济管理活动过程。绿色物流管理系统的发展要求政府加强管理，制定政策法规；转变观念，树立环保意识，实施绿色营销战略；物流企业物流流程的绿色再造；加强对绿色物流人才的培养，造就一批熟悉绿色理论和实践的物流人才。

总之，实施绿色物流发展战略，大力加强对物流绿色化的政策和理论体系的建立和完善，对物流系统目标、物流设施设备和物流活动组织等进行改进与调整，实现物流系统的整体最优化和对环境的最低损害，不仅有利于环境保护和经济的可持续发展，还有利于我国物流管理水平的整体提高，对于我国经济的发展意义重大。

2. 应急物流

尽管当今世界科技高度发达，但突发性自然灾害、公共卫生事件等"天灾"，决策失误（矿难等）、恐怖主义、地区性军事冲突等"人祸"仍时有发生。这些事件有的难以预测和预报；有的即使可以预报，但由于预报时间与发生时间相隔太短，应对的物资、人员、资金难以实现其时间效应和空间效应。

从宏观层面上看，从美国"9·11"事件到我国四川汶川大地震，从"非典型性肺炎""禽流感"到近年频发的各种矿难，人们在突发事件中所表现出的被动状态均暴露出现有应急机制、法律法规、物资准备等多方面的不足。而我国属于自然灾害高发国家，公共卫生设施、国家处理突发事件的经验等方面均存在诸多亟待改进的地方，亟需对应急物流的内涵、规律、机制、实现途径等进行研究。从微观层面来看：一方面，企业决策所需的信息不完备以及受决策者的素质限制等原因，任何决策者都无法确保所有决策均正确无误；另一方面，因道路建设断路等使货物在途中时间延长、交货期延长，因信息传递错误导致的货到后而不能及时提取等也会产生应急需求，企业迫切需要制定预案，对不可抗拒的和人为造成的紧急状况进行有效防范，将应对成本降到最低。

应急物流是指针对可能出现的突发事件已做好预案，并在事件发生时能够迅速付诸实施的物流活动。它是为应对严重自然灾害、突发性公共卫生事件、公共安全事件及军事冲突等突发事件而对物资、人员、资金的需求进行紧急保障的一种特殊物流活动。应急物流可分为军事应急物流和非军事应急物流。非军事应急物流可分为灾害应急物流和疫情应急物流。其中，灾害（含险情）应急物流又可分为自然灾害应急物流和人为灾害应急物流。

应急物流的"应急"二字本身带有一定的军事色彩，但应急物流并不等同于军事物流。军事物流的指令性较强，尤其在战争爆发的时候，始终把军事利益放在首位。而应急物流系统则应该以社会利益为牵引，服务的对象是受灾地区的人民。应急物流多数情况下通过物流效率实现其物流效益，而普通物流既强调效率又强调效益。应急物流是一般物流活动的一个特例，突发性和不可预知性是应急物流区别于一般物流的一个最明显的特征，其特点是应急物流需求的随机性、时间约束的紧迫性、峰值性、弱经济性、非常规性、政府与市场的共同参与性等。

应急物流的内容包括应急物流组织机制的构建、应急技术的研发、应急物流专业人员的管理、应急所需资金与物资的筹措、应急物资的储存与管理、应急物流中心的构建、应急物资的运输与配送等内容。

与我国相比，欧美发达国家对应急管理体系的建设较早，其表现是建立并完善应急管理协调机制；制定并优化应急管理行动流程；制定并完善应急管理法规体系；搭建应急管理信息平台。目前，我国的应急物流也有自己的特点，其表现为：政府高度重视，企业积极参与；军民携手合作，军队突击力强；平时预有准备、预案演练到位等。

应急物流在我国尚处于起步的发展阶段，2006 年年底，经国务院国有资产监督管理委员会、民政部批准，全国第一个从事应急物流的专业组织（中国物流与采购联合会应急物流专业委员会）成立。近年来，应急物流理论的研究已经步入团队协作、系统开发的良性轨道。由中国物流与采购联合会应急物流专业委员会牵头制定、发布了《应急物流科研指南》。中国物流学会在 2007 年首次将《中国应急物流现状研究》等 5 个与应急物流相关的课题纳入年度的研究规划，各级政府和各企业开始认识到应急物流的重要作用。

实训活动

【实训目的】

通过实地调查当地物流企业的发展现状，分析我国物流业的发展趋势。

【实训内容】

调查 3 家以上的物流企业，并对其作对比分析，提出发展建议。

【实训要求】

1. 学生建立调查小组，选择具有代表性的物流企业进行调查。

2. 教师提前给学生指出调查方向，配合学生拟订调查计划。

3. 根据调查结果，撰写调查总结报告。

4. 教师从专业角度进行点评。

巩固练习

1. 什么是物流？现代物流与传统物流比较有何异同？

2. 如何理解"物流是第三利润源"的说法？

3. 进入 21 世纪，物流有哪些新的发展变化？

4. 简述商流和物流的区别与联系。

5. 物流系统包括哪些基本构成要素？

6. 根据了解的情况，试述我国物流行业的发展现状。

项目二　采购管理

学习目标

1. 了解采购与采购管理的概念及相互间的关系。
2. 掌握采购业务的作业流程。
3. 能够有效地管理采购供应商。

情景导入

非凡有限公司是组成嘉利物料处理公司的 3 家公司之一。艾丽是公司采购代表，她和她的伙伴们负责公司制造业构成中价值 170 000 美元的采购。其中管形材料是一种标准材料，如果不符合规格会引起设备故障，造成昂贵的组装线停工。

吉通公司是非凡有限公司现有的供应商，是过去 10 年来非凡有限公司的供应商之一。在 JIT 模式中，采购者密切关注实际交付，即对交付绩效进行评价。对艾丽而言吉通公司是一个值得信赖的供应商伙伴，因为吉通公司在产品质量方面值得信赖，送货承诺做得很好。在对吉通公司的执行监督跟踪系统中，对于交付承诺与实际接收的历史记录中，只有一次产品退回的记录，但是也很快改正了，所以艾丽认为该公司能够提供预期的绩效。吉通公司的销售代表在同艾丽的私人交往中，经常询问关于非凡有限公司的材料需求情况，他们的理念是致力于价值创造和提高买主满意度。

现在，非凡有限公司在采购 170 000 美元管形材料的新一轮订单中遇到了一些突如其来的问题。根据公司的年度报告，嘉利公司受到了市场价格下跌的诸多影响，因此采取降低成本的措施对公司来讲是至关重要的。在这期间，公司希望能够成功地降低采购成本，实施一套集中采购的订货系统。集中采购可以使采购更加专业化，获得折扣或降低运费。如果供应商承接采购方的全部业务，供应商会更加积极合作，更愿意做好。

现在在分公司需要的 170 000 美元管形材料的来源中，又有了一个新的可供选择的供应商——金鑫公司。艾丽对金鑫公司了解甚少，之前没有过任何交易记录，但是金鑫公司提供的管形材料能够为公司削减成本。

（史忠健，杨明：《物流采购与供应管理》，北京，中国人民大学出版社，2010。）

讨论与思考：

面对如此现状，艾丽应该何去何从？是选择熟悉的吉通公司还是选择承诺提供质优价低产品的金鑫公司呢？

任务一 采购管理概述

一、采购与采购管理

1. 采购

所谓采购，是指在商品流通过程中，企业、政府及个人为获取所需商品，对获取商品的渠道、方式、质量、价格、数量、时间等进行预测、抉择，把货币资金转化为商品的交易过程。它具有明显的商业性。采购与购买不同，购买仅仅指用货币换取商品的交易过程，采购比购买的概念更专业，含义更广泛，其过程包括提出采购需求、选定供应商、谈妥价格、确定交货及相关条件、签订合同并按要求收货付款。

采购主要包含以下一些基本含义：

（1）采购是从资源市场获取资源的过程。采购的意义在于能解决他们所需要，但是自己又缺乏的资源问题。这些资源，包括生活资料，也包括生产资料；包括物资资源（如原材料、设备、工具等），也包括非物资资源（如信息、软件、技术、文化用品等）。能够提供这些资源的供应商，形成了一个资源市场；而为了从资源市场获取这些资源，需要通过采购的方式。也就是说，采购的基本功能，就是帮助人们从资源市场获取他们所需要的各种资源。

（2）采购既是一个商流过程，也是一个物流过程。采购的基本作用，就是将资源从资源市场的供应者手中转移到用户手中。在这个过程中，一是要实现将资源的所有权从供应者手中转移到用户手中，二是要实现将资源的物质实体从供应者手中转移到用户手中。前者是一个商流过程，主要通过商品交易、等价交换来实现商品所有权的转移。后者是一个物流过程，主要通过运输、储存、包装、装卸、流通加工等手段来实现商品空间位置和时间位置的转移。采购过程，实际上是这两个方面的有机结合，缺一不可。只有这两个方面都完全实现了，采购过程才算完成。因此，采购过程实际上是商流过程与物流过程的统一。

（3）采购是一种经济活动。采购是企业经济活动的主要组成部分。所有经济活动都要遵循经济规律，追求经济效益。在整个采购活动过程中：一方面，通过采购获取所需资源，保证企业生产的顺利进行，这是采购的效益；另一方面，在采购过程中，也会发生各种费用，这是采购成本。我们要追求采购经济效益的最大化，就要不断降低采购成本，以较少的成本去获取较大的收益。

（4）采购有狭义和广义之分。狭义的采购指的是通过购买方式获得商品使用权，具体来说就是企业根据需求提出采购计划、审核计划，选择合适供应商，经过商务谈判确定价格、质量、数量、交货及相关条件，最终签订合同并按要求收货付款的过程。广义的采购是指除了以购买的方式占有物品之外，还可以通过租赁、借贷、交换等途径取得物品的使用权，来达到满足需求的目的。租赁的表现形式是一方用支付租金的方式取得他人物品的使用权，但不同于租用，租赁类似于用分期付款的方式获得商品使用权；借贷是指一方凭借自己的信用和彼此间的友好关系获得他人物品的使用权；交换是指双方采用以物易物的

21

方式取得物品的使用权和所有权。

综合以上的说明，我们可以了解到采购是以各种不同的途径，包括购买、租赁、借贷、交换等方式，取得物品或劳务的使用权或所有权。采购的目的就是要满足不同部门的需求，那么采购工作首先要确定需要什么、需要多少、何时需要，所以采购就其功能来讲不单是采购员或采购部门的工作，而且是集体和团队的工作，是企业整体供应链的重要组成部分。

2. 采购管理

采购管理是指为了完成生产或销售计划，从适当的供应商那里，在确保质量的前提下，在适当的时间，以适当的价格，贩入适当数量的商品所采取的一系列管理活动。

为了深入理解采购管理的含义，以下对采购管理与采购的联系和区别做一些探讨。

（1）采购管理是对整个企业采购活动的计划、组织、指挥、协调和控制活动，是管理活动，是面向整个企业的，不但面向企业全体采购员，而且面向企业组织中的其他有关从事采购协调、配合工作的人。

（2）采购管理一般由高级管理人员承担，其使命是保证整个企业的物资供应，其权力是可以调动整个企业的资源。而相对来说，采购只是指具体的采购业务活动，是作业活动，一般是由采购人员承担的工作，只涉及采购人员个人，其使命就是完成采购部门经理布置的具体采购任务，其权利只能调动采购部门经理分配的有限资源。

（3）采购管理和采购并不完全一样，采购本身也涉及具体的管理工作，比如对具体采购人员的管理，同样需要运用管理的职能，这属于采购管理。采购管理也可以直接具体地管到采购业务的关键步骤、环节及采购员。可见采购管理和采购两者之间既有区别又有联系。

3. 采购管理的基本内容

企业采购管理的基本任务有3个：

（1）保证企业所需的各种物资的供应。

（2）从资源市场获取各种信息，为企业物资采购和生产决策提供信息支持。

（3）与资源市场的供应商建立起良好的协作关系，为企业营造一个宽松有效的资源环境。

其中第一项是最重要、最基本的任务，如果这一项搞不好，就不能称之为采购管理。

为了实现采购管理的基本职能，采购管理需要有一系列的业务内容和业务模式。采购管理的基本内容和模式，如图 2-1 所示。

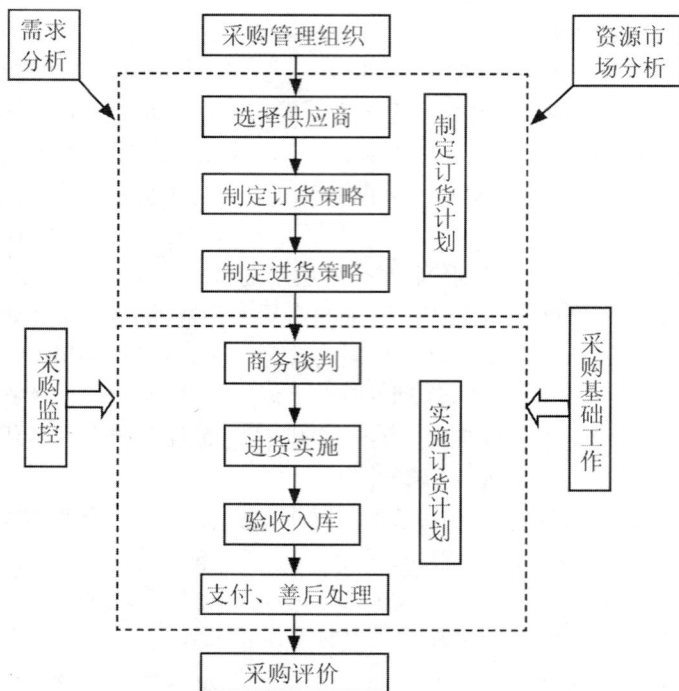

图 2-1 采购管理基本内容和模式

二、采购管理的原则

人们经过长期的摸索与总结，提出了 5R 原则用以指导采购活动，取得了良好的效果。通俗地讲，采购原则就是指在适当的时候、以适当的价格、从适当的供应商处买回所需数量和质量的商品。

采购必须要围绕"价""质""时""量""地"等基本要素来开展工作。

1. 适价（Right Price）

价格永远是采购活动中关注的焦点，现在的企业老板们对采购最关心的一点就是采购部能节省多少采购资金，所以作为一个采购人员不得不把相当多的时间与精力放在与供应商的讨价还价上。货物的价格与该货物的种类和市场当时的供求关系有关，同时与采购者对该货物的市场状况是否熟悉也有关系，如果采购者未能把握市场脉搏，供应商在报价时就有可能"蒙"你，这就要求采购者要时常了解该行业的最新市况，尽可能多地获取相关资料。适价原则即是在保证同等品质的情况下，价格不高于同类物料。

一个合适的价格往往要经过以下几个环节的努力才能获得：

（1）多渠道获得报价。这不仅要求现有供应商报价，还应该要求一些新供应商报价。与某些现有供应商的合作可能已达数年之久，但它们的报价未必优惠。获得多渠道的报价后，就会对该物料的市价有一个大体的了解，并可与企业内部事先做出的估价进行比较。

（2）比价。俗话说"货比三家"，一般的家庭主妇在日常购物时都懂得这一招，但是作为一个专业采购人员所要考虑的东西远比家庭主妇在这点上所想的要多，因为专业采购所买的东西可能是一台价值几百万元的设备或年采购金额达千万元的电子零件，这就要求必须谨慎行事。由于供应商的报价单中所包含的条件往往不同，故采购人员必须将不同供应商报价中的条件转化成一致后才能比较，只有这样才能得到真实可信的比较结果。

（3）议价。经过比价环节后，筛选出价格最适当的两至三个报价（注意：是适当价格，不是最低价格），然后进入议价环节。随着进一步的深入沟通，不仅可以将详细的采购要求传达给供应商，而且还可进一步"杀价"，供应商的第一次报价往往含有"水分"。但是，如果货物为卖方市场，即使是面对面地与供应商议价，最后所取得的实际成绩也可能比预期的要低。

（4）定价。经过上述 3 个环节后，双方均可接受的价格便作为日后的正式采购价，一般需保持两至三个供应商的报价。这两至三个供应商的价格可能相同，也可能不同。

2．适质（Right Quality）

一个不重视品质的企业在今天激烈的市场竞争中根本无法立足，一个优秀的采购人员不仅要做一个精明的商人，同时也要在一定程度上扮演品质管理人员的角色。在日常的采购作业中要安排部分时间去推动供应商品质保障体系的建设并持续改进，以稳定货物品质。

货物品质达不到使用要求所造成的危害如下：

（1）货物品质不良，往往导致企业内部相关人员花费大量的时间与精力去处理，会增加大量的管理费用。

（2）货物品质不良，往往会花费额外的时间与精力在重检、挑选上，造成检验费用增加。

（3）货物品质不良，会导致生产线返工增多，降低生产效率。

（4）货物品质不良会导致生产计划推迟进行，有可能引起不能按承诺的时间向客户交货的状况，从而会降低客户对企业的信任度。

（5）若因货物品质不良引起客户退货，则有可能令企业蒙受严重损失，如从市场上召回产品、报废库存品等，严重的还会丢失客户。

3．适时（Right Time）

企业已安排好的生产计划若原材料未能如期到达往往会引起企业内部混乱，即会产生"停工待料"，产品不能按计划出货会引起客户强烈不满。若原材料提前太多时间买回来放在仓库里"等"着生产，又会造成库存过多，大量积压采购资金，这是企业老板们很忌讳的事情，故采购人员要扮演协调者与监督者的角色去促使供应商按预定时间交货。若企业实施准时化（just-in-time，JIT）采购，交货时机就更显重要。

JIT 系统是由日本企业首创的一种生产管理系统，最早使用这一系统的企业是全球知名的丰田汽车公司。JIT 系统是指企业在生产自动化、电算化的情况下，合理规划并大大简化采购、生产及销售过程，使原材料进厂到产成品出厂直至进入市场能够紧密地衔接，尽可能减少库存，从而达到降低产品成本、全面提高产品质量、提高劳动生产率以及实现综合经济效益目标的一种先进生产系统。

JIT 采购是 JIT 系统的重要组成部分，也是 JIT 系统得以顺利运行的重要内容。根据 JIT 采购原理，一个企业只有在需要的时候才把需要的物资采购到需要的地点，这种做法使 JIT 采购成为一种节省而又有效率的采购模式。

4．适量（Right Quantity）

采购量多，价格就便宜，但不是采购越多越好，资金的周转率、仓库储存的成本都直接影响采购成本，应根据资金的周转率、储存成本、货物需求计划等综合计算出最经济的采购量。货物采购量过大会造成过高的存货储备成本与资金积压，货物采购量过小，则会增加采购成本，因此适当的采购量（适量）是非常必要的。

5．适地（Right Place）

天时不如地利，企业往往容易与距离较近的供应商在合作中取得主动权，企业在选择JIT试点供应商时亦必须选择近距离供应商来实施。供应商离自己企业越近，运输费用就越低，机动性就越高，协调沟通就越方便，成本也就越低，同时还有助于紧急采购。

做过采购的人员都有这样的体会，就是在实际的采购作业中很难将上述5R面面俱到，往往只能侧重其中最为关心的一、两个方面。上述的几个方面有时还会存在"效益背反"的情况，就是过分强调5R中的一方面时就要牺牲其他方面来作为补偿。例如，若过分强调品质，供应商就不能以市场最低价供货，因为供应商在品质控制上投入了很多精力，它必然会把这方面的成本部分转嫁到它的客户身上。这就要求采购人员必须综观全局，准确地把握企业对所购货物各方面的要求，以便在与供应商谈判时提出合理要求，从而争取更多机会获得供应商的合理报价。总之，只有综合考虑才能实现最佳采购，这需要采购者在长期的实际操作中积累经验。

三、现代采购的发展趋势

1．从为库存而采购到为订单而采购

在商品短缺的状态下，为了保证生产，必然会为库存而采购，但在如今供大于求的市场环境下，为订单而采购则成了一条铁的规律。在市场经济条件下，大量库存是企业的"万恶之源"，零库存或少量库存成了企业的必然选择。制造订单是在用户需求订单的驱动下产生的。然后，制造订单驱动采购订单，采购订单再驱动供应商。这种准时化的订单驱动模式可以准时响应用户的需求，从而降低库存成本，提高物流的速度和库存周转率。

2．从对采购商品的管理到对供应商外部资源的管理

传统上，采购管理理论注重采购行为本身，通过考虑如何选择供应商、决定采购的数量、确定合适的价格、签订采购合同，以及如何谈判，使企业在采购行为中获利。

而现代采购管理理论则更加强调企业与供应商之间的关系管理，如果制造企业与供应商之间建立起一种"互利双赢"的合作关系，则更有利于双方的长远发展。由于供需双方建立起了一种长期的、互利的战略伙伴关系，因此，供需双方可以及时把生产、质量、服务、交货期等信息实现共享，使供应商严格按要求提供产品与服务，并根据生产需求协调供应商的计划，以实现准时化采购，最终使供应商进入生产过程与销售过程，实现双赢。

3．从采购方式单元化到多元化

传统的采购方式与渠道比较单一，但现在迅速向多元化方向发展：一方面表现在全球化采购与本土化采购相结合。跨国公司生产活动的区域布局更加符合各个国家的区位比较优势，而其采购活动也表现为全球化的采购，即企业以全球市场为选择范围，寻找最合适

25

的供应商，而不是局限于某一地区；另一方面表现在集中采购与分散采购相结合、自营采购与外包采购相结合等。

任务二 采购业务流程

采购活动是一个比较复杂的过程，要想提高采购作业的科学性、合理性和有效性，就要建立和完善采购系统，只有这样才能保证采购活动的顺畅进行。因此，非常有必要研究采购的业务流程，并对现有流程进行改革和完善。当然，采购作业流程会因供求关系、采购方式以及采购对象等的不同在作业环节上存在一定的差异。比如，国内采购与国际采购在流程上有许多明显的不同点。尽管它们在作业细节上有若干差异，但对于基本的作业流程，则每个企业都大同小异，并随着环境的变化而进行相应的调整和改善。

一、采购业务的步骤

现代管理要求按照一定的程序，有条不紊地开展生产经营业务，采购作为企业的一项基本活动和重要职能，同样必须按照一定的程序进行。典型的企业采购业务通常包括以下基本步骤，如图 2 - 2 所示。

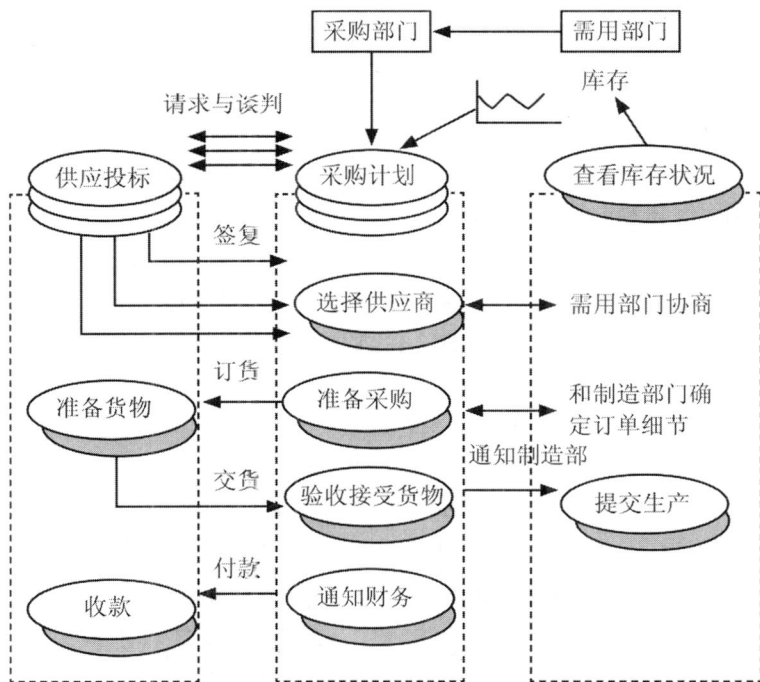

图 2-2 采购流程图

（一）确认需求

采购的首要目标就是要满足需求，企业的采购活动就源于企业中某个部门的未来需求。所以需求的确定是采购流程的初始环节。负责具体业务活动的人应该清楚各部门独特的需求：需求什么、需要多少、何时需要等。有些采购需求来自生产或使用部门，有些采购需求来自销售或广告部门，有些采购需求来自办公室。采购部门汇总各个需用部门发出的请购单（见表2-1和表2-2），然后制订采购计划，依据所制订的计划进行采购。当然，这类需求也可以由其他部门的富余物料加以满足，但是公司进行新的物料采购是迟早的事。由于不同部门需求的特点不同，库存策略不同，采购提前期以及资源占用也不同，所以采购部门在制订采购计划确定需求时必须要综合考虑这些因素。需求的确定方法如下：

表2-1 企业请购单

编号						第　页
FXJ0202						共　页
项次	料号	品名规格	单位	单价	金额	备注

表2-2 批量请购单

产品名称		生产数量				开工日期		
项次	请购材料	单位用量	标准用量	库存量	供应本批数量	请购数量	核准数量	备注

1. 计划期物品需求量的计算方法

计划期物品需求量是指为完成计划期生产、基建、维修、科研等各项任务所必须得到的或耗用的物品需求量。确认物品需求量不仅要有可靠的依据，而且还要有正确的计算方法。常用的计算方法有3种：直接计算法、间接计算法和预测分析法。

（1）直接计算法。直接计算法也称为定额计算法，是指利用直接资料，如计划任务量和物料消耗定额、单机配套定额和设备装备定额等来计算物品需求量的方法。其计算公式为：

计划期物品需求量=计划任务量×物料消耗（单机配套、设备装备）定额

【例2-1】某家具生产企业2011年计划生产甲、乙、丙3种型号的产品，具体生产量及其材料消耗定额见表2-3，请计算该企业2011年生产家具对木材的总需求量。

表2-3 某家具生产企业木材需求情况

家具规格	计划生产量/套	消耗定额/（m³/套）	木材需求量/m³
甲			
乙			
丙			

（2）间接计算法。间接计算法是利用间接资料，按一定比例（水平）、系数和经验来估算物品需求量的方法。这种方法又分为 3 种：

① 动态分析法。其计算公式为：

$$某物品计划需求量 = \frac{计划期任务量}{上期实际完成任务量 \times 上期实际消耗物品总量 \times 物品消耗增减系数}$$

或

某物品计划需求量＝上期实际消耗物品总量×计划期任务量增减系数

在某项任务还没有制定物品消耗定额时，多采用动态分析法来计算物品需求量。

② 类比计算法。其计算公式为：

某物品计划需求量＝计划任务量×类似产品的物资消耗定额×调整系数

类比计算法主要是当某项任务既没有制定物资消耗定额，又没有历史资料可查时，如新产品就可以用这种方法计算物品需求量。

③ 经验统计法。经验统计法是指根据以往经验来估算物品需求量的方法。当某些维修用料或辅助材料难以制定物资消耗定额时采用这种方法。

（3）预测分析法。预测分析法是根据过去和现在的物品需求量及其他有关资料来计算未来物品需求量的方法。它包括平均数法、指数平滑法和回归分析法等。

2．计划期末物品储备量

计划期末物品储备量，即计划期物品储备定额，是指在一定条件下，为保证生产建设等各项任务的正常进行所规定的合理储存物品的数量标准。按物品储备形态又可分为经常储备定额和保险储备定额。

（1）经常储备定额。经常储备又称为周转库存，是指为保证企业物品的正常周转或需求所必须储存的物品数量标准。其计算公式为：

$$经常储备定额 = 平均一日需求量 \times 物品平均到货间隔天数$$

$$平均到货间隔天数 = \frac{\sum(入库数量 \times 到货间隔)}{\sum 入库数量}$$

（2）保险储备定额。保险储备定额又称最低储备或安全存量，是指为防止物品不能按时到货或不能按期投入使用所必须储存的物品数量标准。其计算公式为：

$$保险储备定额 = 平均一日需求量 \times 保险天数$$

3．计划期物品库存量

计划期物品库存量是指在计划期初（报告期末）企业实际（预计）存有的物品实际库存量。

4．计划期其他内部资源量

计划期其他内部资源量是指在计划期内，企业通过加工改制、修旧利废、调剂串换和综合利用等措施得到的资源量。在我国大力提倡构建节约型社会的今天，更应该重视这部分资源。

5．计划期物品采购量

计划期物品采购量是指物品需用单位在充分调查了解计划期物品需求量、计划期末物品储备量、计划期初物品库存量及其他内部资源的基础上得出的在计划期内向企业外部购买的物品数量。其计算公式为：

计划期物品采购量＝计划期物品需求量＋计划期末物品储备量－
计划期初物品库存量－其他内部资源量

6．采购数量、采购次数与采购费用的关系

采购数量的大小直接关系对生产经营的保证程度和经济效益的高低。在物品的采购过程中，在购进量（货款）一定时会产生采购费用和仓库储存费。在价格一定时，采购批量（一次采购量）过大，可降低采购费用，但会增加仓库储存费用；采购批量过小，可减少仓库储存费用，而采购费用又会提高，因此应选定采购费用用和仓储费用合计数为最低的采购批量，它们之间的关系为：

总费用＝采购费用＋库存费用＋采购货款
购储总费用＝采购费用＋库存费用

当物品的单价一定时，采购货款与采购数量成正比。采购费用是指订货、采购、催交的差旅费和管理费用等。库存费用也称保管费用，是指物品在储存过程中所发生的全部费用。采购费用高时，库存费用低，反之，采购费用低时，库存费用高。

总的来说，需求的确认过程就是采购部门汇总采购申请，然后比对库存及采购提前期，确定所要生产或采购的数量的过程。

（二）需求分析

确认需求之后，对需求的细节，如品质、包装、售后服务、运输及检验方式等，均应加以确切说明，以便使来源选择及价格谈判等作业能顺利进行。采购需求分析的内容主要包括 3 个方面。

1．规格、图样和采购文件

这些内容要能够准确地对所采购的产品作出规定，同时也能使供应商准确无误的理解。

2．对采购产品的要求

要准确地规定产品的类别、形式和等级，详细地制定产品的检验程序和规范，以及采用哪一种质量体系标准。

3．明确主要的控制环节

主要的控制环节即规格、图样和采购文件的编制、审批、发放等环节。

采购需求分析的传统方法主要是把采购部门搜集的采购需求计划表和请购单进行分类整理统计。此外还可以根据客户的需求历史或生产计划等归纳出需求规律，根据需求规律计算出客户今后的需求品种和数量，作为编制采购计划的依据。

（三）选择可能的供应来源

供应商搜寻分析是采购周期中的第三个步骤。对潜在供应商的评价从确定采购需求的

那一刻就决定了，并随着物料计划书的发展而发展。

选择、确认供应商的过程，简单的可以打开通信本，查找客户联系方式，发送采购订单；复杂的则会涉及很多方面。采购部门在进行采购计划前必须先组织采购调查，掌握采购市场的供求状况。采购调查和市场调研有相似之处，都是对市场信息的搜索和分析。采购的调研人员需要和企业中的信息部门合作进行市场调查和制订采购计划。

采购来源的分析流程首先要列出供应商的名单，这份名单可来自多个渠道，如市场代表的经验、相关数据库以及贸易杂志等。对某些项目，公司可能已经有一个"优先考虑的供应商"名单，新业务首先给予这个名单上的供应商。这些供应商过去已经证明了他们的能力，依靠这个名单可以节省分析和选择供应商的时间和精力。

买方可以用不同的绩效标准来评价分析潜在的供应商。这些标准包括供应商的实力、在产品设计上的表现、质量承诺、管理水平、成本控制能力、送货服务水平、优化流程潜力和开发产品的技术能力等。这些因素在不同买方心中有不同的权重。而且最终的评价往往需要实地考察供应商的设备，但由于这种考察会导致成本的增加，因此采购人员确定考察对象时必须十分谨慎。

（四）确定适宜的价格

决定可能的供应商后，就要进行价格谈判。确定价格的方法有很多种，其中最为常见的有竞争性报价和谈判两种。

1．竞争性报价

竞争性报价是由买方向有合作愿望的供应商发出询价单（询价单格式如表 2 - 4 所示）。

表 2 - 4　产品询价单

单位：　　　　　　　　　　　　　　　　　　　　编号
1．本公司有业务需要拟向贵公司洽购下列物品（见附件），请速于报价以做进一步联系。 2．来函或来电请洽本公司采购部电话，并请惠示贵公司联络人员与电话。 3．附件（含物品名称、数量及品检说明）。 　　　　　　　　　　　　　　　　　　　　　　　　　某公司采购部 　　　　　　　　　　　　　　　　　　　　　　　　　　年　月　日

对参与合作的供应商的基本要求是：

（1）有能力根据买方的要求制造产品并且能够在预定的日期前发货。

（2）作为供应商，在交货方面应该具有足够的可靠性和准确性。

采购人员经常评价基于价格的投标书，如果最低报价未能中标，买方有义务通知他并给出合理解释。竞争性报价适用于下列特定情况：

（1）采购量足够大，值得进行竞争性报价。

（2）供应商很清楚细节和要求，有能力准确计算生产所需的成本。

（3）竞争性的市场环境，即有足够多的合格竞争者。

（4）买方没有优先考虑的供应商。

如果价格是最重要的标准，而且对采购项目有明确的说明，买方就可以使用竞争性报价。如果存在重要的非价格标准，买卖双方通常会直接谈判，竞争性报价则可在进行直接谈判之前缩小潜在的供应商范围。

2. 谈判

当选择供应商不适合使用竞争性报价时，就应进行谈判，下列情况适合选择谈判：

（1）当前述任何竞争性报价的标准都不存在时。

（2）当采购的诸多要求，如价格、质量、交货、风险分摊以及产品支持等方面，必须达成一致时。

（3）当买方要求供应商早期参与时。

（4）当供应商不能确定风险和成本时。

（5）当供应商需要很长时间来开发和生产采购方采购的物品时（这通常会使预测供应商的采购成本变得很难）。

谈判是价格确定中最复杂也是成本最高的一种方法。谈判需要双方坐下来通过商讨来就一项采购或销售合同的主要条款达成共识，如价格、品质、数量、包装、装运、支付等。供应商和采购部门都希望进行公平谈判，而只有供应商做到以下几点才能确保谈判的公平性：

（1）以高效率的方式运作。

（2）保持价格与成本的相关性。

（3）不利用单一供应商的优势。

（4）对于采购方的要求能够进行适当合理的调整。

（5）愿意考虑采购方的特殊情况。

（五）拟定并发出订单

在选定供应商、价格谈妥后，应办理订货签约手续，即同供应商签订正式的采购订单。订单是采购方向供应商发出的有关货物的详细信息和指令。采购订单根据采购商品的要求、供应商的情况、企业本身的管理要求、采购方针等要求的不同而各不相同。总的来说，订单包括的要素有订单编号、产品的名称、规格、品质简介、单价、需求数量、交易条件、运输方式、交货期限、交货地址、发票单位等。采购方将订单寄送给厂商，厂商确认后留存一联作为交货时的凭证，回执联寄回给采购方作为验收及物料管理的参考。下面给出一种订单的格式作为参考，如表2-5所示。

表2-5 订单

日期_____   订单编号_____

厂商名称						厂商编号		
厂商地址						电话/传真		
序号	料号	品名规格	单位	数量	单价	金额	交货数量及日期	
合计	仟佰拾万仟佰拾元角分							
交货方式					交货地点			

31

（六）订单跟踪和跟催

采购订单发给供应商之后，并不可以高枕无忧地等供应商把所订购的货物按质按量地送到企业的仓库，采购部门应对订单进行跟踪和跟催。企业在采购订单发出时，会确定相应的跟踪接触日期。在一些企业中甚至会设有一些专职的跟踪和催货人员。

1. 订单跟踪

订单跟踪是对订单所做的列行跟踪，以便确保供应商能够及时履行其货物发运的承诺，如果产生了问题，例如质量或发运方面的问题，采购方就需要对此尽早了解，以便及时采取相应的行动。跟踪需要经常询问供应商的进度，有时甚至有必要到供应商那里去走访。不过这一措施一般仅用于关键的和提前期较早的采购事项。通常，为了及时获得信息并知道结果，跟踪是通过电话进行的。现在，一些公司也使用由计算机生成的简单表格，以查询有关发运日期和在某一时点采购计划完成的百分比。

2. 订单跟催

催货是对供应商施加压力，以使其按期履行最初所作出的发运承诺，提前发运货物或是加快已经延误的订单涉及的货物发运。如果供应商不能履行发运的承诺，采购部门会威胁取消订单或是进行罚款。催货应该只是采购订单跟踪过程中的一小部分，因为如果采购部门对供应商的能力已经做过全面分析的话，那么被选定的供应商就应该是那些遵守采购合约的可靠供应商。而且，如果公司对其物料进行了充分的计划工作，那么若不是特殊情况，就不必要求供应商提前发运货物。

（七）货物的接收和检验

货物的正确接收有重要意义，大部分有经验的企业通常将所有货物的接收活动集中于一个部门。由于收货部门和采购部门关系十分密切，所以许多公司中收货部门直接或间接地向采购部门负责。

货物接收的基本目的是为了确保以前发出的订单所采购的货物已经实际到达并检查是否完好无损，是否符合数量。这样才能将货物送往应该到达的下一个目的地进行储存、检验或使用。接收部门需要将接收手续等有关文件进行登记存档并送交有关人员。

厂家所交货物与合约不符或验收不合格者，应视具体情况而定。比如企业急需，而所交货物仅有微小瑕疵时，企业通常可以先行使用。若是企业不急需，产品又有较大质量问题时，则应依据合约规定退货，并立即办理重购。

（八）结清发票、支付货款

供应商交货验收合格后，随即开具发票，要求付清货款。采购部门应核查发票的内容，内容准确无误后，财务部门才能付清货款。

（九）结案

验收合格付款，或验收不合格退货，均须办理结案手续，查清各项书面资料有无缺失、绩效好坏等，签报高级管理部门或权责部门核阅批示。

（十）记录并维护档案

经过以上所有的步骤之后，对于一次完整的采购活动而言，剩下的就是更新采购部门的记录。凡经结案批示后的采购案件，均应列入档案、登记编号分类，予以保管，以备参阅或事后发生问题时查考。档案应具有一定保管期限的规定。例如，一张可以作为和外界所签合同的证据的采购订单一般要保存 7 年，比作为备忘录的采购申请单的保存期限要长。

要保存的记录有以下几种：

（1）采购订单目录。目录中所有的订单都应被编号并说明结案与否。

（2）采购订单卷宗，所有的采购订单副本都被顺序编号后保管在里面。

（3）商品文件，记录所有的主要商品或主要项目的采购情况（日期、供应商、数量、价格和采购订单编号）。

（4）供应商历史文件，列出了与交易金额巨大的主要供应商进行的所有采购事项。

（5）投标历史文件，指明主要物料项目所邀请的投标人、投标额、投标的次数、成功的中标者等信息。这一信息可以清楚反映供应商的投标习惯和供应商可能存在的私下串通。

（6）工具和寿命记录，指明采购的工具、使用寿命、使用历史、价格、所有权和存放位置。

二、采购业务流程的注意事项

企业规模越大，采购金额越高，管理者对程序的设计越为重视。这里将一般采购作业流程设计应注意的要点阐述如下。

（一）控制关键点

企业应建立以采购申请、经济合同、结算凭证和入库单据为载体的控制系统，使各项采购作业在各阶段均能被追踪控制。譬如在国外采购时，询价、报价、申请许可证、开立信用证、装船、报关、提货等关键点均需控制。

（二）权责利要清晰明确，人财物要相分离

（1）货物的采购人不能同时负责货物的验收工作。

（2）货物审批人和付款人不能同时办理寻求供应商和索价业务。

（3）货物的采购、储存和使用人不能同时担任账目的记录工作。

（4）货物审批人应同付款人职务分离。

（5）接受各种劳务的部门或主管这些业务的人应适当地同账务记录人分离。

（6）记录应付账款的人不能同时担任付款任务。

（三）注意流程的先后顺序及时效性控制

应当注意作业流程的流畅性与一致性，并考虑作业流程所需的时限。譬如避免同一主管对同一采购活动做多次签核；避免同一采购活动在不同部门有不同的作业方式，避免同一采购活动会签部门过多，影响时效。

（四）价值与程序繁简相适应

程序繁简或被重视的程度应与所处理业务或采购项目的重要性或价值大小相对应。凡涉及数量比较大，价值比较高或者易发生舞弊的作业，应有比较严密的监督程序；反之，则可略微予以放宽，以求提高工作效率。

（五）流程设计应适应现实环境

应当注意流程的及时改进。早期设计的处理流程，经过若干时间段后，应加以审视，不断加以改进，以适应组织变革或作业上的实际需要。

（六）作业过程应有适当的弹性

采购制度保持刚性是必要的，但也要有一定的弹性范围来应对环境的变化及偶发事件。譬如在遇到"紧急采购"时，应有权宜的办法或流程来特别处理。

（七）流程应持续改进

譬如当手工的作业方式改变为计算机的作业方式时，流程就需要作相当程度的调整或重新设计。

任务三　采购供应商管理

一、供应商的调查

供应商管理的首要工作，就是要了解供应商、了解资源市场。要了解供应商的情况，就需要进行供应商调查。

供应商的调查，就是指买方通过适当的渠道、采用适当的方法，了解有关供应商的信息以便建立供应库的过程。调查工作的范围与采购物资的特点相关，采购的物资越重要，则调查范围就越大，反之就可小些。供应商的调查是供应库建立的第一步。买方对供应商了解越多，就越有利于供应商的选择，从而越有利于采购工作的顺利进行。

供应商调查的内容包括材料供应、专业技能、品质控制、人员水平、设备情况、财务状况、管理制度等几个方面。下面列出这些调查方面的具体内容。

1．材料供应状况

（1）产品所用原材料的供应来源。

（2）材料的供应渠道是否畅通。

（3）原材料的品质是否稳定。

（4）供应商原料来源发生困难时，其应变能力的高低等。

2．专业技术能力

（1）技术人员素质的高低。

（2）技术人员的研发能力。

（3）各种专业技术能力的高低。

3．品质控制能力

（1）品质管理组织是否健全。

（2）品质管理人员素质的高低。

（3）品质管理制度是否完善。

（4）检验仪器是否精密及维护是否良好。

（5）原材料的选择及进料检验的严格程度。

（6）操作方法及制程管制标准是否规范。

（7）成品规格及成品检验标准是否规范。

（8）品质异常的追溯是否程序化。

（9）统计技术是否科学以及统计资料是否翔实等。

4．管理人员水平

（1）管理人员素质的高低。

（2）管理人员工作经验是否丰富。

（3）管理人员工作能力的高低。

5．机器设备情况

（1）机器的设备的名称、规格、厂牌、使用年限及生产能力。

（2）机器设备的新旧、性能及维护状况等。

6．财务及信用状况

（1）每月的产值、销售额。

（2）来往的客户。

（3）经营的业绩及发展前景等。

7．管理规范制度

（1）管理制度是否系统化、科学化。

（2）工作指导规范是否完备。

（3）执行的状况是否严格。

二、供应商的选择

供应商选择是实施采购的前提，在供应商选择过程中，供应商评价也是关键的一个环节。供应商的选择和评价方法主要集中在概念型、经验型和决策支持方法这 3 个方面。其中，经验型的研究主要是针对评选的指标或准则，而决策支持方法的研究主要是针对评选的方法。

供应商选择与评价问题一直是学术界和业界研究的热点问题。不少专家学者通过企业调查或切身实践，都提出了各自较为合理的评选指标体系。其中，对供应商的选择问题研究最早、影响最大的是美国的迪克森（Dickson），他通过分析 170 份对采购代理人和采购经理的调查结果，得到了对供应商进行评价的 23 项指标，并对指标的重要性进行了分类。迪克森认为，质量是影响供应商选择的一个"极其重要"的因素；交货、历史绩效等 7 个因素则"相当重要"；"一般重要"包括顾客投诉处理程序、沟通系统等 14 个因素；最后一个因素"相互之间协商"则归入"稍微重要"之列。在迪克森的研究中，能够发现在选择供应商时重要性最高的前 3 个指标分别为质量、交货期和历史绩效。供应商的选择是一个多准则评价问题，是在对各个准则定量和定性分析的基础上对供应商给出综合量化指标，以选择最合适的供应商。通过多个行业的调查分析，对供应商的评价多集中在质量、交货期、批量柔性、交货期与价格的权衡、价格与批量的权衡、多样性等指标因素。对于供应商来说，要想在所有的内在特性方面获得最佳是相当困难的，或者说是不可能的，一个高质量产品的供应商就不可能有最低的产品价格。因此，在实际的选择过程中必须综合考虑供应商的主要影响因素。

1. 质量

质量是供应商选择的首要参考目标，它也是采供双方合作达成的基本条件。质量指标对于一个企业的重要性等同于企业的生命。质量指标主要是指供应商所供给的各类物资，包括原材料、初级产品或消费品组成部分的质量。通常情况下，采购方在与某家供应商合作之前，必然会考察该供应商所生产产品的质量。考察活动可能有样品质量检验、实际生产和质量监控流程的参观以及供应商质量控制体系的考评等。

与生产工艺能达到的最高质量水平相比，供应商能够持续保持的质量水平更有意义。当然，如果样品或少量交付的样品质量就很低劣的话，那这个供应商就更不能考虑了。一般来说，采购物资的质量并非越高越好，关键在于满足企业所要求的质量水平，如果质量水平过高，需要采购方支付相应的超质量成本，那么高质量可能会成为企业的负担，与企业的产品定位及竞争策略产生冲突。而在考察供应商的产品质量要求方面，采购方关键要看供应企业是否有一套有效执行的产品质量检验制度，即控制质量的能力。在对供应商的质量管理要求上，考察的因素包括质量管理方针、政策、质量管理制度的执行及落实情况、有无质量管理制度手册、有无质量保证的作业方案和年度质量检验的目标和改善的目标、有无权威评价机构的评鉴等级、是否通过了 ISO 9000 质量体系认证。

2. 价格

在满足质量要求的供应商间选择的时候，采购方首先考虑的因素是各个供应商的报价。尤其是采用招标方式采购的标准仓，价格更是选择供应商的最关键指标。价格因素主要是指供应商所供给的原材料、初级产品或消费品组成部分的价格。供应商的产品价格决定了采购方或者下游企业的产成品的价格以及整条供应链的投入产出比，对生产商和销售商的利润率有相应程度的影响。在采购谈判中，价格经常是采供双方争执和博弈最激烈的一个环节。

有调查研究表明，20 世纪 90 年代，我国企业在选择供应商时，主要的标准是产品质量，其次是价格。虽然近年来，非质量和价格因素越来越多地被供应商选择的研究人员所关注，但是这两个因素的重要性仍可见一斑。

3. 交货能力

供应链管理的思想摒弃了传统企业与企业竞争的狭隘竞争理念，转为供应链与供应链之间的竞争。对于企业来说，供应链上的其他企业以及市场都是外在系统，它的变化或波动都会引起企业或供应链的变化或波动，市场的不稳定性会导致供应链各级库存的波动。而交货提前期的存在又必然造成供应链各级库存变化的滞后性和库存的逐级放大效应。交货提前期越小，库存量的波动越小，企业对市场的反应速度也越快，对市场反应的灵敏度也越高。由此可见，交货提前期是一个重要的概念。

交货能力的概念比交货提前期更为丰富。它包括交货提前期、交货准时性、对采购方变更交货数量和交货时间的反应水平等这些与准时按需交付满足采购方需求物资的所有能力。

交货准时性是指按照采购方所要求的时间和地方，供应商将指定产品准时送到指定地点。如果供应商的交货准时性较低，必定会影响生产商的生产计划和销售商的销售计划及时机。例如，沃尔玛为其供应商设定了交货时间窗，每个供应商必须在规定时间范围内（通常精确到分钟）交付沃尔玛超市所订购的商品，超过时间交付将会被拒绝接收。这一交付条件就考验了供应商的交货准时水平。

4. 服务水平

服务水平因素指的是在采购合同执行过程中，供应商对采购商在物资或设备的使用、残次品的掉换、设备使用方法培训、相应故障的排除等方面的帮助，即供应商为采购企业提供质量保证和相应售后服务的所有活动。如果销售过程中的相关服务跟不上，产生的相关问题会给采购企业带来诸多麻烦，轻者增加企业的物料成本和生产成本，重者影响生产的连续性和新设备的上马进度，给企业带来重大经济损失。因此，现在很多采购企业都很重视客户服务水平这一因素，它已成为供应商选择过程中的另一重要因素。

5. 供应商的地理位置

对于不同的物资，供应商的地理位置这一因素的重要性也不相同。如果物资的配送成本尤其是运输成本占采购方采购成本的比例越大，那么供应商相对采购商的地理位置就越重要。如果所采购的物资或设备需要采供双方频繁密切的配合，尤其是在供应商参与新产品开发的过程中，地理位置无疑也会给直接沟通的难易程度以及相应差旅成本造成直接重要的影响。另外，供应商所在的地理位置有时候也决定了它获得某种原材料的稳定程度和价格水平，这可能直接影响采购商采购物资的进货成本，进而左右采购方对供应商的抉择。最后，供应商的地理位置不同，各类自然灾害，如旱灾、涝灾、地震、台风等发生的风险也各不相同，如果采购物资易受这些灾害影响，那么供应商的地理位置就决定了它发生停产、减产甚至倒闭等风险的可能性，这些都应该考虑在供货伙伴尤其是长期合作伙伴的选择过程中。

6. 供应商的信誉

供应商信誉是供应商与本采购企业或其他买家合作过程中积累起来的声望。它可以看做供应企业无形资产的组成部分，优秀供应商为了维护其良好声誉，按约保质保量的覆行合同的愿望要远远高于那些声名狼藉的供应企业。

7. 供应商的财务状况

采购企业的供应部门有时还会把供应商的财务状况纳入考核的指标体系之中，原因在于制造企业供应部门担心本企业财务部门及时支付货款的比例不足。如果制造企业的货款支付制度是财务中心根据销售部门或其他资金进项的时间安排支付应付账款，而不是按照应付账款到达财务部门的时间去筹措相应资金，那么供应部员工在选择供应伙伴时就不得不把对方的财务状况考虑在内。如果供应企业是其他条件优越而财务链条管理比较紧张的小型供应企业，而采购企业的份额又占供应商销售额较大比例时，采购企业财务部门拖欠货款可能给供应企业造成巨大风险，严重时甚至直接导致其停工停产以及双方的法律纠纷。而这种情况对于资金雄厚的大型供应企业来说问题就不会这么严重。

当然，上述指标的讨论还是基于传统的采供双方的供需管理模式。随着供应链管理、供应商关系管理、战略联盟等思想不断深入人心，供应商评选指标也渐渐由上述以价格和质量等为主的体系向有利于采供双方长期互利合作关系的方向转变。较之传统的指标体系和评选过程，新型供应链模式下的供应商评选指标体系更利于采供双方在动态、合作、竞争的环境中成为实现信息共享、风险共担的合作伙伴关系，实现对多变市场需求的快速反应。这时，供货柔性、供应商的技术创新能力、合作的态度、信息共享水平以及对市场的反应能力等都将成为采购方评价并选择供应链合作者的重要因素。

三、供应商的关系管理

（一）建立供应商准入制度

企业在供应链管理环境下与供应商的关系是一种战略性合作关系，提倡一种双赢（Win-Win）机制。企业在采购过程中要想有效地实施采购策略，充分发挥供应商的作用就显得非常重要。采购策略的一个重要方面就是要搞好与供应商的关系，逐步建立起与供应商的合作伙伴关系。要搞好与供应商的关系，首先要注重建立供应商准入制度。

企业在采购过程中必须对众多的供应商进行选择。建立供应商准入制度，目的是从一开始就淘汰和筛选掉不合格的供应商，节约谈判时间。供应商准入制度一般由采购业务部制定、商品采购小组审核、总经理签发后实施。它的核心是对供应商资格的要求，包括供应商的产品质量、产品价格、资金实力、服务水平、技术条件、资信状况、生产能力等。这些条件是供应商供货能力的基础，也是将来履行供货合同的前提保证。这些基本的背景资料要求供应商提供，并可通过银行、咨询公司等中介机构加以核实。

在通过对供应商的考核并认定供应商资格达到基本要求后，采购人员应将企业对具体供货要求的要点向供应商提出，初步询问供应商是否能够接受，若对方能够接受，方可准入，并且将这些要点作为双方进一步谈判的基础。这些要点主要包括：商品的质量和包装要求；商品的送货、配货和退货要求；商品的付款要求等。

（二）建立供应商接待制度

在与供应商建立合作关系以后，为了规范采购和提高采购质量，企业应在同供应商接洽中建立严格的供应商接待制度，供应商接待制度包括 3 方面要求：

1．接待时间要求

为了保证采购业务人员有足够的时间去进行市场调查并制订采购计划，而不是将绝大多数时间、精力花费在接待供应商上，企业应确立供应商接待日，最好定在物资采购小组召开例会的前一天，以便物资采购的审核工作能及时进行，尽快给供应商一个是否进一步谈判的答复。

2．接待地点要求

为了规范采购人员和供应商的行为，接待地点一般定在公司采购业务部的供应商接待室，不要在供应商提供的会议室，更不要在供应商的招待宴席上或娱乐场所洽谈业务。

3．洽谈内容要求

要按采购的物资类别设置专职洽谈人员，负责接洽相关类别供应商；同时洽谈内容要紧紧围绕采购计划、促销计划和供应商文件进行，不能随意超越权限增加商品谈判内容。

（三）建立双赢的供应关系

供应商参与了企业价值链的形成过程，对企业的经营效益有举足轻重的影响。建立战略性合作伙伴关系是供应链管理的重点。供应链管理的关键就在于供应链上下游企业的无缝连接与合作。企业供应链合作关系的建立是一个复杂的过程。

1．双赢关系模式

双赢关系模式是一种供应商与企业之间共同分享信息，通过合作和协商的相互行为。这种关系模式的采购策略表现为：

（1）企业对供应商给予协助，帮助供应商降低成本、改进质量、加快产品开发进度。

（2）通过建立相互信任的关系，提高效率，降低交易、管理成本。

（3）长期的信任合作取代短期的合同。

（4）比较多的信息交流。

2．双赢关系对企业采购的意义

双赢关系对于采购中供需双方的作用表现在：

（1）可增加对整个供应链业务活动的共同责任感和利益的分享。

（2）可增加对未来需求的可预见性和可控能力，长期的合同关系使供应计划更加稳定。

（3）成功的客户有助于提高供应商的竞争力。

（4）高质量的产品可增加供应商的竞争力。

（5）可增加对采购业务的控制能力。

（6）通过长期的、有信任保证的订货合同可保证采购的要求。

（7）可减少和消除不必要的对购进产品的检查活动。

签订互惠互利的合同是巩固和发展供需合作关系的根本保证。互惠互利包括了双方的承诺、信任和持久性。信守诺言，是商业活动成功的一个重要原则。没有信任的供应商，或没有信任的采购客户都不可能建立长期的合作关系，即使建立起合作关系也是暂时的。持久性是保持合作关系的保证，没有长期的合作，双方就没有诚意做出更多改进和付出。机会主义和短期行为对供需合作关系将产生极大的破坏作用。

实训活动

复印若干份供应商调查问卷（见表 2 - 6），免费提供给 6～10 家企业使用，获得企业反馈结果，并做一份企业如何选择与评估供应商的分析报告。

表 2 - 6　供应商调查问卷

该问卷满分为 100 分，总分在 60 分以下的为不合格供应商，60～74 分的为合格供应商，75～84 分的为良好供应商，85～100 分的为优秀供应商。

（一）了解供应商发展合作关系的兴趣

　　（1）毫无兴趣，不愿透露生产成本数据。（0 分）

　　（2）愿作出一些努力，发展合作关系。（3 分）

　　（3）有浓厚兴趣，愿意长期合作。（6 分）

（二）了解供应商送货表现

　　按预定期限，准时送货的百分比为：

　　（4）60%以下。（0 分）

　　（5）61%～70%。（2 分）

　　（6）71%～80%。（4 分）

　　（7）81%～90%。（7 分）

　　（8）91%～100%。（12 分）

（三）了解供应商定价策略

　　（9）持续高于市场价。（2 分）

　　（10）基本上等于市场价。（8 分）

　　（11）一般都低于市场价。（7 分）

（四）了解供应商节约成本的表现

　　（12）极少有节约成本的想法并付诸实施。（0 分）

　　（13）已作出一定量化计划。（5 分）

　　（14）持之以恒地计划节约成本。（10 分）

（五）了解供应商备货时间

　　（15）较长的备货时间，缺乏弹性。（0 分）

　　（16）相当于市场的平均水平。（7 分）

　　（17）备货时间持续低于竞争对手。（10 分）

（六）了解供应商无缺陷供货情况

　　（18）有几次被拒收的记录，存在周期性的缺陷。（2 分）

　　（19）没有证据表明存在供货系统的缺陷。（8 分）

（七）了解供应商对质量问题的反应

（20）很少或根本没有反应。（0分）

（21）会进行调查，但缺乏应有的反应。（2分）

（22）快速深入调查，有效地纠正并提供必要的补偿。（5分）

（八）了解供应商授权情况

（23）严重疏忽。（0分）

（24）非常全面。（6分）

（九）了解供应商运输单据的质量

（25）曾遗失重要单证。（0分）

（26）能提供所有单证（如订单号、批次号等）。（7分）

（十）了解供应商货盘和货卡情况

（27）有些破裂的货盘，没有货卡，货物堆放混乱。（0分）

（28）货盘良好，货物堆放整齐，货卡清晰。（7分）

（十一）了解供应商沟通能力

（29）对请求反应迟缓，从未主动提供信息。（0分）

（30）总能得到迅速反应，高度职业化。（10分）

（十二）了解供应商技术能力

（31）几乎没有技术知识。（0分）

（32）具有一般技术知识。（6分）

（33）优秀的技术知识，并在需要的时候能得到专家的支持。（11分）

巩固练习

1. 现代采购管理需要遵循的 5R 原则具体是指哪些方面？
2. 简要描述采购作业的操作流程。
3. 为了了解采购供应商情况，需要对采购商进行哪些方面的调查？
4. 影响采购供应商的选择的主要因素有哪些？
5. 物流企业该如何维护与采购供应商之间的关系？

项目三　仓储与库存管理

学习目标

1. 了解仓储管理的功能与任务。
2. 掌握库存的控制方法。
3. 掌握货物库内作业的基本流程。
4. 掌握物品的保养和维护。

情景导入

最近几年我国仓储业发展迅猛，随着网络购物、网上支付、移动电子商户的数量急剧增加，越来越多的企业开始大举进军仓储业。2008 年年末我国仓储企业的数量已达 17 416 个，仓储业的从业人数已达 51.1 万人，仓储业的营业收入达 3 020.9 亿元。2009 年仓储业的固定资产投资额达到 1 766 亿元，增加值达到 1 737 亿元。2010 年，新建仓库的面积达 213 万平方米，比 2009 年增加 70 万平方米。越来越多的物流企业认识到，没有强大的仓储资源网络，没有控制和管理物流仓库的能力，就难以发展成为有竞争力的大型物流企业。但是目前无论是一线城市还是二三线城市，现在都面临仓储难的问题，仓储已经成了制约物流行业发展，并且推高流通成本的一个棘手的问题。

[吴会杰，李菁：《我国仓储行业发展的现状、原因及对策分析——
以发达国家仓储行业发展为例》，载《对外经贸实务》，2011（08）。]

讨论与思考：
面对仓储难的问题，政府和企业应采取什么样的措施解决这一难题？

任务一　仓储管理

一、仓储管理的概念

仓储管理是指对仓库和仓库中储存的货物进行管理。从广义上看，仓储管理是对物流过程中货物的储存以及由此带来的商品包装、分拣、整理等活动进行的管理。

仓储管理是一门经济管理科学，同时也涉及应用技术科学，故属于边缘性学科。仓储管理将仓储领域内生产力、生产关系以及相应的上层建筑中的有关问题进行综合研究，以探索仓储管理的规律，不断促进仓储管理的科学化和现代化。

仓储管理的内涵随着其在社会经济领域中的作用不断扩大而变化。仓储管理已不再是单纯意义上的对货物存储的管理，而是兼有包装、分拣、整理、简单装配等多种辅助性功能。它已成为物流过程中的中心环节。因此广义的仓储管理应包括对这些工作的管理。

二、仓储的功能

（一）仓储的基本功能

1. 储存保管功能

储存保管是指在待定的场所，将物品存放并进行妥善的保管，确保被存储的物品不受损害。存储保管是仓储最基本的功能，是仓储产生的根本原因。当有了产品剩余，需要将剩余产品收存保管，就形成了仓储。存储的目的是确保存储物的价值不受损害，在存储过程中存储物所有权属于存货人。

2. 调节功能

仓储在物流中起 "蓄水池" "火车站" 的作用。一方面，仓储可以调节生产和消费的平衡，使它们在时间和空间上得到协调，保证社会再生产的顺利进行；另一方面，由于不同的运输方式在运向、运程、运力和运输时间上存在差异，一种运输方式一般不能直接将货物运达目的地，需要在中途改变运输方式、运输路线、运输规模、运输工具，而且为协调运输时间和完成物品倒装、转运、分装、集装等物流作业，还需要在物品运输的中途停留，通过仓储的调节，实现了物品从生产地向销售地的快速转移；并且当交易不利时对物品先进行存储，可等待有利的交易机会。调节控制的任务就是对物品进行仓储流转作出安排，确定存储时间和存储地点。

3. 保管检验功能

仓储保管一方面是对存货人交付保管的仓储物的数量和提取仓储物的数量、质量进行保管，尽量保持与原保管物一致；另一方面是按照存货人的要求分批收货和分批出货，对储存的货物进行数量控制，配合物流管理的有效实施，同时向存货人提供一定数量的服务信息，以便客户控制存货、提高物品的效用。为了保证物品的数量和质量，分清事故责任，维护各方面的经济利益，对物品必须进行严格的检验，以满足生产、运输、销售以及用户的要求，仓储为组织检验提供了场地和条件。

4. 养护功能

为了保证仓储物的质量不变，保管人需要采用先进的技术、合理的保管措施来妥善保管仓储物。仓储物发生危险时，保管人不仅要及时通知存货人，还需要及时采取有效措施减少损失。

（二）仓储的增值服务功能

仓储增值服务是现代物流发展的结晶。产品增值包含两方面的含义：一是衔接好仓储环节和生产运输环节，实现物品"无缝"流转，降低成本，缩短产品在流通环节的总时间，加速产品价值的实现；二是采用生产延迟、运输延迟的策略，针对不同行业和产品，把产品的粗加工、包装、贴标签等作业在物流停滞期间完成，既能为上下游的生产、运输环节提供直接便利，又可以使仓储作业从单一的保值功能多元化到增值、保值合一，大大提高仓储的直接效益，仓储增值服务功能主要包括流通加工、配送、配载、交易中介等功能。

1. 流通加工

仓储期间可以通过简单的刨造、加工活动来延期或延迟生产，提高物品附加值。加工本是生产环节的任务，但随着消费的个性化、多元化发展，许多企业将产品的定型、分装、组配、贴商标等工序留到仓储环节进行。通过流通加工，可以缩短生产时间、节约材料、提高成品率，保证供货质量和更好地为消费者服务，实现产品从生产到消费之间的价值增值。

2. 配送

随着现代科技的发展，商家、消费者订货可以通过网络等途径完成，但产品从生产者到消费者手中必须经过物流环节，通过仓储配送可以缩短物流渠道，减少物流环节，提高物流效益，促进物流的合理化，实现物品的小批量送达。因此，配送是商流与物流的结合体，是拣选、包装、加工、组配、配送等各种活动的有机组合，一般配送点设置在生产和消费集中的地区。仓储配送业务的发展有利于生产企业降低存货，减少固定资金的投入；商业企业减少存货，降低流动资金使用量，又能保证销售。

3. 配载

配载是对使用相同运输工具和运输线路的货物进行合理安排，使少量的货物实现整车运输，是仓储活动的一个重要内容。大多数仓储都提供配载的功能，不同货物在仓库集中，按照运输的方向进行分类仓储，当运输工具到达时出库装运。通过对运输车辆进行配载，确保配送的及时和运输工具的充分利用。

4. 交易中介

仓储经营人利用大量存放在仓库的有形物品，以及与各类物品使用部门业务的广泛联系，开展现货交易中介，扩大了货物交易量，加速仓储物的周转和吸引新的仓储业务，提高仓储效益，同时还能充分利用社会资源，加快社会资金周转，减少资金沉淀。交易中介功能的开发是仓储经营发展的重要方向。

三、仓储管理的任务

1. 利用市场经济的手段获得最大效益的仓储资源的配置

市场经济最主要的功能是通过市场的价格杠杆和供求关系调节经济资源的配置。市场配置资源是以实现资源最大效益为原则，这也是企业经营的目的。配置仓储资源也应以所配置的资源能获得最大效益为原则。仓储管理就需要营造本仓储机构的局部效益空间，吸引资源的投入，具体任务包括：根据市场供求关系确定仓库的建设；依据竞争优势选择仓库地址；以生产差别产品决定仓库专业化分工和确定仓库功能；以所确定的功能决定仓储布局；根据设备利用率决定设备配置等。

2. 以高效率为原则组织管理机构

仓储管理机构是开展有效仓储管理的基本条件，是一切管理活动的保证和依托。生产要素尤其是人的要素只有通过良好组织才能发挥作用，实现整体的力量。仓储组织机构的确定须围绕着仓储经营的目标，以实现仓储经营的最终目标为原则，依据管理幅度、因事设岗、责权对等的原则，建立结构简单、分工明确、互相合作和促进的管理机构和管理队伍。

仓储管理机构因仓储机构的属性不同而有所不同，分为独立仓储企业的管理组织、附属仓储机构的管理组织。其一般都设有：内部行政管理机构、商务、库场管理、机械设备管理、安全保卫、财务及其他必要的机构。仓储机构内部大都实行直线职能管理制或者事业部制的管理组织结构。随着计算机网络的应用普及，管理机构趋向于向扁平化发展。

3．以不断满足社会需要为原则开展商务活动

商务工作是仓储对外的经济联系，包括市场定位、市场营销、交易和合同关系管理、客户关系管理、争议处理等。仓储商务是仓储经营生存和发展的关键工作，是经营收入和仓储资源充分利用的保证。从功能来说，商务管理是为了实现收益最大化，不断满足社会生产和人民生活需要，最大限度地提供仓储产品，满足市场需要。满足市场需要包括数量上满足和质量上满足两个方面。仓储管理者还要不断掌握市场的变化发展，不断开展创新，提供适合经济发展的仓储产品。

4．以高效率、低成本为原则组织仓储生产

仓储生产包括货物入仓、堆存、保管、出仓的作业，仓储物验收、理货、交接，在仓储期间的保管照料、质量维护、安全防护等。仓储生产的组织遵循高效、低耗的原则，充分利用机械设备、先进的保管技术、有效的管理手段，实现仓储的快进、快出，提高仓储利用率，降低成本，不发生差、损、错事故，保持连续、稳定的生产。生产管理的核心在于充分使用先进的生产技术和手段，建立科学的生产作业制度和操作规程，实行严格的监督管理，采取有效的员工激励机制。特别是非独立经营的部门，仓储管理的中心工作就是开展高效率、低成本的仓储生产管理，充分配合企业的生产和经营。

5．以优质服务、诚信建立企业形象

企业形象是指企业展现在社会公众面前的各种感性印象和总体评价的整合，包括企业及产品的知名度、社会的认可程度、美誉度、对企业的忠诚度等方面。企业形象是企业的无形财富，良好的形象可以促进产品的销售，也为企业的发展提供了良好的社会环境。为厂商服务的仓储业面向的对象主要是生产、流通经营者，其企业形象的建立主要通过服务质量、产品质量、诚信和友好合作获得，并通过一定的宣传手段在潜在客户中推广。在现代物流管理中，对服务质量的高度要求、对合作伙伴的充分信任使仓储的企业形象建立极为必要。只有具有良好形象的仓储经营者才能在物流体系中占一席之地，适应现代物流的发展。

6．通过制度化、科学化的手段不断提高管理水平

任何企业的管理都不可能一成不变，需要随着形势的发展不断发展，适应新的变化，仓储管理也要根据仓储企业的经营目的的改变、社会需求的变化而改变。管理也不可能一步到位，不可能一开始就设计出一整套完善的管理制度并实施于企业中，因为那样不仅教条，而且不可执行，仓储管理也要从简单管理到复杂管理、从直观管理到系统管理，在管理实践中不断补充、修正、完善，不断提高，实行动态的仓储管理。

仓储管理的动态化和管理变革可以促进管理水平的提高，提高仓储效益，但也可能因为脱离实际、不同于人们的惯性思维，而使管理的变革失败，甚至趋于倒退，不利于仓储的发展。因而仓储管理的变革需要有制度保障．通过科学的论证，广泛吸取先进的管理经

验，针对本企业的客观实际开展管理。

7．从技术到精神领域提高员工素质

没有高素质的员工队伍，就没有优秀的企业。企业的一切行为都是人的行为，是每一个员工履行职责的行为表现。员工的精神面貌体现了企业的形象和企业文化。仓储管理的一项重要工作就是根据企业形象建设的需要，不断提高员工的素质和加强对员工的约束和激励。

员工的素质包括员工每个人的技术素质和精神素质。通过不断的系统培训和严格的考核，保证每个员工熟练掌握其从事劳动岗位应知、应会的知识与技能，而且要求精益求精，能跟上技术和知识的发展与更新；明白岗位的工作制度、操作规程；明确岗位所承担的责任。

良好的精神面貌来自企业和谐的氛围、有效的激励、对劳动成果的肯定及有针对性开展的精神文明教育。在仓储管理中应重视员工的地位，而不能将员工仅仅看做生产工具、一种等价交换的生产要素。要在信赖中约束、在激励中规范，使员工感受到人尽其才、劳有所得、人格被尊重，形成热爱企业、自觉奉献、积极向上的精神面貌。

四、仓储管理的基本原则

1．满足社会需要

仓储本身并不是社会生产的最终目的，物质仓储是为物质生产、流通和最终消费服务的。物质生产、流通和最终消费对仓储的需要决定了仓储的供给。仓储经营管理的基本出发点就在于社会对仓储的需要，要以社会需要决定仓储的结构、规模、经营方法、建设等，以社会需要为依据开展仓储管理。

2．效率原则

效率是指在一定劳动要素投入量时的产品产出量。较小的劳动要素投入和较高的产品产出量才能实现高效率。高效率就意味着劳动产出大，劳动要素利用率高，高效率是现代生产的基本要求。仓储的效率表现为仓容利用率、货物周转率、进出库时间、装卸车时间等指标上，表现出"快进、快出、多存储、保管好"的特点。

仓储生产管理的核心就是效率管理，以最少的劳动量投入，获得最大的产品产出。劳动量的投入包括生产工具、劳动力的数量及其作业时间和使用时间。效率是仓储其他管理的基础，没有生产的效率，就不会有经营的效益，就无法开展优质的服务。高效率的实现是管理艺术的体现，通过准确地核算，科学地组织，妥善地安排场所和空间，部门与部门、人员与人员、设备与设备、人员与设备之间的默契配合，使生产作业过程有条不紊地进行。

高效率还需要有效管理过程的保证，包括现场的组织、督促，标准化、制度化的操作管理，严格的质量责任制的约束；反之，可能会使现场作业混乱、操作随意、作业质量差，甚至出现作业事故，这样显然不可能有效率。

3．经济效益的原则

厂商生产经营的目的是为了追求利润最大化，这是经济学的基本假设条件，也是社会现实的反映，而利润是经济效益的表现。

$$利润＝经营收入－经营成本－税金$$

实现利润最大化则需要做到经营收入最大化和经营成本最小化。

社会主义的企业经营也不能排除追求利润最大化的动机，作为参与市场经济活动主体的仓储业，也应围绕着获得最大经济效益的目的进行组织和经营；但也需要承担相应的社会责任，履行环境保护、维护社会安定、满足社会不断增长的需要等社会义务，实现生产经营的社会效应。

4. 服务的原则

仓储活动本身就是向社会提供服务产品。服务是贯穿在仓储中的一条主线，从仓储的定位、仓储具体操作、对储存货物的控制都围绕着服务进行。仓储管理就需要围绕着服务定位，如提供服务、改善服务、提高服务质量，包括直接的服务管理和以服务为原则的生产管理。

任务二　库存控制管理

一、库存及相关概念认知

物流科学体系中，经常涉及库存、储备及储存这几个概念，且易被混淆。其实，3个概念虽有共同之处，但仍有区别，认识这个区别有助于理解物流中"储存"的含义和零库存概念。

1. 库存

库存指的是仓库中处于暂时停滞状态的物资。这里要明确两点：其一，物资所停滞的位置，不是在生产线上，不是在车间里，也不是在非仓库中的任何位置，如汽车站、火车站等类型的流通结点上，而是在仓库中。其二，物资的停滞状态可能由任何原因引起，而不一定是某种特殊的停滞。这些原因大体有：能动的各种形态的储备；被动的各种形态的仓储；完全积压。

2. 储备

物资储备是一种有目的的储存物资的行动，也是这种有目的的行动和其对象总体的称谓。物资储备的目的是保证社会再生产连续不断地、有效地进行。所以，物资储备是一种能动的储存形式，或者说，是生产领域和流通领域中物资有目的的、能动的暂时停滞，尤其是指在生产与再生产、生产与消费之间的暂时停滞，如粮食储备、石油储备等。

3. 储存

储存是包含库存和储备在内的一种广泛的经济现象，是一切社会形态都存在的经济现象。在任何社会形态中，对于不论什么原因形成停滞的物资也不论是什么种类的物资，在没有进入生产、加工、消费、运输等活动之前或在这些活动结束之后，总是要存放起来，这就是储存。

二、库存的分类

（一）按功能分类

按功能划分库存有 5 种基本类型：波动（需求与供应）库存、预期库存、批量库存、运输库存、屏障库存。

1．波动（需求与供应）库存

波动库存是指由于销售与生产的数量与时机不能被准确地预测而持有的库存。对于给定物品，其平均订货量可能是每周 100 单位，但有时销售量可高达 300 单位或 400 单位。通常从工厂订货后 3 周可收到订货，但有时可能要用 6 周。这些需求与供应中的波动可用后备存货或安全存货来弥补，后备存货或安全存货也就是波动库存的常用名。当通过各工作中心的工作流不能完全平衡时，在工作中心也存在波动库存。生产计划中可以提供名为稳定存货的波动库存以满足需求中的随机变化，而不需改变生产水平。

2．预期（促销、季节性）库存

预期库存是指为迎接一个高峰销售季节、一次市场营销推销计划或一次工厂关闭期而预先建立起来的库存。预期库存是为未来的需要也是为了限制生产速率的变化而储备的工时与机时。

3．批量库存

要按照物品的销售速率去制造或采购物品往往是不可能或不实际的。因此，要以大于现阶段所需的数量去获得物品，由此造成的库存就是批量库存。生产调整时间是确定此类库存的一个主要因素。

4．运输库存

由于库存是由物料必须从一处移到另一处而产生的。处在卡车上被运往另一个仓库去的物料在途中可能要经历 10 天之久，因此，当物料在途中时，库存不能为工厂或客户服务，其存在的原因只是由于运输需要时间。

5．屏障（投机性）库存

使用大量矿产品（诸如煤、汽油、银或水泥）或农牧产品（诸如羊毛、谷类或动物产品）的公司可以通过在价低时大量购进这些价格易于波动的物品而实现可观的节约，这种库存就叫屏障库存。另外，对预计以后将要涨价的物品，在现行价格较低时，买进额外数量就将降低该物品的物料成本。

（二）按物品在加工过程中的地位分类

按物品在加工过程中的地位分类，可分为原料、组件、在制品和成品。

（1）原料，用来制造成品中组件的钢铁、面粉、木料、布料或其他物料。

（2）组件，准备投入产品总装的零件或子装配件。

（3）在制品，工厂中正被加工或等待于作业之间的物料与组件。

（4）成品，备货生产工厂里库存中所持有的已完工物品，或订货生产工厂里准备按某一订单发货给客户的完工货物。

（三）按库存物品所处状态分类

按库存物品所处状态可以分成静态库存和动态库存。静态库存指长期或暂时处于储存状态的库存，这是人们一般意义上认识的库存概念。实际上广义的库存还包括处于制造加工状态或运输状态的库存，即动态库存。

三、库存控制方法

库存控制是以控制库存为目的的方法、手段、技术以及操作过程的集合，它是对企业的库存（包括原材料、零部件、半成品以及产品等）进行计划、协调和控制的过程。库存控制的目标一是降低库存成本，二是提高客户服务水平。达到这些目标的过程中主要的问题是：这些目标基本上是互相冲突的。库存控制就是要在互相冲突的目标之间寻求平衡，以达到最佳结合。具体的冲突的目标有哪些，可以从库存费用，成本的角度来考虑。

库存控制是在保证供应的前提下，对库存物品的数量最少所进行的有效管理的经济技术措施。库存控制的重点是对库存量的控制，订货点技术是传统的库存控制方法，它是从影响实际库存量的两个方面，即一是销售的数量和时间，二是进货的数量和时间，以此来确定商品订货的数量和时间，从而达到控制库存量的目的。因此订货点技术的关键在于订货时机，具体方法包括定量订货法和定期订货法两种。

（一）定量订货法

1. 定量订货法库存控制原理

定量订货法也称连续检查控制方式或订货点法，是指当库存量下降到预定的最低库存量（订货点）时，按规定进行订货补充的一种库存控制方法。当库存量下降到订货点时，即按预先确定的订货量发出订单，经过订货期、交货周期，库存量继续下降，到达安全库存量时，收到订货，库存水平回升。采用定量订货方式必须预先确定订货点和订货量。详细情况如图 3 - 1 所示。

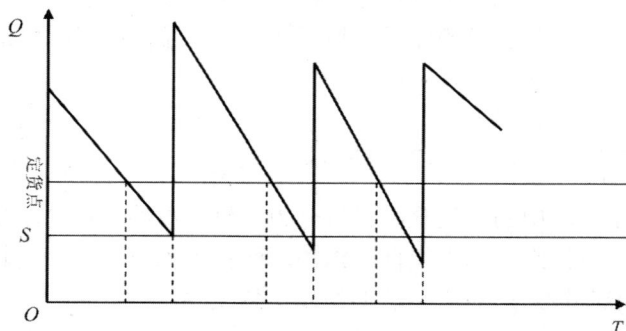

图 3 - 1　定量订货法原理
Q - 批量或订货量；T - 周转期；S - 安全库存

2．定量订货法控制参数的确定

实施定量订货法需要确定两个控制参数，一个是订货点，即订货点库存量；另一个是订货数量，即经济订货批量（Economic Order Quantity，EOQ）。

（1）订货点的确定。影响订货点的因素有 3 个，订货提前期、平均需求量和安全库存。根据这 3 个因素确定订货点。

① 在需求和订货提前期确定的情况下，不需要设安全库存即可直接求出订货点，公式如下：

$$订货点＝订货提前期（天）×每天的需求量$$

② 在需求和订货提前期都不确定的情况下，需要设安全库存，公式如下：

$$订货点＝最大订货提前期×平均需求量+安全库存$$

$$安全库存＝安全系数（见表 3-1）×最大订货提前期 1/2×需求变动值$$

$$需求变动值＝\frac{（最大需求量－最小需求量）}{d_2}$$

d_2 为随统计期数的多少而变动的常数，可查表 3-2 得出。

表 3-1 安全系数表

缺货概率	30.0%	27.4%	25.0%	20.0%	16.0%	15.0%	13.6%
安全系数值	0.54	0.60	0.68	0.84	1.00	1.04	1.10
缺货概率	11.5%	10%	8.1%	6.7%	5.5%	5.0%	4.0%
安全系数值	1.20	1.28	1.40	1.50	1.60	1.65	1.75
缺货概率	3.6%	2.9%	2.3%	2.0%	1.4%	1.0%	
安全系数值	1.80	1.90	2.00	2.05	2.20	2.33	

表 3-2 随统计期数而变动的 d_2 值

n	2	3	4	5	6	7	8	9
d_2	1.128	1.693	2.059	2.326	2.534	2.704	2.847	2.970
$1/d_2$	0.886 5	0.590 7	0.485 7	0.429 9	0.394 6	0.309 8	0.351 2	0.336 7
n	10	11	12	13	14	15	16	17
d_2	3.078	3.173	3.258	3.336	3.407	3.472	3.532	3.588
$1/d_2$	0.324 9	0.315 2	0.306 9	0.299 8	0.293 5	0.288 0	0.283 1	0.278 7
n	18	19	20	21	22	23	24	
d_2	3.640	3.689	3.735	3.778	3.820	3.858	3.896	
$1/d_2$	0.274 7	0.271 1	0.267 7	0.264 7	0.261 8	0.259 2	0.256 7	

（2）订货批量的确定。订货批量就是一次订货的数量。它直接影响库存量的大小，同时也直接影响物资供应的满足程度。在定量订货中，对每一个具体的品种而言，每次订货批量都是相同的，通常是以经济批量作为订货批量。所谓经济批量是使库存总成本达到最低的订货数量，是通过平衡订货成本和储存成本两方面得到的。定货批量 Q 通常依据经济批量 $Q*$ 的方法来确定，即总库存成本最小时的每次订货数量。通常，年总库存成本的计算

公式为：

$$TC = DP + \frac{D}{Q}C + \frac{Q}{2}H$$

式中，TC 表示年总库存成本；D 表示年需求总量；P 表示单位物品的购入成本；C 表示每次订货成本；H 表示单位物品年储存成本（$H = PF$，F 为年仓储保管费用率）；Q 表示批量或订货量；$\frac{Q}{2}$ 表示年平均库存量。

经济订购批量 Q^* 的确定公式：

$$Q^* = \sqrt{\frac{2CD}{H}} = \sqrt{\frac{2CD}{PF}}$$

在需求率已知，连续、交货期已知和固定、不发生缺货的条件下，可采用以上公式计算经济批量 Q^*。将 Q^* 代入年总库存成本的公式中，即可得出相关公式。

最低年总库存成本：

$$TC = DP + HQ^*$$

年订购次数：

$$n = \frac{D}{Q^*} = \sqrt{\frac{DH}{2C}}$$

平均订货间隔周期：

$$T = 365/n = 365Q^*/D$$

（二）定期订货法

定期订货法是按预先确定的订货时间间隔进行订货补充的库存管理方法。

1. 定期订货法原理

预先确定一个订货周期 T 和最高库存量 Q_{max}，周期性地检查库存，根据最高库存量、实际库存、在途订货量和待出库商品数量，计算出每次订货批量，发出订货指令，组织订货，如图 3 - 2 所示。

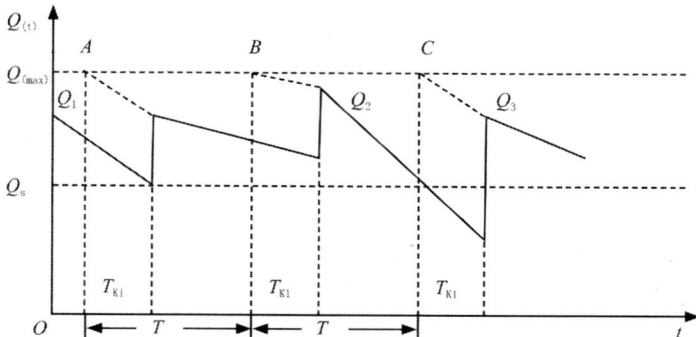

图 3 - 2　定期订货法原理图

定期订货法的实施需要解决 3 个问题：订货周期、最高库存量、每次订货的批量。

2. 定期订货法的控制参数

（1）订货周期的确定。在定期订货法中，订货点实际上就是订货周期，其间隔时间总是相等的。它直接决定最高库存量的大小，即库存水平的高低，进而也决定了库存成本的多少。订货周期过长，库存成本上升；订货周期过短，增加订货次数，订货成本增加。为使总费用达到最小，采用经济订货周期的方法来确定订货周期，公式如下：

$$T = \sqrt{\frac{2S}{C_i R}}$$

式中：T 表示经济订货周期；S 表示单次订货成本；C_i 表示单位商品年储存成本；R 表示单位时间内库存商品需求量。

三、库存管理方法

（一）ABC 库存管理方法

1. ABC 库存管理方法概念

一般来说，企业的库存物资种类繁多，每个品种的价格不同，且库存数量也不等。有的物资品种不多但价值很高，而有的物资品种很多但价值较低。由于企业的资源有限，因此，对所有库存物资均给予相同程度的重视和管理是不可能，也是不切实际的。为了使有限的时间、资金、人力、物力等企业资源能得到更有效的利用，应对库存物资进行分类，将管理的重点放在重要的库存物资上而进行分类管理和控制，即依据库存物资重要程度的不同，以某类库存货物品种数占物资品种数的百分数和该类物资金额占库存物资总金额的百分数大小为标准，将库存物资分为 A、B、C 3 类进行分级管理，这就是 ABC 库存分类管理的基本原理与方法。ABC 库存管理法是由美国通用电气公司的迪克于 1951 年首先在库存管理中倡导和应用的，用于确定库存管理的重点，是一种节约资金和费用的简单而又有效的科学管理方法。

2. ABC 库存管理方法来源

ABC 库存控制方法的基础源自巴雷特分析（Pareto analysis）。巴雷特在 1897 年研究社会财富分配时，搜集了许多国家的收入统计资料，得出收入与人口关系的规律，即占人口比重不大（20%）的少数人的收入占总收入的大部分（80%），而大多数人（80%）的收入只占收入的很小部分（20%），所得分布不平等。由此他提出了所谓的"关键的少数和次要的多数"的关系。事实上，在经济管理中，也存在许多类似上述的情况。例如：在企业的产品总量中，少数几种产品的产值却占了企业总产值的大部分；在百货公司的许多种商品销售中，为数不多的一些商品销售额却占总销售额的大部分；等等。

此后，美国通用电气公司董事长迪克对该公司所属某厂的库存物品经过调查后发现，上述原理同样适用于库存管理。同样的，在许许多多种库存物资中，一般只有少数几种物资的需求量大，因而占用较多的流动资金；从用户方面来看，只有少数几种物资对用户的需求起举足轻重的作用，而种类数比较多的其他物资年需求量却较小，或者对于用户的重要性较低。因此，可以将库存物资分 A、B、C 3 类，并分别采取不同的管理办法和采购、储存策略，尤其是对重点物品实施重点管理。

3．ABC 库存管理方法的分类标准

ABC 分类的标准可以是货物的年消耗总量、重要性以及保管要求等，具体划分标准及各类物资应占的比重并没有统一及严格的规定，要根据各企业、各仓库的库存品种的具体情况和企业经营者的意图来确定。一般来说，A 类物资种类数占全部库存物资种类总数的 10%～20%，而其需求量却占全部物资总需求量的 60%～80%；B 类物资种类数占 20%～30%，其需求量大致为总需求量的 15%～30%；C 类物资种类数占 50%～70%，而需求量只占 5%～15%。

例如，我们将某仓库的货物按年消耗总额（库存中各品种物资每年消耗的总量乘上它的单价即为该品种的年消耗总金额）作为分类标准，依年消耗金额从高到低进行排序，将最高的、累计至 70% 的货物划归 A 类，将年消耗金额次高的 20% 划归 B 类，最低的 10% 划归为 C 类。结果 A 类货物占有总量的 15%，B 类货物占有总量的 20%，C 类货物占有总量的 65%，其分布图见图 3 - 3。

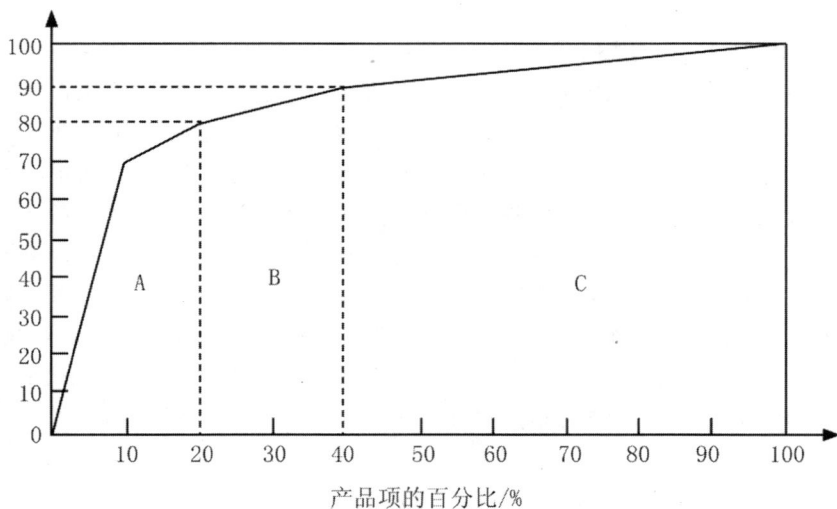

图 3 - 3　ABC 分析图

4．不同类货物的管理方法

由图 3 - 3 可以看出，占用大部分消耗金额的 A 类物资，其数量所占的百分比却很小。因此，经过 ABC 分类可以使企业经营者弄清楚所管理物资的基本消耗情况，分清哪些品种是 A 类，哪些是 B 类，哪些是 C 类，从而采取不同的策略进行管理。对 A 类物资，应进行重点管理，对 B 类物资，按常规进行管理，对 C 类物资，则实行粗放式管理，具体应注意采取以下方法。

（1）A 类货物的管理方法：

① 尽量采用更精确的库存控制模型及控制方法。

② 缩短订货周期，减小货物出库量的波动，使仓库的安全储备量降低。

③ 尽量保证 A 类货物按时交接货。

④ A 类货物是价值分析的重点对象。

⑤ A 类货物放置于便于进出的地方。

（2）C 类货物的管理方法：

① 将数量大、价值低的该类货物不列入日常管理的范围，不必经常盘点，并可规定最少出库的批量，以减少处理次数等。

② 为防止库存缺货，可适当增加安全库存量，或减少订货次数以降低费用。

③ 给予最低的优先作业次序。

（3）B 类货物的管理方法。进行正常的控制，可根据不同实际货物采用比 A 类货物相对简单，比 C 类货物相对严密的管理方法，见表 3 - 3。

表 3 - 3　不同库存的管理策略

库存类型	特点（按货币量占用）	管理方法
A	品种数占 15%～20%，年耗用金额占总库存金额的 75%～80%	进行重点管理。应严格控制其库存储备量、订货数量、订货时间。在保证需求的前提下，尽可能减少库存，节约流动资金。现场管理要更加严格，应放在更安全的地方；为了保持库存记录的准确，要经常进行检查和盘点；预测时要更加精细
B	品种数占库存品种数的 20%～25%，年耗用金额占总库存金额的 10%～15%	进行次重点管理。现场管理不必投入比 A 类更多的精力；库存检查和盘点的周期可以比 A 类长一些
C	品种数却占总库存品种数的 60%～65%，年耗用金额占总库存金额的 5%～10%	只进行一般管理。现场管理可以更粗放一些；但是由于品种多，差错出现的可能性比较大，因此，也必须定期进行库存检查和盘点，周期可以比 B 类长一些

（二）CVA 库存管理法

CVA 库存管理法又称为关键因素分析法，CVA 库存管理法比 ABC 库存管理法有更强的目的性。在使用中，不要确定太多的高优先级物品，因为太多的高优先级物品，结果是哪种物品都得不到重视。在实际工作中可以把两种方法结合使用，效果会更好。表 3 - 4 所示为按 CVA 库存管理法所划分的库存种类及其管理策略。

表 3 - 4　CVA 库存管理库存种类及其管理策略

库存类型	特　点	管理措施
最高优先级	经营管理中的关键物品，或 A 类重点客户的存货	不可缺货
较高优先级	生产经营中的基础性物品，或 B 类客户的存货	允许偶尔缺货
中等优先级	生产经营中比较重要的物品，或 C 类客户的存货	允许合理范围内缺货
较低优先级	生产经营中需要，但可替代的物品	允许缺货

（三）MRP 库存管理法

MRP 是物料需求计划（Material Requirement Planning System）的简称，主要用于制造企业的计划生产。由于属于材料和零件的物品被最终产品所耗用，故零配件的库存水平可根据最终产品的需求量来得出，所以，MRP 是一种派生的订货管理系统。

MRP 库存控制方法最早由美国的生产与计算机应用专家欧·威特和乔·伯劳士在 20 世纪 60 年代提出，由于该方法是生产管理专家在结合生产经验和计算机数据处理优势的基础上研制的，方法简单且对大多数制造类企业很有效，因而，得到美国生产与库存管理协会的大力推广，并很快传播到日本、西欧地区与其他国家。

与针对独立需求产品的库存控制问题不同，MRP 用于控制相关物品的库存需要。相关需求是指一些物品的需求往往与其他物品的需求有直接的联系。按产品结构，一个低层次物品的需求往往取决于上一层部件的需求，该上层部件的需求又取决于其上一层次组装件的需求，依次类推直至最终产品。MRP 根据最终产品或主要装配件的计划完工日期，来确定各种零件和材料需要订购的日期和数量。因此，MRP 既是一种精确的排产系统，又是一种有效的物料控制系统。其目标是将库存量保持在最低限度，且能保证及时供应所需数量的物料。MRP 的工作流程可参见图 3-4。

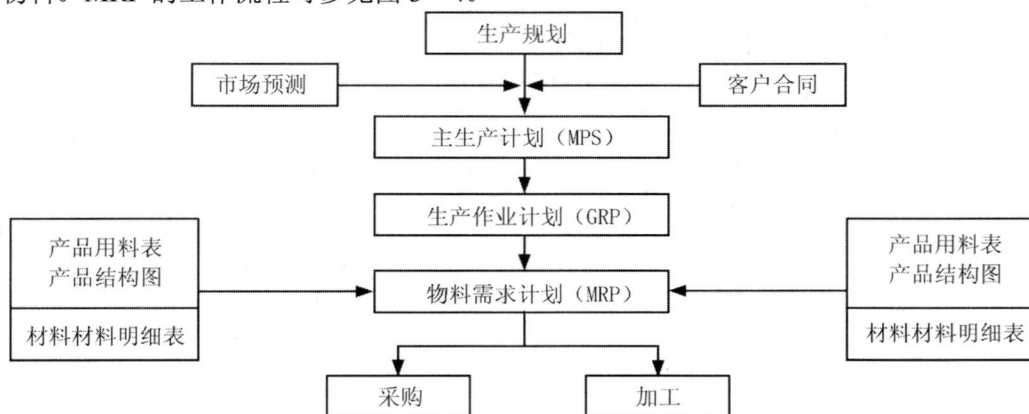

图 3-4　MRP 系统逻辑流程图

任务三　物品库内作业

一、仓库货区的布局设计

仓库货区布置分为平面布置和空间布置。

（一）平面布置

平面布置是指对货区内的货垛、通道、垛间距、收发货区等进行合理的规划，并正确处理它们的相对位置。平面布置的形式可以概括为垂直式和倾斜式。

1. 垂直式布局

垂直式布局是指货垛或货架的排列与仓库的侧墙互相垂直或平行，具体包括横列式布局、纵列式布局和纵横式布局。

（1）横列式布局是指货垛或货架的长度方向与仓库的侧墙互相垂直。这种布局的主要优点是：主通道长且宽，副通道短，整齐美观，便于存取查点，如果用于库房布局，还有利于通风和采光，如图 3-5 所示。

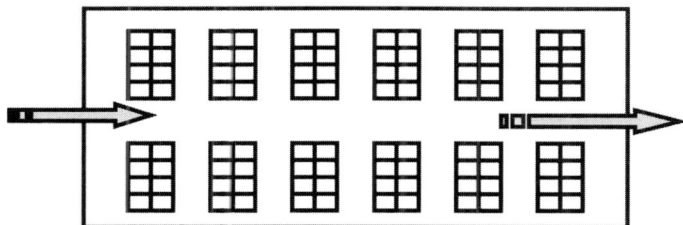

图 3-5　仓库横列式布置

（2）纵列式布置是指货垛或货架的长度方向与仓库侧墙平行。这种布局的优点主要是可以根据库存物品在库时间的不同和进出频繁程度安排货位。在库时间短、进出频繁的物品放置在主通道两侧；在库时间长、进库不频繁的物品放置在里侧，如图 3-6 所示。

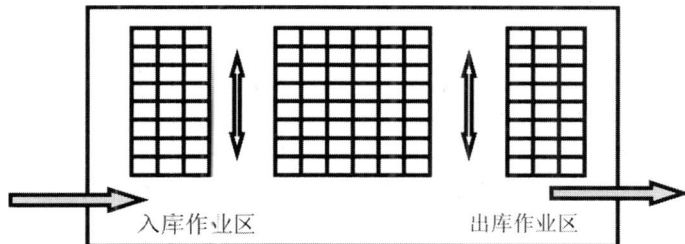

入库作业区　　　　出库作业区

图 3-6　仓库纵列式布局

（3）纵横式布局是指在同一保管场所内，横列式布局和纵列式布局兼而有之，可以综合利用两种布局的优点，如图 3-7 所示。

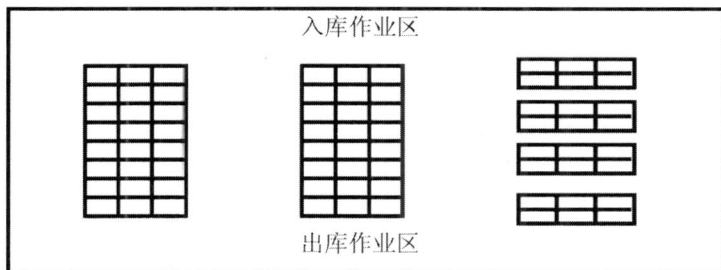

入库作业区

出库作业区

图 3-7　纵横式布局

2. 倾斜式布局

倾斜式布局是指货垛或货架与仓库侧墙或主通道成 60°、45°或 30°夹角，具体包括货垛倾斜式布局和通道倾斜式布局。

（1）货垛倾斜式布局，是横列式布局的变形，它是为了便于叉车作业、缩小叉车的回转角度、提高作业效率而采用的布局方式，如图 3-8 所示。

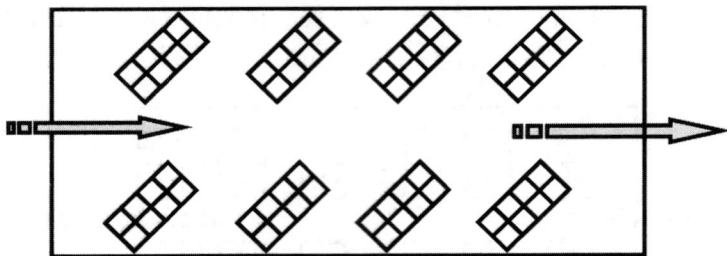

图 3-8　货垛倾斜式布局

（2）通道倾斜式布局，是指仓库的通道斜穿保管区，把仓库划分为具有不同作业特点的，如大量存储和少量存储的保管区等，以便进行综合利用。这种布局形式复杂，货位和进出库路径较多，如图 3-9 所示。

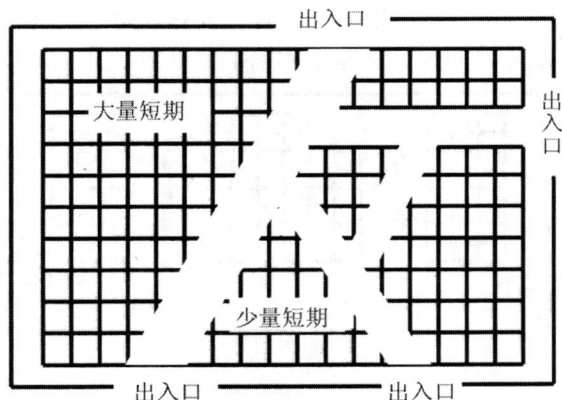

图 3-9　通道倾斜式布局

（二）空间布局

空间布局是指库存物品在仓库立体空间的布局，其目的在于充分有效地利用仓库空间。空间布局的主要形式有就地堆码、上货架存放、加上平台、空中悬挂等。

二、物品的堆码作业

物品堆码是指根据物品的包装、外形、性质、特点、种类和数量，结合季节和气候情况，以及储存时间的长短，将物品按一定的规律码成各种形状的货垛。堆码的主要目的是便于对物品进行维护、查点等管理和提高仓库利用率。

（一）散堆法

散堆法适用于露天存放的没有包装的大宗物品，如煤炭、矿石等，也可适用于库内少量存放的谷物、碎料等散装物品。散堆法是指用堆扬机或者铲车在确定的货位后端起，直接将物品堆高，在达到预定的货垛高度时，逐步后推堆货，后端先形成立体梯形，最后成垛的一种方法。由于散货具有流动、散落性，堆货时不能堆到过于接近垛位四边的位置，以免散落使物品超出预定货位。

（二）堆垛法

对于有包装（如箱、桶）的物品，包括裸装的计件物品，采取堆垛的方式储存。堆垛方式储存能够充分利用仓容，做到仓库内整齐，方便作业和保管。物品的堆码方式主要取决于物品本身的性质、形状、体积、包装等。一般情况下多采取平放，使重心最低，最大接触面向下，易于堆码，稳定牢固。

常见的堆码方式包括重叠式、纵横交错式、仰伏相间式、压缝式、通风式、栽柱式、衬垫式等。

1．重叠式堆码

重叠式也称直堆法，是逐件、逐层向上重叠堆码，一件压一件的堆码方式。为了保证货垛稳定性，在一定层数后改变方向继续向上，或者长宽各减少一件继续向上堆放。该方法方便作业、计数，但稳定性较差，适用于袋装、箱装、箩筐装物品，以及平板、片式物品等，如图 3－10 所示。

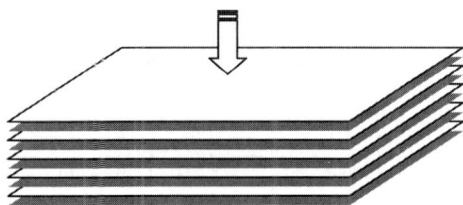

图 3－10　重叠式堆码

2．纵横交错式堆码

纵横交错式是指每层物品都改变方向向上堆放。该方法较为稳定，但操作不便，适用于管材、捆装、长箱装物品等，如图 3－11 所示。

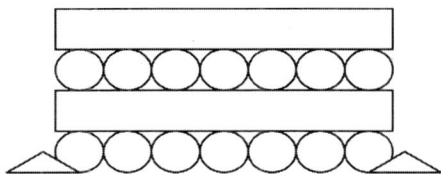

图 3－11　纵横交错式堆码

3．仰伏相间式堆码

仰伏相间式堆码是指对上下两面有大小差别或凹凸的物品，如槽钢、钢轨等，将物品仰放一层，在反面伏面伏放一层，仰伏相向相扣。该垛极为稳定，但操作不便，如图 3 - 12 所示。

4．压缝式堆码

压缝式堆码是指将底层并排摆放，上层放在下层的两件物品之间，如图 3 - 13 所示。

5．通风式堆码

通风式堆码是指物品在堆码时，任意两件相邻的物品之间都留有空隙，以便通风。层与层之间采用压缝式或者纵横交错式。通风式堆码可以用于所有箱装、桶装以及裸装物品堆码，这种堆码方式能起到通风防潮、散湿散热的作用，如图 3 - 14 所示。

图 3 - 12　仰伏相间式堆码

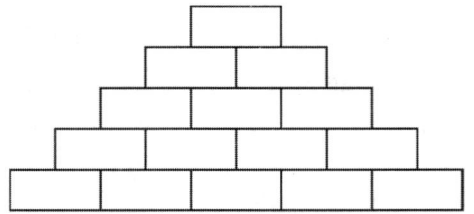

图 3 - 13　压缝式堆码

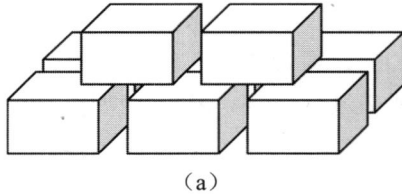

（a）

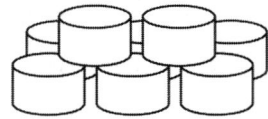

（b）

图 3 - 14　通风式堆码

6．栽柱式堆码

栽柱式堆码是指码放物品前先在堆垛两侧栽上木桩或者铁棒，然后将物品平码在桩与柱之间，几层后用铁丝将相对两边的柱拴连，再往上摆放物品。此法适用于棒材、管材等长条状物品，如图 3 - 15 所示。

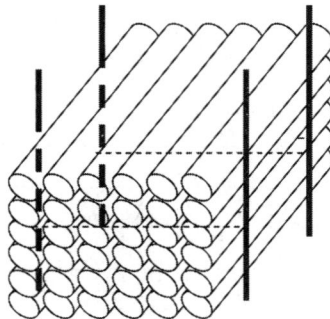

图 3 - 15　栽柱式堆码

7. 衬垫式堆码

衬垫式堆码是指码垛时隔层或隔几层铺放衬垫物，衬垫物平整牢靠后，再往上码。其适用于不规则且较重物品的堆码，如无包装电机、水泵等。

（三）托盘上存放物品

由于托盘在物流系统中的运用得到普遍认同，因此就形成了物品在托盘上的堆码方式。托盘是具有标准规格尺寸的集装工具，因此，在托盘上堆码物品可以参照典型堆码图谱来进行。如硬质直方体物品可参照中华人民共和国国家标准 GB/T 4892—2008《硬质直方体运输包装尺寸系列》硬质直方体在 1 140 mm×1 140 mm 托盘上的堆码图谱进行。圆柱体物品可参照中华人民共和国国家标准 GB/T 13201—1997《圆柱体运输包装尺寸系列》圆柱体在 1 200 mm×1 000 mm、1 200 mm×800 mm、1 140 mm×1 140 mm 托盘上的堆码图谱进行，如图 3 - 16 所示。

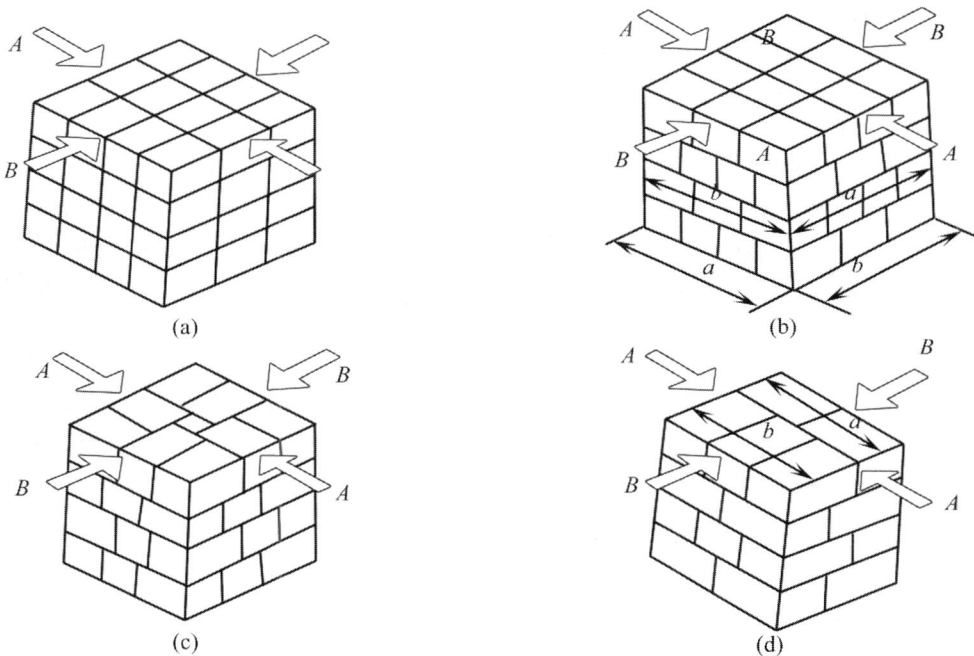

图 3 - 16　托盘堆码

a - 重叠式；b - 纵横交错式；c - 正反交错式；d - 旋转交错式

（四）"五五化"堆垛

"五五化"堆垛是以五为基本计算单位，堆码成各种总数为五的倍数的货垛，以五或五的倍数在固定区域内堆放，使货物"五五成行、五五成方、五五成包、五五成堆、五五成层"，堆放整齐，上下垂直，过目知数。便于货物的数量控制、清点盘存，如图 3 - 17 所示。

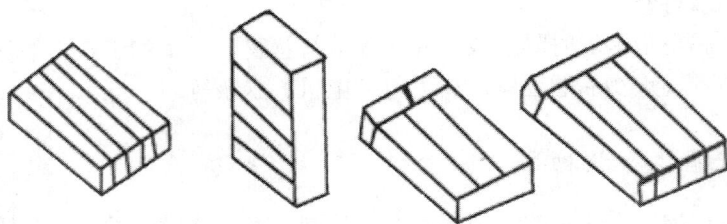

图 3-17 "五五化" 堆垛示意图

三、盘点作业

盘点工作可分为预盘阶段和复盘阶段两部分进行。

（一）预盘阶段

预盘不应仅限于仓库人员，且应扩大到生产现场，因为生产现场难免仍有在制品。原则上，半成品、余料以及成品，在盘点前最好已经回交仓库（但是有些工厂则仍留在现场待盘点），当然，一些"生产器具"同样要盘点。此外，采购与托外加工主办人员也不能置身事外，因为很可能仍有一些模具等"生产器具"在外。同时，也有一些料品送出托外加工，仍留在托外工厂内，这类料品同样要列入盘点范围。在预盘阶段，首先由盘点主持人以电脑或会计部门的"永续盘存账"为基准做出"预盘明细表"，交给仓库（或现场等直接责任对象），要求依之"点"出应有数量，同时依新储位整顿存置定位，挂上盘点单，记录预盘有关栏位，并把预盘结果（包括盘盈，盘亏的差异）呈报盘点主持人。当然，也可以由盘点主持人直接做出"盘点单"交给预盘主办者，而不用"预盘明细表"。

盘点主持人除了要稽核预盘进行实况之外，还要针对预盘的差异状况进行分析与调查，并采取补救措施。预盘明细表见表 3-5。

表 3-5　预盘明细表

品类：_____　　　　　　　　　　　　　　　　　　预盘期：　　年　　月

料号	品名规格	单位	前期盘存量	本期入库量	本期出库量	本期应有盘存期

在表 3-5 中，建议每一品类列印一份，以利于该品类（各料项）仓库主办员便捷使用预盘作业（因为一般仓储，都以同一品类存放同一储位区为原则）。而栏位中，"前期盘存量"与"本期出库量"可以略去。

依据"预盘明细表"，仓库人员在预盘阶段逐一清点，再挂上"盘点单"（见表 3-6），是最合理的方式。

传统盘点作业中，"盘点单"或称"盘点卡"，大多由稍硬的卡纸印制，且有铁丝可绑挂。绝大多数设计为三联式，第一联挂料架上（结算完成后再取消）；第二联由复盘者撕下交予盘点主持人；第三联由预盘主办人撕下呈交盘点主持人，以明责任，兼作回馈资讯。此为最佳顺序。

"盘点单"基本上分3部分：第一部分是总栏位，包括"盘点单""No.（序号）""料号""品名""规格"及"计量"单位。其中最需要注意的是"No.（序号）"，一般是在盘点前就已印妥，而且顺序联号控制，由盘点主持人管控。因为基本上盘点一定要把散存于储位区的料品回笼到同一储位（区），因此，一个料项对应一张盘点单是合理的。第二部分"预盘"中的有关栏位，由预盘主办人填入"预盘实际量"，以及"盘盈"或"盘亏"量，加上预盘者的签名（含日期时间）。第三部分则是"复盘"有关栏位，由复盘者填入，包括"复盘实际量"及"盘盈"或"盘亏"量，同时复盘者签名。

表3-6　盘点单

物料盘点单			No.	
品类代号			简称	
料号				
品名				
规格				
计量			应有盘点量	
预盘	日期		盘点人	
	盘点量		盘盈（亏）量	
复盘	日期		盘点人	
	盘点量		盘盈（亏）量	
存料状态	□良　品G □不良品B □呆　料D	备注		

（二）复盘阶段

预盘既已完成就绪，就可进入复盘阶段。复盘工作多由盘点主持人指派与被盘点部门权责比较不相干的部门人士所担任。例如，物料仓库，大多由人事、营业、设计等部门人员担任复盘工作，而不会由采购或库管人员去担任，因为后两者与物料仓库关系较为密切，有"瓜田李下"之嫌。

复盘工作较为单纯，是根据预盘阶段的"盘点单"去复查。复盘者可以要求被盘者逐项将料品卸下，深入清点，再记入实际状况，填入"复盘"有关栏位内。盘点完成后撕下"盘点单"一联，回报予盘点主持人。更负责任的复盘人员还会更进一步复查料品的品质状况（存置时间及呆料状况）等。

任务四 物品的保养维护

一、仓库温湿度控制作业

仓库温湿度的变化，对库存商品的安全有密切的关系，为确保库内商品质量完好，防止库外气候对库内商品的不利影响，库内温湿度应经常保持在一定范围内。温湿度管理是商品养护的重要日常工作，是维护商品质量的重要措施，要做好仓库的温湿度管理工作，需要采取一定的措施来控制库内温湿度的变化，对不适合商品储存的温湿度，要及时进行控制和调节，创造适宜于商品储存的环境。控制和调节仓库环境的方法有很多，实践证明，密封、通风和吸潮相结合是控制与调节仓库内温湿度行之有效的方法。

（一）仓库的密封

仓库密封就是利用防潮、绝热、不透气的材料把商品尽可能严密地封闭起来，以隔绝空气、降低或减小空气温湿度对商品的影响，从而达到商品安全储存的目的。密封能保持库内温湿度处于稳定状态，采用密封方法，要和通风、吸潮结合运用，如运用得当，可以收到防潮、防霉、防热、防溶化、防干裂、防冻、防锈蚀、防虫等方面的效果。

1．密封保管应注意的事项

（1）在密封前要检查商品质量、温度和含水量是否正常，如发现生霉、生虫、发热、水淞等现象则不能进行密封；若发现商品含水量超过安全范围或包装材料过潮，也不宜密封。

（2）要根据商品的性能和气候情况来决定密封的时间。怕潮、怕溶化、怕霉的商品，应选择在相对湿度较低的时间进行密封。

（3）常用的密封材料有塑料薄膜、防潮纸、油毡、芦席等。这些密封材料必须干燥清洁，无异味。

2．仓库密封保管的形式

密封保管的形式有整库、整垛、整柜、整件密封等，在仓库中主要采用前两种形式。

（1）整库密封：适于储存量大，进出不频繁或整进整出的商品。整库密封时，地面可采用水泥沥青、油毛毡等制成防潮层隔潮，墙壁外涂防水砂浆，内涂沥青和油毛毡，库内做吊平顶，门窗边缘使用橡胶条密封，在门口可用气帘隔潮。

（2）整垛密封：适于临时存放的，怕潮易霉或易干裂的商品。未经干燥处理的新仓库，里面的商品在储存时也必须实行分垛密封保管。在密封过程中，先用塑料薄膜或苫布垫好底，然后再将货垛四周围起，以减少气候变化时对商品的影响。

（3）整柜密封：对于出入库频繁、零星而又怕潮易霉、易干裂、易生虫、易锈蚀的商品，可采用整柜密封法。在储存时可在货柜内放一个容器，内装硅或氯化钙等吸湿剂，以保持货柜内干燥，若要防虫，还应在货柜内放入适量的驱虫剂。

（4）整件密封：主要是将商品的包装严密地进行封闭，一般适应于数量少、提价小的易霉、易锈蚀商品，多数易潮、生霉、溶化、生锈的商品，都适宜先用塑料袋按件包装，加热封口，或放在包装箱、包装桶或包装袋内。密封只有控制库房温度的作用，而没有调节作用。密封是相对的，当出现不适宜所处温湿度的情况，还必须进行调节，所以只靠密封一种措施不能达到使库房温湿适宜的目的，必须和其他措施结合使用。

（二）通风

通风是利用库内外空气温度不同而形成的气压差，使库内外空气形成对流来达到调节库内温湿度的目的。当库内外温度差距较大时，空气流动就较快；若库外有风，借风的压力更能加速库内外空气的对流。正确进行通风，不仅可以调节与改善库内的温湿度，还能及时散发商品及包装物的多余水分。

通风是调节库内温湿度的简便易行的有效方法，对库内降温、防潮、升温等都可以收到一定的效果。但是库房通风并不是随便开启门窗，让库内外空气自由交换，而是要掌握库内外空气自然流动的规律，要根据商品制成材料的要求，对比库内外温湿度的实际情况和变化趋势，并参考风力、风向有计划地进行，否则通风不适宜，将造成不良后果。按照通风目的的不同，可分为通风降温（或增温）和通风降湿两种：

1．通风降温（或增温）

通风降温主要指对气湿度要求不高，而对温度要求比较严格的一些怕热商品，如玻璃瓶或铁桶装的易挥发的化工原料、化学试剂和医药等液体商品。对于一些怕冻的商品，在冬季，只要库外温度高于库内也可以进行通风，以提高库内温度。

2．通风降湿

通风降湿是对易霉腐、溶化、锈蚀等的库存商品的通风。利用通风散潮来降低库内的相对湿度。采取自然通风的方法来降低湿度一般要遵循以下4项原则：

（1）外部温度和湿度都低于库内时可以通风，反之不能通风。

（2）外部温度低于库内、库内外相对湿度一样时，可以通风，反之不能。

（3）库外相对湿度低于库内相对湿度而库内外温度一样时，可以通风。

（4）库内外温湿度的情况上述三项原则既不相同又不相反时，需经计算来确定能否通风。

通风的方法有自然通风和机械通风两种。自然通风一般是在温室顶部或侧墙设置窗户，依靠热压或风压进行通风，并可通过调节开窗的幅度来调节通风量。决定自然通风量大小的主要因素一般有：室内外温差、温室通风口温差、通风口面积、通风口孔口阻力、室外风速风向等。一般情况下，屋顶与侧墙联合通风的通风量是最大的。但对于温室总宽度小于30米的温室，侧墙通风在整个温室通风中占有较大的比重。对于大面积的联栋温室，一般屋面通风口面积总和远大于侧墙通风口面积，所以，屋顶通风一般占主导地位。机械通风就是在库房上部装设出风扇，在库房下部装置进风扇，利用机械进行通风，以加速库房内外的空气交换。机械通风的理论降温极限是室内温度等于室外温度，但在实际应用中是不可能达到的。由于机械设备和植物生理上的原因，一般温室的通风强度在每分钟换气

0.75～1.5 次，这样能控制室内外温差在 5℃以内。机械通风的优点在于温室的通风换气量受外界气候影响较小。

（三）吸潮

吸潮是与密封配合，用以降低库内空气湿度的一种有效方法。在梅雨季节或阴雨天，当库内湿度过高，不适宜商品保管，而库外湿度也过大，不宜进行通风散潮时，可以在密封库内用吸潮的办法降低库内湿度。

吸潮剂的种类很多，常用的有生石灰、氯化钙、硅胶。随着市场经济的不断发展，现代商场仓库普遍使用机械吸潮方法，即使用吸湿机把库内的湿空气通过抽风机，吸入吸湿机冷却器内，使它凝结为水而排出。

吸湿机一般适宜于储存棉布、针棉织品、贵重百货、医药、仪器、电工器材和烟糖类的仓间吸湿。在温度 27℃，相对湿度为 70%时，吸湿机一般每小时可以吸水 3～4 千克。使用吸湿机吸潮，不仅效率高、降湿快，而且体积小、重量轻、不污染商品。但是吸湿机的应用必须科学合理，要注意吸湿机吸湿功能与库房面积的关系，确保吸湿的效果，如春秋季多雨，吸湿机工作的时间应相对延长。与此同时，要注意吸湿与密封的关系，确保吸湿在密封的条件下进行，否则难以达到吸湿的效果。

二、货仓一般害虫的防治作业

仓库害虫不但破坏商品的组织结构，致使商品发生破碎和孔洞，而且还排泄自身的各种代谢废物沾污商品，影响商品的质量和外观，更严重的会产生有毒物质或传播疾病，比如食品被害虫污染霉变后产生有毒物质，人吃了常引起腹泻、呕吐、起疹等不良反应，并能引起多种疾病。因此，货仓害虫的防治是当今仓储商品养护的一项重要内容，其防治工作有以下几个方面：

（一）杜绝仓库害虫来源

1. 商品原材料的防虫、杀虫处理

特别是食品生产的原材料如糖、水果、谷物、肉类等物品在流通过程中要进行严格检疫，发现检疫对象时禁止调运或采取措施，彻底消灭检疫对象。像粮食一类的商品在入库前，一定要晒干，控制含水量。入库后要严格执行检查制度，查虫情，查温湿度，查粮质。新入库的物品 1 个月内 3 天查一次，待仓库内湿度正常后一般 10～15 天查一次。对那些质量差、水分高、近墙边、近底部的物料要勤查、细查，发现问题及时处理。另外，在寒冷的冬季把储藏物品放在室外摊晾可冻死大部分害虫，这就是低温杀虫；夏季炎热的中午，把储藏物晒在水泥地上也可杀死害虫，这是因为仓虫一般在 38℃～40℃就失去活动能力，45℃以上经 2 小时就死亡。夏季炎热的中午水泥地上温度可达 50℃左右，利用这种高温可杀死害虫。

2．入库商品的虫害检查和处理

进行商品入库验收时，首先检查商品包装周围的缝隙处有无虫茧形成的絮状物、仓虫排泄物和蛀粉等，然后开包检查。也可通过翻动敲打商品，观察无有蛾类飞动。检查中如发现仓虫，必须做好记录并及时报告，不经杀虫处理，禁止入库。

3．仓库的环境卫生及备品用具的消毒卫生

仓房周围的建筑物、包装材料和垃圾中都潜藏有大量的仓虫，因此，商品入库前仓库及周边环境一定要彻底清洁或消毒，根据不同季节对包装器材、用具、垫盖物等采用日晒、冷冻、开水烫、药剂消毒等方法加以处理。

（二）药物防治

所谓药物防治，就是用有毒的化学药剂，直接与虫体接触，引起害虫体内组织细胞破坏产生病理变化，直至死亡。比如通过喷药、熏蒸等方法来杀害虫，这也是当前防治仓库害虫的主要措施。

化学药剂杀虫的效果，与选择杀虫期关系很大。一般在仓虫的幼虫期施药灭杀，效果最好。因为仓虫在幼虫期时虫体小、体壁薄、抗药力弱，药剂很容易透过体壁表皮，破坏内部组织细胞，致使死亡。所以，用化学药剂杀虫，要不失时机地选择最合适的杀虫期施药，才能达到理想的杀虫效果。

用药时间上，应选择气温较高、害虫繁殖旺盛的时节进行，一般每年要杀 3 遍，分别在 5 月、7 月和 10 月进行，每月喷洒 2～3 次，每次间隔一周左右。

目前，常用的防虫、杀虫药剂有以下几种：

1．驱避剂

驱避剂的驱虫作用是利用易发挥并具有特殊气味和毒性的固体药物，挥发出来的气体在商品周围经常保持一定的浓度，从而起到驱避毒杀仓库害虫的作用。可以将药液渗入棉球、旧布或废纸中，悬挂于货垛或走道里，使药力慢慢地挥发于空气中，药性可滞留 5～6 天，这对羽化的成虫具有较强的杀伤力。常用驱避剂药物有精萘、对位二氯化苯、樟脑精（合成樟脑）等。

2．杀虫剂

杀虫剂主要通过触钉、胃毒作用杀灭害虫。触杀剂和胃毒剂很多，常用于仓库及环境消毒的有敌敌畏、敌百虫（美曲膦酯）等。可将这些杀虫剂装入压缩喷雾器内，均匀地喷洒在仓库四周空间，使之挥发弥散，达到杀虫、消毒的功效。

3．熏蒸剂

杀虫剂的蒸气通过害虫的气门及气管进入其体内，从而导致其中毒死亡，叫熏蒸作用，具有熏蒸作用的杀虫剂称熏蒸剂。常用的熏蒸剂有氯化苦、溴甲烷、磷化铝、环氧乙烷和硫黄等。熏蒸方法可根据商品数量的多少，结合仓库建筑条件，酌情采用整库密封熏蒸，帐幕密封熏蒸，小室密封熏蒸和密封箱、密封缸熏蒸等形式。必须注意的是，上述几种熏蒸剂均系剧毒气体，使用时必须严格落实安全措施。

仓库害虫的防治方法，除了药物防治外，尚有高、低温杀虫，缺氧防治，辐射防治以及各种全盛激素杀虫等。

三、鼠害的防治作业

老鼠属啮齿目鼠科动物，种类多，繁殖力强，多在夜间活动，食性杂，它直接损害粮食及其他库存商品，破坏商品包装，并传播病菌，对人类危害很大。据资料记载，25%的偶发性火灾都是由老鼠啃咬电线而引起的。仓库鼠害的防治主要有以下几种方法：

1．物理灭鼠

物理灭鼠是使用鼠夹、鼠笼、粘鼠板、超声波驱鼠器等器械防治鼠害。

（1）使用鼠夹时可在鼠夹上放些引诱老鼠的食物，在小范围内，可先布饵不放夹，以消除鼠的新物反应。然后支夹守候，并及时取走死鼠。

（2）鼠笼，适宜于老鼠数量多，为害严重的地方。

（3）粘鼠板，就是使用粘鼠胶涂在木板上，中间放饵来诱鼠，鼠粘上就不易逃脱。

（4）超声波驱鼠器，使用简便，安全可靠，效率高，不污染环境，尤其适合在粮食、食品、编织品仓库使用。

2．化学灭鼠法

化学灭鼠法又称药物灭鼠法，包括胃毒剂、熏杀剂、驱避剂和绝育剂等。其中，以胃毒剂的使用最为广泛，使用方式是制成各种毒饵，效果好，用法简单。

四、白蚁的防治作业

白蚁属等翅目昆虫，是世界性十大害虫之一。白蚁主要靠至蚀木竹材、分解纤维素作为营养来源，也能至蚀棉、麻、丝、毛及其织品、皮革及其制品，以及塑料、橡胶、化纤等高聚物商品，对仓库建筑、货架、商品包装材料等都有危害。据统计，我国白蚁虫害区主要分布在长江以南及西南各省，长江流域房屋建筑的白蚁危害率可占虫害总数的 40%～50%，华南地区可达 60%～80%，因此，白蚁有"无牙老虎"之称。影响白蚁生存的环境条件是气温、水分和食料，应根据其生活习性，阻断传播入库途径。其防治措施如下：

1．预防方法

对库内的木制材料可涂抹一层灭蚁药剂防白蚁。

2．检查方法

在白蚁活动繁殖的季节，要加强检查库房木结构、苫垫物料、包装、易被白蚁危害的储存商品以及库外周围环境中树木等，看是否有白蚁活动或危害的迹象，发现后采取措施及时灭杀。

3．杀灭方法

（1）在白蚁的危害处，想办法找到蚁路和蚁巢。将灭蚁粉剂尽可能喷洒到蚁路内的白蚁身上和蚁巢内，使其能够相互传染药物，以达到灭治效果。

（2）在发现白蚁危害的地方，例如，在木制门窗处，可将木制门窗框按一定距离钻孔灌注药液，周边土壤同时也要喷洒药液，使木制门窗框及土壤都含有一定的毒素，白蚁活动取食或触毒后都会中毒死亡。

（3）诱杀法，可在发现白蚁危害处设立诱杀桩、诱杀坑、诱杀堆、诱杀毒饵等，这几种灭蚁方法可单独使用也可结合使用。

（4）熏杀法，采用热气或毒气杀灭方法。

五、商品霉腐的防治作业

商品在储存待售的过程中，要在仓库有一段停留，在停留过程中，最易引起商品的霉变和腐烂。商品霉变的破坏作用是很大的。商品防霉腐的防治就是要针对引起商品霉腐的原因采取有效的措施，减少因霉腐而产生的损失。商品在仓库储存保管过程中，应采取以下方法防治霉腐。

（一）化学药剂防霉腐

药剂能杀灭和抑制霉菌，其机制主要是使菌体蛋白质变性、沉淀、凝固，破坏菌体正常的新陈代谢，降低菌体细胞表面张力，改变细胞膜的通透性，导致细胞的破裂或分解，即可抑制酶体的生长，通常称这类药剂为防霉腐剂。有些商品可采用药剂防霉腐，在生产过程中把防霉腐剂加入到商品中，或把防霉剂喷洒在商品体和包装物上，或喷散在仓库内，可达到防霉的目的。

有实际应用价值的防霉腐药剂应该是低毒的，这样使用时比较安全。同时，要有较强的适应性；有很好的效果以确保商品能长时间的储存。常用的防霉剂有百菌清、多菌灵、灭菌丹、菌霉净、尼泊金酯类、苯甲酸及钠盐等。在使用化学药剂防霉腐时可采取下列方法：

（1）可将防霉剂溶成溶液，喷洒或涂布在产品表面。

（2）将产品浸泡在一定浓度的防霉腐溶液中。

（3）可在生产包装材料时添加防霉剂，再用这种防霉包装材料包装产品，或者直接将一定比例的防霉腐药剂加到制品中去。

（4）将挥发性的防霉腐剂（如多聚甲醛、环氧乙烷）包成小包，密封于商品包装带中，通过防霉腐剂的挥发成分防止物品霉腐，这种方法又称气相防霉腐法。

（二）气调防霉腐

霉腐微生物与生物性商品的呼吸代谢都离不开空气、水分、温度这 3 个因素，只要有效的控制其中一个因素，就能达到防止商品发生霉腐的目的。气调防霉腐的方法就是利用这一原理，在密封条件下，降低氧气的浓度，抑制霉腐微生物的生命活动，从而达到防霉腐的目的。当空间中二氧化碳浓度为 10%～14%时，对霉菌有抑制作用，若浓度超过 40%时，即可杀死多数霉菌。气调防霉腐的方法有密封法和降氧法两种。

1. 密封法

密封法是保证气调防霉腐的关键，以不透气为宜，并且应该安装测气、测温、充气、抽气口、取样口等装置。以垛密封简便易行、效果好。

2. 降氧法

降氧法即控制空气中氧的浓度，人为构建一个低氧的环境，使霉腐微生物生长繁殖及生物性商品的呼吸受到限制。目前采用较普遍的方法有人工降氧法和自然降氧法两种。人工降氧可通过在空气中充氮的方法实现，即把商品的货垛或包装用厚度 0.25～0.3 mm 的塑料薄膜进行密封，用气泵先将货垛或包装中的空气抽到一定的真空程度，再将氮气充入。也可以充入二氧化碳，但是不必将密封货垛抽成真空，少量抽出一些空气，然后充入二氧化碳，当二氧化碳气体的浓度达到 50%时，即可对霉腐微生物产生强烈的抑制和杀灭作用。这种方法效果显著，应用面广。自然降氧法是在密封的储藏室中利用生物性商品自身的呼吸作用，逐渐消耗密封垛内的氧气，使密封垛内自行逐步降低氧气的浓度，增加二氧化碳的浓度，从而达到自然降氧防止商品霉腐的目的。这种方法虽然工艺简单，管理方便，但效果一般，多应用于水果、蔬菜的防霉腐保鲜。

（三）低温防霉腐

多数含水量大、易发生霉腐的生物性商品，如鲜肉、鲜鱼、水果、蔬菜等采用低温防霉腐的办法。这种方法就是通过降低商品本身及仓库内的温度，一方面抑制生物性商品的呼吸、氧化过程，使其分解受阻，另一方面抑制霉腐微生物的代谢与生长繁殖，从而达到防霉腐的目的。低温防霉腐所需的温度与时间应以具体商品而定，一般温度愈低持续时间愈长，霉腐微生物的死亡率愈高。

（四）干燥防霉腐

通过减少仓库环境中的水分和商品本身的水分，使霉腐微生物得不到生长繁殖所需水分而达到防霉腐。目前主要采用晒干或红外线干燥等方法对粮食、食品等进行干燥保藏是最常见的防止霉腐的方法。此外，在密封条件下，用石灰、无水氯化钙、五氧化二磷、浓硫酸、氢氧化钾或硅胶等做吸湿剂，也可很好地达到食品、药品和器材等长期防霉腐的目的。

（五）加强仓储管理

加强仓储管理是商品防霉腐的重要措施。关键应尽量减少霉腐微生物对商品的污染和控制霉腐微生物生长繁殖的环境条件。仓库温度和湿度是微生物生长繁殖的重要外界因素，为了劣化微生物生长繁殖的温湿度条件，就要调节一个可以抑制或延缓其生长繁殖温度的范围，以及与商品安全含水量相适应的相对湿度范围。所以，必须根据不同商品的不同要求，认真控制和调节库房的温湿度。

（六）其他方法

（1）电离辐射防霉腐。它是用 x、γ 等射线照射产品，杀死霉菌。

（2）微波辐射防霉腐。它是用微波处理产品，霉菌受微波作用而死亡。

（3）紫外线照射防霉腐。它是将产品或包装置于紫外线下，可杀死处于表面的霉菌。

（4）远红外辐射防霉腐。霉菌经远红外辐射后，菌体会迅速脱水干燥而死亡。

实训活动

【实训目的】

通过对仓库管理的实践，掌握仓库的规划及库内作业的基础知识。

【实训内容】

到一家物流企业的仓库实习，实践仓库的整体布局规划以及库存的管理。

【实训步骤】

1．仓库布局

（1）掌握仓库的整体尺寸，选择合适的设施、设备。

（2）确定出入口及通道，设计出入口及通道的尺寸。

（3）设计地面和装卸货平台。

（4）确定仓库各功能区。

（5）画出仓库整体平面布局图。

2．库存管理

（1）建立库存账，登记货物进库、出库、结存情况。

（2）根据库存表对货物存储区内的储位进行盘点，建立盘点表。

（3）建立盘点差异处理表。

（4）重新盘点存在差异的储位。

（5）调整盘点差异。

巩固练习

1．什么是仓储管理？它具有哪些功能？

2．如何使库存合理化？

3．仓库货区一般有哪几种布局模式，货区中的物品又有哪些堆垛方式？

4．仓库内物品保养包含哪些方面？

5．简述危险品的特性及存储的注意事项。

项目四　运输管理

学习目标

1. 了解各种运输方式的特点。
2. 掌握各种货运方式的业务流程。
3. 理解运输方式的合理化选择。
4. 掌握各种货运方式的运费计算。

情景导入

发展现代交通业是社会发展的客观要求。我国社会快速发展，对外开放日益扩大，工业化、信息化、城镇化、市场化、国际化深入发展，结构加速调整，消费结构逐步升级，城乡区域协调发展，带来了旺盛的客货运输。安全可靠、高效、便捷舒适乃至个性化的价值取向不断增强，对交通运输提出了新的更高要求，从而带动了对交通运输邮政业的投资。从 2010 年下半年以来，交通运输仓储与邮政业的固定资产投资增幅一直保持在 20% 以上。

2011 年 1~7 月全国交通运输仓储与邮政业固定资产实际完成 13 621.3 亿元，同比增长 11.6%，占同期全国城镇固定资产投资完成额的 8.94%，投资增幅较 2011 年第一季度有所下降。在各相关产业中，铁路运输业、航空运输业、道路运输业与城市公共交通业是投资重点，城市公共交通业完成固定资产增速在行业内最快，同比增长 20.7%。航空运输业投资增幅在 2011 年前 5 个月一直保持平稳增长，6 月开始出现大幅下滑趋势，截至 7 月，同比增长为 3.5%。铁路运输业增幅出现明显下滑趋势，各类运输产业发展差异较大。

各产业具体统计情况如下：

2011 年 1~7 月份，铁路运输业固定资产完成投资 2 762 亿元，同比下降 2.1%，减少 143.42 亿元，增幅较上年同期收窄 23.6 个百分点，增幅较一季度出现明显回落趋势；道路运输业固定资产完成投资 6 906.7 亿元，同比增长 15.7%，增加 605.48 亿元；城市公共交通业固定资产完成投资 1 146.5 亿元，同比增长 20.7%，增加 96.04 亿元；水上运输业固定资产完成投资 860.9 亿元，同比下降 2.3%，减少 85.09 亿元；航空运输业固定资产完成投资 454.8 亿元，同比增长 3.5%，较上年同期增加 1. 62 亿元，增幅收窄 52.2 个百分点。

此外，2011 年 1~7 月全国交通运输仓储及邮政业的实际利用外资金额为 21.06 亿美元，占利用外资总数的 3.04%，较去年同期比重上升 0.95 个百分点，同比增加 8.82 亿美元；外商直接投资合同项目为 227 个，同比增长 1.5%，占外商直接投资总合同项目数的 1.46%，较上年同期比重上升 0.01 个百分点。

（《我国交通运输仓储与邮政业固定资产投资 2011 年 1-7 月份情况分析》，
北京市邮编查询网，http://beijing.youbian.com/news/info4828/）

讨论与思考:

根据运输业的发展，探讨我国当前物流运输的发展趋势。

任务一　运输系统的认知

一、运输概述

运输是实现人和物空间位置变化的活动，与人类的生产和生活息息相关。运输的产生与发展，经历了漫长的历史过程，它是伴随着社会生产力的发展和科学技术的进步而产生、发展的。它促进了社会、政治、经济和文化的进步，是人类文明的车轮，是人类社会进步的动力。运输是指用设备和工具，将物品从一地点向另一地点运送的物流活动。其中，包括集货、搬运、中转、装入、卸下和分散等一系列操作。运输用于消除物品在供应者与消费者之间的空间间隔，创造物品的空间效益，实现物品的使用价值，满足消费者的需求。当实体因从一个地方转移到另一个地方时，空间上位置改变了，时间上使用价值也得到了延续，从而创造了实体的空间价值和时间价值。运输和搬运的区别在于：运输是较大空间范围的活动，而搬运是在同一地域之内的活动。运输作为社会生产力的有机组成部分，主要是通过完成物品的空间位移表现出来的，即将生产和消费所处的不同空间连接起来，实现物品在不同地点之间的移动。

现代大生产要求按时供应大量的原料、燃料和材料，并从生产地输出成品到消费区去。生产、分配、交换和消费，必须通过运输的纽带才能得到有机的结合。生产的社会化程度越高，商品经济越发达，生产对流通的依赖性愈大，运输在再生产中的作用愈重要。运输是物流的核心业务，是物流运作与管理不可缺少的一环。在许多场合，人们甚至把它作为整个物流的代名词。组织者应该选择技术、经济效果最好的运输方式或联运组合，合理地确定输送路线，以满足运输的安全、迅速、准时和低成本的要求。

（一）运输的功能

运输的功能是指通过运输，克服产品在生产与需求之间存在的空间和时间上的差异，或者通过运输，对产品进行临时储存。

1. 产品的转移功能

运输的主要功能就是克服产品在生产与需求之间存在的空间和时间上的差异，使产品在价值链中来回移动，即通过改变产品的地点与位置，消除产品的生产与消费之间的空间位置上的背离，或将产品从效用价值低的地方转移到效用价值高的地方，创造出产品的空间效用。运输的主要目的就是要以最少的时间和费用完成物品的运输任务。同时，产品转移所采用的方式必须能满足顾客的要求，产品遗失和损坏必须降低到最低的水平。通过位置移动，运输对产品进行了增值，创造出产品的时间效用。

2．产品的储存功能

如果转移中的产品需要储存，而短时间内产品又将重新转移的话，卸货和装货的成本也许会超过储存在运输工具中的费用，这时，将运输工具暂时当作储存工具是可行的。当交付的货物处在转移之中，而原始的装运目的被改变时，产品也需要临时的储存。因此，对产品的储存也是运输的功能之一。

（二）运输的原理

指导运输管理和营运的两个基本原理分别是规模经济和距离经济。

1．规模经济

规模经济的特点是随着装运规模的增长，使每单位重量或体积的运输成本下降。运输规模经济之所以存在，是因为与转移一票货物有关的固定费用可以按整票货物的重量分摊。因而，一票货物越重，就越能"摊薄"成本，由此使每单位重量的成本更低。与货物转移有关的固定费用中包括接收运输订单的行政管理费用、定位运输工具装卸的时间、开票以及设备费用等。这些费用之所以被认为是固定的，是因为它们不随装运的数量而变化。

2．距离经济

距离经济的特点是指每单位距离的运输成本随距离的增加而减少。运输的距离经济又称为递减原理。因为费率或费用随距离的增加而逐渐减少。距离经济的合理性类似于规模经济。尤其是运输工具装卸所发生的相对固定的费用必须分摊每单位距离的变动费用。距离越长，可以使固定费用分摊给更多的距离（千米），导致每千米支付的总费用更低。在评估各种运输战略方案或营运业务时，这些原理就是重点考虑因素。其目的是要使装运的规模和距离最大化，同时仍要满足顾客的服务期望。

（三）运输的地位

在现代生产中，生产的专门化、集中化，生产与消费被分割的状态越来越严重，被分隔的距离亦越来越大。运输如今被人们称为"经济的动脉"，其地位体现在以下两点：

1．运输在国民经济中的地位

（1）运输是社会物质生产的必要条件之一。运输是生产过程的继续，是国民经济的基础和先行，是社会再生产得以顺利进行的必要条件。虽然运输这种生产活动与一般生产活动不同，它不创造产品价值和使用价值，而只变动其所在的空间位置，但这一变动则使生产能继续下去，使社会再生产不断推进，所以将其看成一个物质生产部门。如果没有运输，生产内部的各个环节便无法连接。

（2）运输是连接产销、沟通城乡的纽带。国民经济是由农业、工业、建筑业、运输业、商业等部门组成，各部门之间既相互促进，又相互制约；既相互独立，又相互联系。而运输是国民经济的大动脉，作为社会物质生产的必要条件，联结着生产与再生产、生产与消费的环节，联结着国民经济各部门、各企业，联结着城乡，联结着不同国家和地区。运输功能的发挥扩大了国民经济活动的范围，缩小了物质交流的空间，实现了在此范围内价值的平均化和合理化。因此运输使整个国民经济活动得以正常运行。

2．运输在物流系统中的地位

（1）运输是物流成本中的重要构成。从运费来看，运费在全部物流费中所占比例最高，因此节约的空间是很大的；运输是运动中的活动，承担大跨度空间转移的任务，所以活动时间长、距离长、消耗也大。消耗的绝对数量大，其节约的潜力也就大。由于运输总里程长，运输总量巨大，通过体制改革和运输合理化可大大缩短运输吨·千米数，从而获得比较大的节约。因此，在物流各环节中，合理地组织运输，不断地降低物流运输费用，对于提高物流经济效益和社会效益都起重要作用。

（2）运输是物流系统功能要素的核心。随着经济的全球化、一体化，通过运输实现物品的空间效用呈现出越来越明显的强化趋势，通过储存保管实现物品的时间效用则呈现出弱化走势。这种趋势带来的直接影响就是对物流业，特别是运输业务越来越大的需求，这在客观上就无形地突出了运输功能的主导作用。通过强化运输和其他物流功能，降低或消除储存功能的作用，使得传统物流系统中为了避免随机因素的干扰而设置的"安全库存"量大大降低，甚至有可能使理想状态的"零库存"变为现实。运输功能的主导地位和要素核心作用也日益明显，成为物流系统最关键的核心功能要素。

（3）运输是实现物流合理化的关键。物流的合理化是指在各物流子系统合理化基础上形成的最优物流系统总体功能。而运输是物流系统中的关键因素，它的合理与否直接影响其他物流子系统的构成，而且运输是创造物流空间效用的主要功能要素，在物流系统整体功能中发挥着中心环节的作用。因此，物流的合理化在很大程度上取决于运输的合理化。只有运输的合理化，才能使物流系统结构更加合理，结构功能更强，系统总体功能更优。

二、物流运输方式的选择

（一）各种运输方式的技术经济特点

运输业是国民经济的命脉，是经济发展的基本需要和先决条件。在现代社会中，运输业的发展水平已经成为一个国家发达水平和人类文明的标志之一。它作为物质生产部门与其他物质生产部门一样，经历了不同的发展时期，同时，为了满足社会各种需要，形成了多种运输方式。

现代交通运输包括铁路、公路、水路、航空和管道5种运输方式。这5种运输方式在满足人或物的空间位移的要求上具有同一性，但它们所采用的技术手段、运输工具和组织形式等都不相同。

下面对各种运输方式的优缺点作简单介绍，见表4-1。

表4-1 各种运输方式的组成部分以及优缺点的比较

运输方式	系统组成部分	优点	缺点
铁路运输	线路、机车车辆、信号设备和车站	动量大，速度快，成本低，不太受自然条件限制，全天候，准时	基建投资较大，灵活性差，运输范围受铁路限制
公路运输	道路、车辆和车站	机动灵活，可实现"门到门"运输，	容易受气候和道路条件的

运输方式	系统组成部分	优点	缺点
		公路建设周期短，投资较低，不需反复搬运，是其他运输方式完成集疏运的手段	制约，准时性差，货物安全性较低，对环境污染较大
水路运输	船舶、港口和航道	载运量大，运距长，运输成本低，对环境污染小	速度慢，受港口、水位、季节、气候等因素影响大
航空运输	航空港、航空线网和机群	速度极快，范围广，不受地形限制，货物比较安全	运量小，成本极高，站点密度小，需要公路运输方式配合，受气候因素影响
管道运输	管线和管线上的各个站点	运量大，运费低，能耗少，较安全可靠，一般不受气候环境影响，劳动生产率高，货物零损耗，不污染环境	只适用于输送原油、天然气、煤浆等货物，通用性差

（三）影响运输方式选择的因素

1. 选择运输方式时的主要考虑因素

一般来讲，运输方式的选择受运输物品的种类、运输量、运输距离、运输时间、运输成本5个方面因素的影响。当然这些条件不是互相独立的，而是紧密相连、互为决定的。运输企业可以根据所需运输服务的要求，参考不同运输方式的不同营运特征进行正确的选择。一般来说主要考虑以下7个方面的因素：

（1）运输费用。企业要开展商品运输工作，必然要支出一定的人力、物力和财力，因此企业进行运输决策时，要受其经济实力以及运输费用的制约。

（2）商品性能。一般来讲，水果、蔬菜、鲜花等鲜活商品，电子产品、宝石以及节令性商品等宜选择航空运输；粮食、煤炭等大宗货物适宜选择水路运输；石油、天然气、碎煤浆等适宜选择管道运输。

（3）运输速度和路程。运输速度的快慢，运输路程的远近决定了货物运送时间的长短。通常情况下，批量大、价值低、运距长的商品适宜选择水路或铁路运输；而批量小、价值高、运距长的商品适宜选择航空运输；批量小、距离近的适宜选择公路运输。

（4）运输的服务和质量属性。运输质量来之不易，它是经仔细计划，并得到培训、全面衡量和不断改善支持的产物。对质量来说，关键是要精确地衡量运输可得性和一致性，这样才有可能确定总的运输服务质量是否达到所期望的服务目标。运输企业如要持续不断地满足顾客的期望，最基本的是承诺的不断改善。

（5）运输的可得性。不同运输方式的运输可得性也有很大差异，公路运输最可得，其次是铁路运输，水路运输与航空运输只有在港口城市与航空港所在地才可得。

（6）运输的一致性。运输的一致性是指在若干次装运中履行某一特定的运次所需的时间与原定时间或与前几次运输所需时间的一致性，它是运输可靠性的反映。近年来，托运方已把一致性看做高质量运输的最重要的指标。如果运输缺乏一致性，就需要安全储备存货，以防预料不到的服务故障。运输一致性还会影响买卖双方承担的存货义务和有关风险。

（7）市场需求的缓急程度。在某些情况下，市场需求的缓急程度也决定企业应当选择何种运输工具。市场急需的商品须选择速度快的运输工具，如航空或汽车直达运输，以免错过时机；反之则可选择成本较低而速度较慢的运输工具。

2．外包运输还是自行运输

（1）企业选择自行运输的主要原因：

① 企业内部的自行运输体现了组织的总体采购战略，便于控制，但是实施低成本、高效率的自行运输需要企业内部各部门之间的广泛合作和沟通。

② 企业之所以会自行运输，最主要的原因是考虑承运人不一定能达到自己所需要的服务水平。通常而言，企业用自己车队的原因如下：

A．服务的可靠性。

B．订货提前期较短。

C．意外事件反应能力强。

D．与客户的合作关系。

③ 企业通过在运输工具上喷印公司的名称和图片，可以起到广告作用。

（2）企业选择外包运输的主要原因

① 一方面，外包运输减轻了企业的压力，可以使企业集中精力于新产品的开发和产品的生产。但是，另一方面，委托运输需要处理与企业外部的承运商之间的关系，增加了交易成本，也增加了对运输控制的难度。

② 出于成本的考虑。关于外包运输还是自行运输的决策不仅是运输决策，更是财务决策。

（四）不同运输方式特征比较

不同运输方式特征比较见表 4 - 2。

表 4 - 2　不同运输方式特征比较

项目	铁路运输	公路运输	水路运输	航空运输	管道运输
成本	中	中	低	高	很低
速度	快	快	慢	很快	很慢
频率	高	很高	有限	高	连续
可靠性	很好	好	有限	好	很好
可用性	广泛	有限	很有限	有限	专业化
距离	长	中、短	很长	很长	长
规模	大	小	大	小	大
能力	强	强	最强	弱	最弱

三、物流运输市场

运输市场由供给和需求两方面构成，它是整个市场体系中的重要部分，是运输生产者与需求者之间进行商品交换的场所和领域。运输市场有狭义和广义之分。狭义的运输市场是指运输劳务交换的场所，该场所为旅客、货主、运输业者、运输代理者提供交易空间。广义的运输市场包括运输参与各方在交易中所产生的经济活动和经济关系的总和，即运输市场不仅是运输劳务交换的场所，而且包括运输活动的参与者之间、运输部门与其他部门之间的经济关系。

运输市场是多层次、多要素的集合体。运输市场的参与者有如下 4 种：

（1）供给方——提供客、货运输服务的运输业者。

（2）需求方——客、货运输的需求者。

（3）中介方——提供各种与运输服务相关的货运代理公司、经纪人和信息咨询公司等。

（4）政府方——政府有关机构和各级交通运输管理部门。

影响运输市场的因素主要包括以下几个方面：

1．自然地理因素

运输的目的是使旅客和货物产生位移，即克服地理空间对人与物的流动所产生的障碍，因此，自然地理因素是影响运输的首要因素，主要包括土地面积、资源分布、地理条件等。土地面积大小与运输市场规模和容量有密切关系，资源种类及其分布又对运输市场结构产生影响，地理位置和地形条件往往在很大程度上决定了可利用的天然运输资源和各种运输方式的空间配置，因而必然对运输市场的规模及构成产生重要影响。

2．经济因素

经济体制对运输市场的形成和发展也有重要影响。在计划经济体制下，政府主要依靠行政计划管理运输业和调节运输供求，运输市场的职能和作用被大大削弱；在市场经济体制下，自然要重视和充分发挥运输市场的作用，逐步恢复和完善运输市场。同时，运输是社会分工和商品经济发展的产物，运输化与工业化相伴而生、相辅相成，因此，经济发展水平必然是影响一国运输市场的最重要原因。资源分布及开发状况、能源结构、人口及其构成、收入和消费水平、产业结构、生产总值和经济的国际化水平等都直接制约着运输市场的规模、结构以及运行效率。

3．政策和法律因素

由于运输在促进经济增长和保证经济正常运行方面的关键性作用，必须为其建立一些特殊的法律环境或规则，即要求运输活动必须在法定的规则下进行。不同国家根据各自的经济制度和发展需要制定自己的政策和法律，运输市场是在国家的宏观经济环境中运行的，因此也必然受到有关政策和法律的影响。各国运输业管理体制和运输政策均对运输市场起着直接的调控作用。例如，各国交通运输企业的开办都有特定的条件和审批程序，以及运营许可证的登记、颁发和管理制度。

4．技术因素

技术进步在现代运输网的形成中起了决定性的作用，运输技术的不断更新满足了社会经济和消费者的各种运输需求，彻底改变了运输业的面貌，并持续性地调整着运输结构。因此，技术进步显然也是运输市场的重要外部影响因素。此外，现代通信技术与运输技术，正有效地缩短着地理空间的障碍，同时也为国家（地区）乃至全球运输市场的一体化准备了条件。

任务二 现代运输方式

一、公路货物运输

（一）公路货物运输的种类

1．按托运批量大小划分

（1）整车运输。凡托运方一次托运货物在 3 吨及 3 吨以上的，或虽不足 3 吨但其性质、体积、形状需要一辆载重 3 吨以上的汽车的公路运输业务为整车运输。整车运输承运的一般是大宗货物，货源的构成、流量、流向、装卸地点都比较稳定。

（2）零担运输。凡托运方一次托运货物不足 3 吨者为零担运输。零担运输非常适合商品流通中品种繁杂、量小批多、价高贵重、时间紧迫、到达站点分散等特殊情况下运输。

（3）集装箱运输。集装箱运输是指将适箱货物集中装入标准化集装箱，采用现代化手段进行的货物运输。

（4）包车运输。包车运输是指应托运人的要求，经双方协议，把车辆包给托运人安排使用，并按时间或里程计算运费的业务。

2．按运送距离划分

（1）长途运输。运距在 25 千米以上为长途运输，其特点为迅速、简便、直达、运输距离长、周转时间长、行驶线路较固定。

（2）短途运输。运距在 25 千米及 25 千米以下为短途运输，其特点为运输距离短，装卸次数多，车辆利用效率低，点多面广，时间要求紧迫，货物零星，种类复杂，数量不固定。

3．按货物类别划分

（1）普通货物运输。运输货物本身的性质普通，在装卸、运送、保管过程中没有特殊要求。普通货物分为一等货物、二等货物、三等货物 3 个等级。

（2）特种货物运输。运输货物本身的性质特殊，在装卸、运送、保管过程中需要特定条件、特殊设备来保证其完整无损。特种货物运输可分为长大笨重货物运输、危险货物运输、贵重货物运输和鲜活易腐货物运输。

4．按货物运送速度划分

（1）一般货物运输。一般货物运输即普通速度运输或称慢运。

（2）快件货物运输。快件货物运送的速度从货物受理当日 15 点起算，运距在 300 千米内的 24 小时内运达，运距在 1 000 千米内的 48 小时内运达，运距在 2 000 千米内 72 小时内运达。

（3）特快专运。特快专运指按托运人要求在约定时间内运达。

（二）公路零担货运业务流程

零担货物运输业务是根据零担货物运输工作的特点，按流水作业形式构成的一种作业程序，可用图 4 - 1 简单表示。

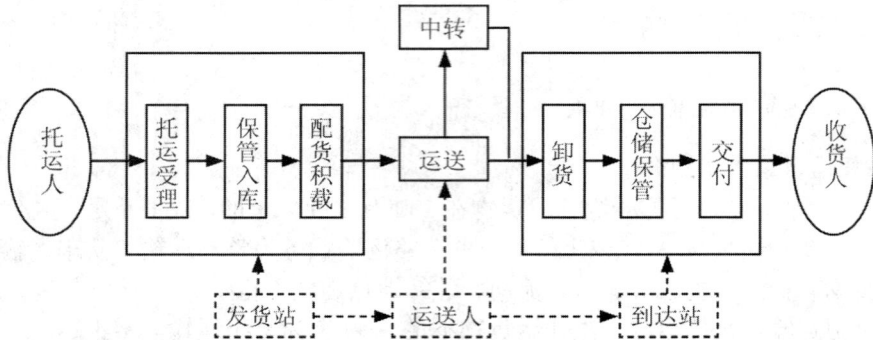

图 4 - 1 零担货物作业流程

1. 托运受理

托运受理是指零担货物承运人根据经营范围内的线路、站点、运距、中转站及各车站的装卸能力、货物的性质及受运限制等业务规则和有关规定接受托运零担货物、办理托运手续。受理托运时，必须由托运人认真填写托运单，承运人审单无误并签章后方可承运。零担货物托运单格式见表 4 - 3。

表 4 - 3 公路汽车零担货物托运单

托运日期　　年　月　日

起运站＿＿＿＿＿＿＿＿＿＿＿＿　　到达站＿＿＿＿＿＿＿＿＿＿＿＿

托运单位＿＿＿＿＿＿＿＿＿　　详细地址＿＿＿＿＿＿＿＿＿＿＿　　电话＿＿＿＿＿＿＿＿

收货单位（人）＿＿＿＿＿＿＿　　详细地址＿＿＿＿＿＿＿＿＿＿＿　　电话＿＿＿＿＿＿＿＿

货物名称	包装	件数	实际质量	计费质量	托运人注意事项
					1. 托运单填写一式两份
					2. 托运货物必须包装完好，捆扎牢固
					3. 不得谎报货物名称，否则在运输过程中发生的一切损失，均由托运人负责赔偿
合计					4. 以上各栏不得夹带易燃危险等物品 5. 以上各栏由托运人详细填写
收货人记载事项			起运站记载事项		

进货仓位＿＿＿＿＿＿＿＿　　仓库理货验收员＿＿＿＿＿＿＿　　发运日期＿＿＿＿＿＿

到站交付日＿＿＿＿＿＿＿　　托运人（签章）＿＿＿＿＿＿

（1）托运受理的形式：

① 随时受理制。随时受理制对托运日期无具体规定，在营业时间内，发货人均可将货

物送到托运站办理托运，为货主提供了极大的方便。但随时受理制不能预先组织货源，缺乏计划性，因而货物在库时间长，设备利用率低。在实际工作中，随时受理制主要被作业量较小的货运站、急送货运站，以及始发量小、中转量大的中转站使用。

② 预先审批制。预先审批制要求发货人预先向货运站提出申请，货运站根据各个发货方向及各站别的运量、站内设备和作业能力加以平衡，分别指定日期进行货物集结，组成零担班车。

③ 日历承运制。日历承运制是指货运站根据零担货物流量与流向规律，编写承运日期表，预先公布，发货人则按规定日期到站办理托运手续。

（2）托运单的填写与审核。公路零担货物托运单一式两份，一份由起运站存查，另一份则于开票后随货同行。凡货物到站在零担班车运输路线范围内的，称直线零担，可填写"零担货物托运单"。如需要通过中转换装的，称联运零担，可填写"联运货物托运单"。

填写托运单时应注意以下几点：填写的内容齐全、完整、准确，并注明提货方式；填写的货物名称应用通俗易懂的名称，不可用代号、字母代替；如有特殊事项除在发货人声明栏内记载外，还必须向受理人员做书面说明。

对填写的托运单在审核时应注意以下几点：检查并核对托运单内容有无涂改，对涂改不清的要求重新填写；审核到站地址与收货人地址是否相符，以免误运；对货物的品名、属性应进行鉴别，避免造成货运事故；对同一批货物和具有多种包装的货物应认真核对，以免错提错交；对托运人在声明栏内填写的内容应特别予以注意，如要求的内容无法办理则应予以说明。

（3）过磅起票。零担货物受理人员在接到托运后，应及时验货过磅，认真点件交接，做好记录。按托运单编号填写货物标签，收取运杂费。零担货物运输货票见表4-4。

表4-4 公路汽车零担货物运输货票

编号：　　　　　　　　　　　　　　　　　　　　　年　月　日

起运站		中转站		到达站			千米		备注	
托运人				详细地址						
收货人				详细地址						
货名	包装	件数	体积（m³）			实际质量	计费质量	每百千克运价合计		
			宽	高	长					
										托运人签章
合计										

车站：　　　　　填票人：　　　　　复核人：　　　　　经办人：

2. 保管入库

零担货物进出仓要按照票单入库或出库，做到以票对票、票票不漏、货票相符。零担货物仓库应严格划分货位，一般可分为待运货位、急运货位、到达待交货位。零担货物仓库要具有良好的通风能力、防潮能力、防火和灯光设备、安全保卫能力。由于零担货物种类繁多，性质各异，故在仓库保管环节一定要注意分类存放，避免出现性质各异不能同储的货物储存在一起。

3．配货积载

（1）零担货物的配载原则：

① 中转先运、急件先运、先托先运、合同先运。

② 尽量采用直达方式，必须中转的货物，则应合理安排流向。

③ 充分利用车辆载货量和容积。

④ 严格执行混装限制规定。

⑤ 加强对中途各站待运量的掌控，尽量使同站装卸的货物在重量和体积上相适应。

（2）装车准备工作：

① 按车辆容积、载重和货物的形状、性质进行合理配载，填制配装单和货物交接清单，见表 4-5。填单时应按货物先远后近、先重后轻、先大后小、先方后圆的顺序进行，以便按单顺次装车，对不同到达站和中转的货物要分单填制。

表 4-5 公路汽车零担货物交接及运费结算清单

编号：　　　　　　　　　　　　　　　　　　　　　　　　　　年　　月　　日

起运站		中转站		到达站			千米		备注
托运人				详细地址					
收货人				详细地址					
货名	包装	件数	体积/m³			实际质量	计费质量	每百千克运价合计	
			宽	高	长				托运人签章
合计									

车站：　　　　　　填票人：　　　　　　复核人：　　　　　　经办人：

② 将整理后的各种随货单证分别附于交接清单之后。

③ 按单核对货物堆放位置，做好装车标记。

（3）装车：

① 按交接清单的顺序和要求点件装车。

② 将贵重物品放在防压、防撞的位置，保证运输安全。

③ 驾驶员（或随车理货员）清点随车单证并签章确认。

④ 检查车辆、关锁及遮盖捆扎情况。

4．运送

零担货运班车必须严格按时发车，按规定线路行驶，在中转站要由值班人员在路单上签证。有车辆跟踪系统的要按规定执行，使基站能随时掌控车辆的在途情况。

5. 中转

对于需要中转的货物需以中转零担班车或沿途零担班车的形式运到规定的中转站进行中转。中转作业主要是把来自各方向的仍需继续运输的零担货物卸车后重新集结待运，继续运至终点站。零担货物的中转作业一般有以下 3 种方法。

（1）全部落地中转（落地法）。将整车零担货物全部卸下交中转站入库，由中转站按货物的不同到站重新集结，另行安排零担货车分别装运，继续运到目的地。这种方法简便易行，车辆载重量和容积利用较好，但装卸作业量大，仓库和场地的占用面积大，中转时间长。

（2）部分落地中转（坐车法）。由始发站开出的零担货车装运部分要在途中某地卸下转至另一路线的货物，其余货物则由原车继续运送到目的地。这种方法部分货物不用卸车，减少了作业量，加快了中转作业速度，节约了装卸劳力和货位，但对留在车上的货物的装载情况和数量不易检查清点。

（3）直接换装中转（过车法）。当几辆零担车同时到站进行中转作业时，将车内部分中转零担货物由一辆车向另一辆车上直接换装，而不到仓库货位上卸货。组织过车时，既可以向空车上过，也可向留有货物的重车上过。这种方法在完成卸车作业时即完成了装车作业，提高了作业效率，加快了中转速度，但对到发车辆的时间等条件要求较高，容易受意外因素干扰而影响运输计划。

零担货物的中转还涉及中转环节的理货、堆码、保管等作业，零担货物中转站必须配备相应的仓库等作业条件，确保货物安全、及时、准确地到达目的地。

6. 卸货

班车到站后，由仓库人员检查货物情况，如无异常在交换单上签字加盖业务章。如有异常情况则应采取相应处理方法：

（1）有单无货：双方签注情况后，在交接单上注明，原单返回。

（2）有货无单：确认货物到站，收货由仓管员签发收货清单，双方盖章，清单寄回起运站。

（3）货物到站错误：将货物原车运抵起运站。

（4）货物短缺、破损、受潮、污染、腐烂。如果货物短缺、破损、受潮、污染、腐烂，则应记录下来，告知发货方。

以上任一种情况发生时，双方应共同签字确认，填写事故清单。

零担货物的卸车交货应注意以下几点：

① 班车到站时，车站货运人员应向随车理货员或驾驶员索阅货物交接单以及随车的有关单证，并与实际装载情况核对，如有不符应在交接清单上注明。

② 卸车时，应向卸车人员说明有关要求和注意事项，然后根据随货同行的托运单、货票等逐批逐件验收，卸车完毕后，收货员与驾驶员或随车理货员办理交接手续，并在交接清单上签字。

③ 卸车完毕后，将到达的货物登入"零担货物到达登记表"，并迅速以到货公告或到货通知单的形式催促收货人前来提货。

7. 交付

货物入库后，通知收货人凭提货单提货，或者按指定地点送货上门，并做好交货记录，逾期提取的按有关规定办理。

交货时应注意以下几点：

（1）不能凭白条、信用交付货物。

（2）凭货票提货时，应由收货人在提货联加盖与收货人名称相同的印章，并提供有效证明文件。

（3）凭到货通知单交付货物，收货人在到货通知单上加盖与收货人名称相同的印章，验看收货人的有效证明，并在货票提货联上由提货经办人签字交付。

（4）凭电话通知交付时，则凭收货人提货证明，并经车站认可后由提货经办人在货票提货联上签字交付；如委托他人代提货，则应有收货人向车站提供的盖有与收货人名称相同的印章的委托书，经车站认可后，由代提货人在货票提货联上签章交付。

（三）公路整车货运业务流程

1. 整车货物运输的业务受理方法

无论是货物交给公路运输企业运输，还是公路运输企业主动承揽货物，都必须由货主和承运企业双方办理托运手续。

对于短期的、临时的整车货物，主要有以下几种托运、受理方法。

（1）登门受理。登门受理即由运输部门派人员到客户单位办理承托手续。

（2）下产地受理。下产地受理是指在农产品上市时节，运输部门下到产地联系运输事宜。

（3）现场受理。现场受理是指在省、市、地区等召开物资分配、订货、展销、交流会议期间，运输部门在会议现场设立临时托运或服务点，现场办理托运业务。

（4）驻点受理。驻点受理是指对生产量较大、调拨集中、对口供应的单位，以及货物集散的车站、码头、港口、矿山、油田、基建工地等单位，运输部门可设点或巡回办理托运业务。

（5）异地受理。异地受理是指企业单位在外地的整车货物，运输部门根据具体情况，可向本地运输部门办理托运、要车等手续。

（6）电话、传真、信函、网上托运。电话、传真、信函、网上托运是指经运输部门认可，本地或外地的货主可用电话、传真、信函、网上托运等方式，由运输部门的业务人员受理登记，代填托运单。

（7）站台受理。站台受理是指货物托运单位派人直接到运输部门办理托运业务。

对于货主的长期整车货物运输需求，承托双方要签订长期的货物运输合同或运输协议，而每一次提货同样也要办理提货手续。

2. 受理整车货物运输的工作程序

在公路货运中，货物托运人向公路运输部门提出运送货物的要求叫托运；公路运输部门接受货物运输的行为叫受理，也称承运。公路货物的托运与受理，一方面能为货主解决生产、销售、进出口运输的需要；另一方面，也使运输部门有了充足的货源，满足运力的需要。其工作程序如下：

（1）托运人填写运单。托运单是承、托双方订立的运输合同或运输合同证明，也是明确规定货物承运期间承托双方的权利、责任和义务的依据。

① 托运单的作用。托运单是公路货物运输活动中十分重要的运输单证。公路货物运输在一般情况下，尤其是一些临时性、短期性的客户，是没有运输合同的，托运单往往就是合同。货物托运单的主要作用包括以下几点：

A. 公路运输部门开具货票的凭证。

B. 调度部门派车、货物装卸和货物到达交付的依据。

C. 货物在运输期间发生运输延滞、空驶、运输事故时判定双方责任的原始记录。

D. 货物收据、交货凭证。

② 托运单的内容及其填写要求。公路整车货物的托运单一般由承运人负责提供格式化的货物托运单，由托运人认真填写，也可委托他人填写，并应在托运单上加盖与托运人名称相符的印章。托运单的填写有严格的要求：内容准确完整，字迹清楚，不得涂改，如有涂改，应由托运人在涂改处盖章证明；托运人和收货人的姓名、地址应填写全称，起运地、到达地应详细说明所属行政区；货物名称、规格、性质、状态、数量、重量应齐全、准确；有关证明文件、货运资料应齐全并在运单中标注清楚；危险货物、特种货物应说明运输要求、采取的措施、预防的方法；运费结算单的托收银行、户名、账号要准确。

常用的汽车货物托运单和货物清单见表 4-6、4-7。

表 4-6　××省汽车货物托运单

托运人（单位）：　　　　经办人：　　　　电话：　　　　地址：　　　　运单编号：

发货人		地址		电话		装货地点						
收货人		地址		电话		卸货地点						
付款人		地址		电话		约定起运时间	月 日	约定到达时间	月 日	需要车种		
货物名称及规格	包装形式	件数	体积/厘米	件重/千克	重量/吨	保险、保险价格	货物等级	计费项目		计费重量	单价/元	
								运费	装卸费			
合计							计费里程					
托运记载事项				付款人银行账号		承运人记载事项				承运人银行账号		
注意事项	1. 货物名称应填写具体品名，如货物品名过多，不能在运单内逐一填写须另附物品清单 2. 保险或保价货物，在相应价格栏中填写货物声明价格					托运人签章　　　　　年　月　日				承运人签章　　　　年　月　日		

注：① 填在一张货物运单内的货物必须是属同一托运人。对拼装分卸货物，应将每一拼装或分卸情况在运单记事栏内注明。
　　　易腐蚀、易碎货物，易溢漏的液体，危险货物与普通货物以及性质相抵触、运输条件不同的货物，不得用同一张单托运。托运人、承运人修改运单后，须签字盖章。

　　② 本运单一式两联：第一联是受理存根；第二联是托运回执。

　　③ 审批有无特殊运输要求，如运输期限、押运人数，或承托双方议定的有关事项。

表4-7 公路货物运输物品清单

起运地点： 运单号码：

编号	货物名称及规格	包装形式	件数	新旧程度	体积/立方米	重量/千克	保险、保险价格/元
备注							

托运人（签章）： 承运人（签章）： 年 月 日

注：凡不属于同品名、同规格、同包装的货物，以及搬家货物，在一张托运单上不能逐一填写的，可填写物品清单。

（2）承运人审批和认定托运单。承运人收到由货物托运人填写的托运单后，应对托运单的内容进行审批。其审批内容主要有以下几方面：

① 审核货物的详细情况。审核货物的详细情况包括货物名称、体积、重量、运输要求以及根据具体情况确定是否受理。通常下列情况承运人不予受理：

A．法律禁止流通的物品或各级政府部门指令不予运输的物品。

B．属于国家统管的货物或经各级政府部门列入管理的货物，必须取得准运证明方可承运。

C．不符合《危险货物运输规则》的危险货物。

D．托运人未取得卫生检疫合格证明的动植物。

E．托运人未取得主管部门准运证明的属超长、超高、超宽货物。

F．必须由货物托运人押送、随车照料，而托运人不能做到的货物。

G．由于特殊原因，以致道路无法承担此项运输的货物。

② 检验有关运输凭证。货物托运人应根据有关规定同时向公路运输部门提交准许出口、外运、调拨、分配等证明文件，或随货同行的有关票证单据。一般包括以下内容：

A．根据各级政府法令规定必须提交的证明文件。

B．货物托运人委托承运部门代为提取货物的证明或凭据。

C．有关运输该批（车）货物的重量、数量、规格的单据。

D．其他有关凭证，如动植物检疫证、超限运输许可证、禁通路线特许通行证、关税单证等。

（3）托运单编号及分送。托运单认定后，应编定托运号码，然后告知调度、运务部门，并将结算通知交付货主。

3. 整车货物承运后运输作业流程

整车货物运输受理工作完成后，开始具体的货物运送任务，即承运、装运前的准备工作、装车、运送、卸车、保管和交付等作业。

（1）整车货物的核实理货。货物的核实理货工作一般有受理前的核实和起运前的核实。

① 受理前的核实是在货主提出托运计划并填写货物托运单后，运输部门派人同货主进行的核实。核实的主要内容：托运单所列的货物是否已处于待运状态；装运的货物数量、

85

发运日期有无变更；连续运输的货源有无保证；货物包装是否符合《危险货物运输规则》规定；确定货物体积、重量的换算标准及其交接方式；装卸场地的机械设备、通行能力；运输道路的桥梁、沟管、电缆、架空电线等详细情况。

② 起运前的核实工作称为理货或验货，其主要内容有：承托双方共同验货；落实货源、货流；落实装卸、搬运设备；查清货物待运条件是否变更；确定装车时间；通知发货、收货单位做好过磅、分垛、装卸等准备工作。

（2）收费并开具货票。托运人向承运人交纳运杂费，领取承运凭证——货票，见表 4 - 8。

表 4 - 8 公路运输货票

甲 No.00001　　　　　　××省公路运输货票　　　　　　自编号：

托运人：　　　　　　　　车属单位：　　　　　　　　牌照号：

发货地点				发货人		地址		电话	
卸货地点				收货人		地址		电话	
运单或货签号码		计费里程		付款人		地址		电话	

包装名称	包装形式	件数	实际重量/吨	计费运输量		吨·千米运价			运费金额	其他收费		运杂费小计
				吨	吨·千米	货物等级	道路等级	运价率		费目	金额	

运杂费合计金额（小写）：

备注：			收货人签收盖章	

开票单位（盖章）：　　　　开票人：　　　　承运驾驶员：　　　　时间：　年　月　日

注：① 本货票适用于所有从事营业性运输的单位和个人的货物运输费结算。

　　② 本货票共分四联：第一联（黑色）为存根；第二联（红色）为运费收据；第三联（浅蓝色）为报单；第四联（绿色）为收货回单，经收货人盖章后送车队统计。

　　③ ×× 省含自治区、直辖市。

　　④ 票面尺寸为 220 毫米×130 毫米。

　　⑤ 货票第四联右下端设"收货人签收盖章"栏，在其他联中不设。

公路运输货票是专用于营业性运输的组织和个人的货物运费结算单据，有时也代替运输合同，是承运人与托运人之间的承运协议，是根据货物运单填写的，在运输市场上广泛使用。

公路运输货票一式四联，用不同颜色区分，作用分别是存根、收据、报单、统计。在始发站，它是向发货人核收运费的收费依据；在到达站，它是与收货人办理货物交付的凭证之一。此外，货票也是企业统计完成货运量，核算营运收入及计算有关货运工作指标的原始凭证。

（3）货物的监装。在待装车辆到达货物装车地点后，司机和现场接货人员会同装车负责人一起根据出货清单，对货物包装、数量和重量等进行清点和核实，核对无误后进行装车环节服务。监装流程如下：

① 车辆到达装货地点，监装人员应根据货票或托运单填写的内容、数量和发货单位联系发货，并确定交货办法。一般情况下，散装货物根据体积换算标准确定装载量，件杂货以件计算。

② 货物装车前，监装人员检查货物包装有无破损、渗漏、污染等情况。监装人员如果发现不适合装车的情况，应及时和发货人商议修补或掉换。如果发货人自愿承担由此引起的货损，则应在随车同行的单证上做批注和加盖印章，以明确其责任。

③ 装车完毕后，应清查货位，检查有无错装、漏装，并与发货人核对实际装车件数，确认无误后，办理交接签收手续。

（4）货物途中作业。货物在运送途中发生的各项货运作业统称为途中作业。途中作业主要包括途中货物交接、货物整理或换装等作业内容。为了方便货主，整车货物还允许途中拼装或分卸作业，考虑车辆周转的及时性，对整车拼装或分卸应加以严密组织。

为了保证货物运输的安全与完好，便于划清企业内部的运输责任，货物在运输途中如发生装卸、换装、保管等作业，驾驶员之间、驾驶员与站务人员之间，应认真办理交接检查手续。一般情况下，交接双方可按货车现状及货物装载状态进行，必要时可按货物件数和质量交接，如接收方发现有异状，由交出方记录备案。

（5）货物到达交付。货物在到达站发生的各项货运作业统称为到达作业。到达作业主要包括货运票据的交接、货物卸车、保管和交付等内容。

货物监卸人员在接到卸货预报后，应立即了解卸货地点、货物、行车道路、卸车机械等情况。在车辆到达卸货地点后，应会同收货人员、驾驶员、卸车人员检查车辆装载有无异常。一旦发现异常，应做出卸车记录后再开始卸车。

卸货时应根据运单及货票所列的项目与收货人点件或监秤记码交接。如发现货损货差，则应按有关规定编制记录并申报处理。收货人员可在记录或货票上签署意见但无权拒收货物。交接完毕，应由收货人在货票回单联上签字盖章，承运人的责任即告终止。

二、铁路货物运输

（一）铁路货运业务办理

1. 铁路货物运输作业流程

（1）铁路货物的托运、受理、承运。铁路实行计划运输，发货人要求铁路运输整车货物，应向铁路提出月度要车计划，车站根据要车计划受理货物。在进行货物托运时，发货人应向车站按批提出货物运单一份，如使用机械冷藏车运输的货物，同一到站、同一收货人可数批合提一份运单。对于整车要求分卸的货物，除提出基本货运单一份外，每一分卸站应另增加分卸货物运单两份（分卸站、收货人各一份）。

对同一批托运的货物因货物种类较多，发货人不能在运单内逐一填记，或托运集装箱货物，以及同一包装内有两种以上的货物，发货人应提出物品清单一式三份，其中一份由发运站存查，一份随同运输票据递交到达站，一份退还发货人。对在货物运单和物品清单内所填记事项的真实性发货人应负完全责任，谎报货物品名，则应按有关规定核收违约罚款。

对根据中央或省（市）、自治区法令，需凭证明文件运输的货物，发货人应将证明文件与货物运单同时提出，并在货物运单由发货人记载事项一栏内注明文件名称、号码、车站，在证明文件背面注明货物托运数位，并加盖车站日期戳，退还发货人或按规定留人在运站存查。

对托运的货物，发货人应根据货物的性质、重量、运输要求以及装载等条件，使用便于运输、装卸，并能保证货物质量的包装。对有国家包装标准或专业标准的应按其规定进行包装。对没有统一规定包装标准的货物，车站应会同发货人研究制定货物运输包装暂行标准。

发货人托运零担货物时，应在每件货物上标明清晰、明显的标记，在使用拴挂的标记（货签）时，应用坚韧材料制作，在每件货物两端各拴挂、粘贴或钉固一个。不适宜用纸制作的货签的托运货物，应使用油漆在货件上书写标记，或用金属、木质、布、塑料板等材料制成的标记。

零担和集装箱货物由发运站接受完毕，整车货物装车完结，发运站在货物运单上加盖承运日期戳时，即为承运。实行承运前保管的货物，对发货人交由车站的整车货物，铁路从接收完毕时起负有承运前的保管责任。对办理海关、检疫手续及其他特殊情况的证明文件以及有关货物数量、质量、规格的单据，发货人可委托铁路代递至到站交收货人。

（2）铁路货物的装卸。凡在铁路车站装车的货物，发货人应在铁路指定的日期将货物运至车站，车站在接受货物时，应对货名、件数、运输包装、标记等进行检查。对整车运输的货物如发货人未能在铁路指定的日期将货物运至车站，则自指定运至车站的次日起至再次指定装车之曰或将货物全部运出车站之日止由发货人负责。

铁路货物的装车和卸车的组织工作，凡在车站公共装卸场所以内由承运人负责。有些货物虽在车站公共装卸场所以内进行装卸作业，由于在装卸专业中需要特殊的技术或设备、工具，仍由托运人或收货人负责组织。

除车站公共装卸场所以外进行的装卸专业，装车由托运人、卸车由收货人负责。此外，前述由于货物性质特殊，在车站公共场所装卸也由托运人、收货人负责。其负责的情况有：

① 罐车运输的货物。
② 冻结的易腐货物。
③ 未装容器的活动物、蜜蜂、鱼苗等。
④ 一件重量超过 1 吨的放射忙同位素。
⑤ 用人力装卸带有动力的机械和车辆。

其他货物由于性质特殊，经托运人或收货人要求，并经承运人同意，也可由托运人或收货人组织装车和卸车。如气体放射性物品、尖端保密物资、特别贵重的展览品、工艺品等。货物的装卸不论由谁负责，都应在保证安全的条件下，积极组织快装、快卸，以缩短货车停留时间，加速货物运输。

由托运人装车或收货人卸车的货车，车站应在货车调到前，将时间通知托运人或收货人。托运人或收货人在装卸作业完成后，应将装车或卸车结束的时间通知车站。由托运人、收货人负责组织装卸的货车，超过规定的装卸车时间标准或规定的停留时间标准时，承运人向托运人或收货人核收规定的货车使用费。

（3）铁路货物的到达、支付。凡由铁路负责卸车的货物，到达站应不迟于卸车完毕的次日内用电话或书信向收货人发出催领通知。此外，收货人也可与到达站商定其他通知方法。收货人应于铁路发出或寄发催领通知的次日（不能实行催领通知或会同收货人卸车的货物为卸车的次日）起算，在两天内将货物提走，超过这一期限将收取货物暂存费。从铁路发出催领通知日起（不能实行催领通知时，则从卸车完毕的次日起）满30天仍无人领取的货物（包括收货人拒收，发货人又不提出处理意见的货物），铁路则按无法交付货物处理。

收货人在领取货物时，应出示提货凭证，并在货票上签字或盖章。在提货凭证未到或遗失的情况下，则应出示单位的证明文件。收货人在到达站办妥提货手续和支付有关费用后，铁路将货物连同运单一起交给收货人。

2. 铁路货运合同

（1）货运合同的签订。货运合同是承运人将货物从发站运输至指定地点，托运人或收货人支付运输费用的合同。货运合同的当事人是承运人、托运人与收货人。根据《中华人民共和国合同法》《铁路货物运输合同实施细则》的规定，承托双方必须签订货运合同。

铁路货运合同有预约合同和承运合同，都属于书面形式的合同。书面形式是指合同书、信件和数据电文（包括电报、电传、传真、电子数据交换、电子邮件）等可以有形地表现所载内容的形式。

预约合同以"铁路货物运输服务订单"作为合同书。预约合同的签订过程就是订单的提报与批准过程。托运人按要求填写订单并提报或通过网络提报，一旦被审定并通知，预约合同成立，合同当事人必须履行预约合同的义务和责任。

承运合同以"货物运单"作为合同书。托运人按要求填写运单提交承运人，经承运人审核同意并承运后承运合同成立，从承运人接收货物后，对货物的不完整，除免责范围外，负赔偿责任。运单是托运人与承运人之间为运输货物而签订的一种货运合同或货运合同的组成部分。因此，运单既是确定托运人、承运人、收货人之间在运输过程中的权利、义务和责任的原始依据，又是托运人向承运人托运货物的申请书、承运人承运货物和核收运费、填制货票以及编制记录和理赔的依据。

综上所述，零担货物和以零担形式运输的集装箱货物使用的运单也作为货运合同。整车运输与以整车形式运输的集装箱货物的货运合同包括经审定的订单和运单。

（2）货运合同的变更。发货人或收货人由于特殊原因对铁路承运后的货物可向铁路提出运输变更要求。货运合同变更的种类主要有以下情况：

① 变更到站。货物已经装车挂运，托运人与收货人可按批向货物所在的中途站或到站提出变更到站。例如，邯郸运往渭南的货物在洛阳东站要求变更到宝鸡，为保证液化气体运输安全，液化气体罐车不允许进行运输变更或重新起票办理新到站，如遇特殊情况需要变更或重新起票办理新到站时，需经铁路局批准。

② 变更收货人。货物已经装车挂运，托运人与收货人可按批向货物所在的中途站或到站提出变更收货人。

A．货运合同变更的限制：铁路是按计划运输货物的，货运合同变更必然会给铁路运输工作的正常秩序带来一定的影响。所以，对于下列情况承运人不受理货运合同的变更：

- 违反国家法律、行政法规。
- 违反物资流向。
- 违反运输限制。
- 蜂蜜。
- 变更到站后的货物运到期限大于容许运输期限。
- 变更一批货物中的一部分。
- 第二次变更到站的货物。

B．货运合同变更的处理：托运人或收货人要求变更时，应提出领货凭证或货物运输变更要求书，提不出领货凭证时，应提出其他有效证明文件，并在货物运输变更要求书内注明。提出领货凭证是为了防止托运人要求铁路办理变更，而原收货人又持领货凭证向铁路要求交付货物的矛盾。

（3）货运合同的解除。整车货物和大型集装箱在承运后挂运前，零担和其他型集装箱货物在承运后装车前，托运人可向发站提出取消托运，经承运人同意，货运合同即告解除。解除合同，发站退还全部运费与押运人乘车费。但特种车使用费和冷藏车回送费不退。此外，还应按规定支付变更手续费、保管费等费用。

（4）货运合同争议的调解、仲裁和诉讼。货运合同具有法律效力，当事人（托运人、承运人及收货人）都必须全面履行。当发生货运合同争议时，可以通过和解或调解解决。当事人不愿和解、调解或者和解、调解不成的，可以根据仲裁协议向仲裁机构（设在省、自治区、直辖市人民政府所在地或其他设区市的仲裁委员会）申请仲裁（涉外合同的当事人可以根据仲裁协议向中国仲裁机构或者其他仲裁机构申请仲裁）。当事人没有订立仲裁协议或者仲裁协议无效的，可以向人民法院起诉。当事人应当履行发生法律效力的判决、仲裁裁决、和解书；拒不履行的，对方可以请求人民法院执行。铁路货运合同赔偿案件限向审核该赔偿案件的铁路局或铁路分局所在铁路运输法院起诉。起诉时效为赔偿要求人自收到铁路拒赔之日起或规定答复期满次日起 180 天提出诉讼，过期认为弃权。

3．铁路货物运输期限

（1）货物运到期限的计算。铁路承运货物的期限从承运货物的次日起按下列规定计算：货物运到期限按日计算。起码日数为 3 天，即计算出的运到期限不足 3 天时，按 3 天计算。运到期限由下述 3 部分组成。

① 货物发送期间（$T_发$）为 1 天。货物发送期间是指车站完成货物发送作业的时间，它包括发站从货物承运到挂出的时间。

② 货物运输期间（$T_运$）。每 250 运价千米或其未满为 1 天；按快运办理的整车货物每 500 运价千米或其未满为 1 天。货物运输期间是货物在途中的运输天数。

③ 特殊作业时间（$T_特$）。特殊作业时间是为某些货物在运输途中进行作业所规定的时间，具体规定如下：

- 需要中途加冰的货物，每加冰一次，另加一天。
- 运价里程超过 250 千米的零担货物和 1 吨、5 吨型集装箱另加 2 天，超过 1 000 千米加 3 天。

- 一件货物超过 2 吨、体积超过 3 立方米或长度超过 9 米的零担货物，另加 2 天。
- 整车分卸货物，每增加一个分卸站，另加 1 天。
- 准、米轨间直通运输的货物另加 1 天。

对于上述 5 项特殊作业时间应分别计算，当一批货物同时具备几项时，应累计相加计算。若运到期限用 T 表示，则：

$$T = T_发 + T_运 + T_特$$

（2）货物运到逾期。如果货物的实际运到天数超过规定的运到期限时，即为运到逾期。若货物运到逾期，不论收货人是否因此受到损害，铁路均应向收货人支付违约金。违约金的支付是根据逾期天数按承运人所收运费的百分比进行违约金支付。快运货物运到逾期，除按规定退还快运费外，货物运输期间按 250 运价千米或其未满为 1 天，计算运到期限仍超过时，还应按上述规定向收货人支付违约金。超限货物、限速运行的货物、免费运输的货物以及货物全部灭失时，若运到逾期，承运人不支付违约金。从承运人发出催领通知的次日起（不能实行催领通知或会同收货人卸车的货物为卸车的次日起），如收货人于 2 天内未将货物搬出，即失去要求承运人支付违约金的权利。货物在运输过程中，由于不可抗力（如风灾、水灾、雹灾、地震等）、托运人的责任致使货物在途中发生换装、整理、托运人或收货人要求运输变更、运输的活动物在途中上水以及其他非承运人的责任之一造成的滞留时间，应从实际运到天数中扣除。

4．铁路货运事故处理

铁路对货物由其保管、运输期间所发生的灭失、损害、有货无票或有票无货都应按批编制货运记录。在不能判明损害、灭失原因和程度时，铁路应在交付前联系收货人进行检查或申请检验，并按每一货运记录分别编制签订书。货物在运输过程中，如发现有违反政府命令或危及运输安全的情况或铁路无法处理的意外情况，即应通知发货人或收货人处理。

发货人或收货人在向铁路提出赔偿时，应按批向到站提出赔偿要求书，并附货物运单、货运记录和有关证明文件。货物损失的赔偿价格，灭失时按灭失货物的价格，损坏时，则按损坏货物所降低的价格。

（二）铁路货物运价管理

1．铁路运输货物运价分类

（1）按适用范围分类：

① 普通运价。普通运价是铁路货物运价的基本形式，是铁路计算运费的统一运价，凡在路网上办理正式营业的铁路运输线上都适用统一运价（优待运价、国际联运运价及地方运价等除外）。现行铁路的整车货物、零担货物、集装箱货物、保温车货物运价都属于普通运价。普通运价是计算运费的基本依据。

② 优待运价。优待运价是对一定机关或企业运输的一切货物或对于不同的托运人运送给一定机关或企业的货物而规定的低于普通运价的一种运价。

③ 国际联运运价。国际联运运价是指经铁路国际联运的货物所规定的运价，凡国际铁

路联运货物国内段的运输费用按《铁路货物运价规则》的规定办理。

④ 地方运价。地方运价是铁路局经铁道部批准对某些管内支线或地方铁路所规定的运价。

（2）按货物运输种类分类：

① 整车货物运价。整车运价是《铁路货物运价规则》中规定的按整车运送的货物的运价，由按货物类别的每吨的发到基价和每吨·千米的运行基价组成。

② 零担货物运价。零担货物运价是铁路对按零担运送的货物所规定的运价，由按货物类别的每10千克的发到基价和每10千克·千米的运行基价组成。

③ 集装箱货物运价。集装箱货物运价是铁路对按集装箱运送的货物所规定的运价，由每箱的发到基价和每箱·千米的运行基价组成。

2. 铁路货物运费的计算程序

（1）确定运价里程。根据铁道部颁布的《铁路货物运价里程表》确定发站至到站的运价里程。计算运价里程应注意以下问题：

① 运价里程根据《铁路货物运价里程表》按照发站至到站间的最短路径计算，但发生以下情况时，运价里程按绕路路径计算，并需要在货物运单内注明：因货物性质（如鲜活货物、超限货物等）必须绕路运输时；因自然灾害或因其他非承运人责任，以及托运人要求绕路运输时。

② 运价里程不包括专用线、货运支线的里程。

（2）确定运价号和运价率。根据货物运单上填写的货物名称查找《铁路货物运输品名分类与代码表》，确定适用的运价号。

（3）确定运价。将货物的发到基价加上运行基价与运价里程的乘积，即可算出铁路货物运输的运价。整车货物、零担货物和集装箱货物运价的计算公式分别为：

$$整车货物每吨运价＝发到基价＋运行基价×运价里程$$
$$零担货物每10千克运价＝发到基价＋运行基价×运价里程$$
$$集装箱货物每箱运价＝发到基价＋运行基价×运价里程$$

整车、零担货物按货物适用的运价号，集装箱货物根据箱型，冷藏车货物根据车种，分别在《铁路货物运价率表》中查出适用的发到基价和运行基价。按一批办理的整车货物，运价率不同时，按其中高的运价率计算。

（4）确定计费重量。计费重量是根据运输类别、货物名称、货物种类与体积确定的。

① 整车货物运输计费重量的确定。整车货物运输时，一般按货车标记载重量计算运费，以吨为单位，1吨以下四舍五入；货物重量超过标记载重量时，按货物实际重量计费（除特殊情况另有规定外）。

② 零担货物运输计费重量的确定。按一批办理的零担货物，其最低计费重量为100千克，计费单位为10千克，不足10千克的计为10千克。若是每立方米重量不足300千克的轻泡零担货物，则按货物重量或体积折合重量择大计费，即每立方米体积折合重量300千克。

③ 集装箱货物运输计费重量的确定。集装箱货物的运费按照使用的箱数和《铁路货物运价率表》中规定的集装箱运价率计算，但危险货物集装箱、罐式集装箱、其他铁路专用集装箱的运价率，按《铁路货物运价率表》的规定分别加成30%、30%、20%计算。

运价率不同的货物在一个包装内或按总重量（或箱）托运时，按该批或该项货物中高的运价率计费。货物运单内分项填写重量的货物，应分项计费，但运价率相同时，应合并计算。

（5）核算附加费和杂费。铁路运输的附加费用主要包括电气化附加费、新路新价均摊运费和铁路建设基金。铁路货物杂费是铁路运输的货物自承运到交付的全过程中，铁路承运人向托运人、收货人提供的辅助作业、劳务，以及托运人或收货人额外占用铁路设备、使用工具、备品所发生的费用。铁路货运杂费分为货物营运杂费，延期使用运输设备、违约及委托服务杂费和占用运输设备租金 3 大类。各项杂费按从杂费率表中查出的费率与规定的计算单位相乘进行计算。

（6）核算费用总额。将上述各项费用相加，就是铁路运输费用总额。费用总额尾数不足 1 角时，按四舍五入处理。

三、远洋货物运输

远洋货物运输按照船舶的经营方式主要有班轮运输（又称定期船运输）和租船运输（又称不定期船运输）两种。

（一）班轮货运业务流程

班轮运输是指船舶在固定的航线上和港口间按事先公布的船期表航行，从事客、货运输业务并按事先公布的费率收取运费。

1. 揽货和订舱

揽货是指从事班轮运输经营的船公司为使自己所经营的班轮运输船舶能在载重量和舱容上得到充分利用，力争做到"满舱满载"，以期获得最好的经营效益而从货主那里争取货源的行为。揽货的实际成绩如何，直接影响班轮船公司的经营效益并关系着班轮经营的成败。为了揽货，班轮公司首先要为自己所经营的班轮航线、船舶挂靠的港口，及其到、发时间制定船期表，分送给已经建立起业务关系的原有客户，并在有关的航运期刊上刊载，使客户了解公司经营的班轮运输航线及船期情况，以便联系安排货运，争得货源。订舱是指托运人或其代理人向承运人，即班轮公会或它的营业所或代理机构等申请货物运输，承运人对这种申请给予承诺的行为。承运人与托运人之间不需要签订运输合同，而是以口头或订舱函电进行预约，只要船公司对这种预约给予承诺，并在舱位登记簿上登记，即表明承托双方已建立有关货物运输的关系。杂货班轮通常会在多个挂靠港进行装卸作业，因此船公司在承揽货载或接受订舱时应注意以下问题：

（1）船舶舱位的分配。船公司首先会参考过去的实际情况，预先就各装货港分别对在该航线上各船舶的舱位进行适当的分配，定出限额。各装货港的营业所、代理机构只能在所分配的船舶舱位范围内承揽货载。特殊情况下发生所分配的舱位不够或者过剩，要根据各港代理的舱位报告进行调整，以多补少，以使船舶舱位得到充分利用。

（2）订舱货物的性质、包装和重量。承运人承揽货载时，必须考虑各票货物的性质、包装和每件货物的重量及尺码等因素，因为不同种类的货物对运输和保管有不同的要求。例如，重大件货物可能会受到船舶及装卸港口的起重机械能力影响和船舶舱口尺寸的限制；忌装货物的积载问题；各港口对载运危险货物船舶所做的限制等。

（3）装卸港及过境港的法规。国际贸易货物的装货港、卸货港或过境港往往分属于不同的国家，所使用的法律或港口当局的规章和管理办法等也常不相同，例如，可能根据装货港的法规允许装船的货物，根据卸货港的法规却禁止卸货，或者对于装运某种货物的船舶禁止或限制入港。所以，在承揽货载时，应对有关国家法律和港口规章或管理办法作出充分了解。

2．装船

装船是指托运人应将其托运的货物送至码头承运船舶的船边并进行交接，然后将货物装到船上。如果船舶是在锚地或浮筒作业，托运人还应负责使用自己的或租用的驳船将货物驳运至船边办理交接后将货物装到船上，亦称直接装船。对一些特殊的货物，如危险品、冷冻货、鲜活货、贵重货多采用船舶直接装船。而在班轮运输中，为了提高装船效率，减少船舶在港停泊时间，不致延误船期，通常都采用集中装船的方式。集中装船是指由船公司在各装货港指定装船代理人，在各装货港的指定地点（通常为码头仓库）接受托运人送来的货物，办理交接手续后，将货物集中并按货物的卸货次序进行适当的分类后再进行装船。

3．卸货

卸货是指将船舶所承运的货物在卸货港从船上卸下，并在船舶交给收货人或代其收货的人和办理货物的交接手续。船公司在卸货港的代理人根据船舶发来的到港电报：一方面编制有关单证联系安排泊位和准备办理船舶进口手续，约定装卸公司，等待船舶进港后卸货；另一方面还要把船舶预定到港的时间通知收货人，以便收货人及时做好接收货物的准备工作。在班轮运输中，为了使分属于众多收货人的各种不同的货物能在船舶有限的停泊时间内迅速卸完，通常都采用集中卸货的办法，即由船公司所指定的装卸公司作为卸货代理人总揽卸货以及向收货人交付货物的工作。

卸货时，船方和装卸公司应根据载货清单和其他有关单证认真卸货，避免发生差错。然而由于众多原因难免不发生将本应在其他港口卸下的货物卸在本港，或本应在本港卸下的货物遗漏未卸的情况，通常将前者称为溢卸，后者称为短卸。溢卸和短卸统称为误卸。关于因误卸而引起的货物延迟损失或货物的损坏转让问题，一般在提单条款中都有规定，通常规定因误卸发生的补送、退运的费用由船公司负担，但对因此而造成的延迟交付或货物的损坏，船公司不负赔偿责任。如果误卸是因标志不清、不全或错误，以及因货主的过失造成的，则所有补送、退运、卸货和保管的费用都由货主承担，船公司不负任何责任。

4．交付货物

交付货物是指实际业务中船公司凭提单将货物交付给收货人的行为。具体过程是收货人将提单交给船公司在卸货港的代理人，经代理人审核无误后，签发提货单交给收货人，然后收货人再凭提货单前往码头仓库提取货物并与卸货代理人办理交接手续。交付货物的方式有仓库交付货物、船边交付货物、货主选择卸货港交付货物、变更卸货港交付货物、凭保证书交付货物等。货主选择卸货港交付货物是指货物在装船时货主尚未确定具体的卸货港，待船舶开航后再由货主选定对自己最方便或最有利的卸货港，并在这个港口卸货和交付货物。变更卸货港交付货物是指在提单上所记载的卸货港以外的其他港口卸货和交付货物。

凭保证书交付货物是指收货人无法以交出提单来换取提货单提取货物，按照一般的航运惯例，常由收货人开具保证书（保函），以保证书交换提货单，然后持提货单提取货物。为了方便，船公司及银行都印有一定格式的保证档。其作用包括凭保函交付货物、凭保函签发清洁提单、凭保函倒签预借提单等。在凭保函交付货物的情况下，收货人保证在收到提单后立即向船公司交回全套正本提单，承担应由收货人支付的运费及其他费用的责任；对因未提交提单而提取货物所产生的一切损失均承担责任，并表明对于保证内容由银行与收货人一起负连带责任。船公司同意凭保证书交付货物是为了尽快地交货，而且除了有意欺诈外，船公司可以根据保证书将因凭保证书而发生的损失转嫁给收货人或保证银行。但是，由于违反运输合同的义务，船公司对正当的提单持有人仍负有赔偿一切损失责任的风险。

关于保函的法律效力，《海牙规则》和《维斯比规则》都没有作出规定。考虑保函在海运业务中的实际意义和保护无辜的第三方的需要，《汉堡规则》第一次就保函的效力问题作出了明确的规定，保函是承运人与托运人之间的协议，不得对抗第三方；承运人与托运人之间的保函，只是在无欺骗第三方意图时才有效；如发现有意欺骗第三方，则承运人在赔偿第三方时不得享受责任限制，且保函也无效。

（二）租船货运业务流程

租船运输又称不定期船运输。它与班轮运输不同，船舶没有预定的船期表、航线和港口。船期、航线及港口均按租船人和船东双方签订的租船合同规定的条款行事。也就是说，根据租船合同，船东将船舶出租给租船人使用，以完成特定的货运任务，并按商定运价收取运费。船舶所有人是租船市场上的船舶供给方，而承租人则是船舶的需求方。借助于当今的通信技术条件，船舶所有人和承租人在展开租船业务时，绝大多数是通过电话、电传、电子邮件、传真等通信手段洽谈的。从发出询盘到签订租船合同的租船业务全过程称为"租船程序"。租船程序与国际贸易的商品交易一样，也有询盘、发盘、还盘、受盘和签订合同 5 个环节。在租船市场上，由需求船舶的租船人和提供船舶运力的船东通过租船经纪人互通情况，讨价和还价，最后成交签订合同。

1. 询盘

询盘的目的和作用是让对方知道发盘人的意向和需求的概况。承租人发出询盘的目的是以适当的洽租条件，直接或通过租船经纪人寻求合适的船舶来运输货物；船舶所有人发出询盘的目的是承揽货物运输业务。询盘的内容一般包括必须让对方知道的项目，简明扼要。

承租人询盘的主要内容包括：承租人的名称，即营业地点；货物种类、名称、数量、包装形式；装卸港口或地点、装卸费用条件；受载期及解约期；租船方式和期限；船舶类型、载重吨、船龄、船级；交船和还船地点、航行范围；希望采用的租船合同范本等。

船舶所有人询盘的主要内容包括：出租船舶的类型、船名、船籍、吨位、航行范围；船舶的各种包装状态下的积载容积；受载日期、船舶供租方式、供租期限；适载货物等。

上述内容只是一般情况，询盘人可根据实际需要、不同的租船方式及内容等作出改变。询盘阶段一般不进行具体的租船业务洽谈，主要目的是搜集运输市场对询盘内容的反映。所以，询盘又分为一般询盘和特别询盘。一般询盘具有了解市场情况的性质，多方发出询盘，以得到更多的报盘，从而获取最佳选择。特别询盘则是看准一个合适对象具体进行洽询，不向市场公开。

询盘可以向船舶经纪人或租船代理人发出，通过他们在租船市场上寻找合适的租船对象，也可直接向船舶所有人或承租人发出。

2. 发盘

发盘又称报价。承租人或船舶所有人围绕询盘中的内容，就租船涉及的主要条件答复询盘方即为"发盘"。向对方发盘也就意味着对询盘内容存在兴趣，所以在发盘时，应考虑对方接受发盘内容的可能性。

发盘的内容包括租船业务的主要条件，也构成了租船合同的基础内容，主要包括：对船舶技术规范和船舶状况的要求；租船洽谈的方式及期限；受载期及解约日；滞期和速遣条件；运费、租金及支付条件；货物种类、数量、要求的包装形式；装卸港口及航线；交还船地点、航行范围；采用的租船合同范本以及要增添或删减的条款。

由于租船合同项目很多，不可能在发盘中开列很多条款，上述的主要条件也是可变的。为了解决洽租过程中的困难，租船业务中的一方事先拟制好一个租船合同样本，等正式发盘时使用。在租船合同样本中，特定的可变项目，如船东名称、船名、货物名称、数量、装卸港口、受载期和运价等，均留待洽租时具体商定。每次洽租，首先开列上述主要租船条件，而将次要条件在对主要条件达成协议后再进行商议。

不同的发盘形式具有不同的约束力和不同的法律效力。现行的发盘形式有绝对发盘和条件发盘，习惯上也分别称之为实盘（firm offer）和虚盘（offer without engagement）。在一项发盘中写有"firm"字样的均可视为绝对发盘，它是指具有绝对成交的意图，主要条款明确肯定、完整而无保留，具有法律效力。发盘方不能撤回或更改发盘中的任何条件，接受发盘的一方也不能试图让发盘方改变条件。绝对发盘时，发盘人规定了对方接受并答复的期限，即时限。发盘人在时限内不得再向第二方作出相同内容发盘；而接受绝对发盘方要在时限结束前，就发盘中的条件给予明确答复，否则无效。时限的长短在租船业务中没有统一标准，是由发盘人决定的，主要取决于发盘方的意愿和市场的行情。长则几天，短则只有十几分钟，乃至立即答复。

条件发盘是指发盘方在发盘中对其内容附带某些"保留条件"，所列各项条件仅供双方进行磋商，接受发盘方可对发盘中的条件提出更改建议的发盘方式。在条件发盘中，没有"firm"字样，也不规定答复时限，对发盘中的各项条件达成协议之前，条件发盘双方不具约束力。因此，内容相同的条件发盘可向几个不同的接受方同时发出，就其内容进行反复的探讨和修改。一般来说，按照国际航运惯例，发盘方应遵循"先复先交易"的原则，与第一答复方洽谈。

3. 还盘

还盘是指接受发盘的一方对发盘中的一些条件提出修改，或提出自己的新条件，并向发盘人提出的工作过程。

还盘的目的在于要求对方更改对自己不利的，或合同执行上不可行的洽租条件。这时，要仔细审查对方发盘的内容，决定哪些可以接受，哪些不能接受，要进行修改和补充并逐一提出。还盘中没有涉及的对方发盘中的条件，都被认为是可以接受的条件。还盘也有虚实之分。还实盘时，对方一经接受，合同即告成立。还虚盘时，必有附带条件，这时还盘反复多次，直到双方达成协议或终止洽谈。在租船过程中，并非对所有的发盘予以还盘。如果对方的发盘完全不能接受或者可以接受的条件很少，另一方也可以采用发盘形式要求对方还盘。这表明接受最初发盘的一方不予接受对方的绝大多数条件，但仍有继续洽谈的意愿。

4. 受盘

受盘即为明确接受或确认对方所报的各项租船条件，这是租船程序的最后阶段。最后一次还实盘的全部内容被双方接受就是租船业务成交的标志，各种洽租条件对双方都具有法律约束力。

有效的受盘必须在发盘或还盘规定的时限内，且不能有保留条件，若时限已过，则欲接受的一方必须要求另一方再次确认才能生效。当发盘方放弃"保留条件"而要求对方受盘时，受盘方应确认收到的是一项不附带任何保留条件的实盘；而在发盘方要求对方先予以受盘，而后再取消保留条件情况下，受盘方为保护自己的利益，避免不必要的法律纠纷，必须规定发盘方在接受受盘后取消保留条件的时间限制。如果发盘方没有在该时间限制内正式放弃保留条件，受盘方的受盘仍不具备任何约束力。

5. 签约

正式的租船合同是在合同主要条款被双方接受后开始拟制的。受盘后，双方共同承诺的实盘中的条款已产生约束双方的效力。按照国际惯例，在条件允许的情况下，双方应签署一份"确认备忘书"，作为简式的租船合同。

确认备忘书没有固定统一的格式，一般包括以下内容：确认备忘书签订日期；船名，或可替代船舶；签约双方的名称和地址；货物名称和数量；装卸港名称及受载期；装卸费用负担责任；运费或租金率、支付方法；有关费用的分担（港口使用费、税收等）；所采用标准租船合同的名称；其他约定特殊事项；双方当事人或其代表的签字。签约可由承租人或船舶所有人自己签约，也可以授权租船代理人签约。租船代理人签约时要说明由谁授权代表当事人（承租人或船舶所有人）签约以及代理人的身份。若代理人不表明自己的身份，在发生法律问题时，则被认为是当事人，从而负有履行租船合同的法律责任。租船合同通常制作正本两份，签署后由船舶所有人和承租人双方各持一份存档备用。

四、国际航空货运

（一）国际航空货运进口流程及主要单证

1. 国际航空货物进口运输流程

航空货物从入境到提取或转运的整个过程中所需通过的环节、所需办理的手续以及必备的单证称为航空货物进口程序。它的流程如图 4 - 2 所示。

```
┌────┐   ┌────┐   ┌────┐   ┌────┐   ┌────┐   ┌────┐   ┌────┐
│到  │→  │分类│→  │到货│→  │编制│→  │报  │→  │提  │→  │费用│
│货  │   │整理│   │通知│   │单证│   │关  │   │货  │   │结算│
└────┘   └────┘   └────┘   └────┘   └────┘   └────┘   └────┘
```

图 4 - 2　进口货运流程

（1）到货。航空货物入境后就处于海关监管之下，应储存在海关监管仓内。同时，航空公司根据运单上的收货人发出到货通知。

（2）分类整理。航空货运公司在取得航空运单后，根据自己的习惯进行分类，整运货物和单票货物、运费预付和运费到付货物应区分开来。

（3）到货通知。航空货运公司向收货人寄发到货通知，催促其速办报关、提货手续。

（4）编制单证。根据运单、发票及证明货物合法进口的有关批文编制报关单，并在报关单的右下角加盖报关单位的报关专用章。

（5）报关。将制作好的报关单连同正本的货物装箱单、发票、运单等递交海关，同时向海关办理进口货物报关手续。只有在海关经过初审、审单、征税等环节后，才能对货物放行。

（6）提货。委托人可凭借盖有海关放行章的正本运单到海关监管场所提取货物并送货给收货人，收货人也可自行提货。

（7）费用结算。货主或委托人在收货时，应结清各种费用。

2．进口业务主要单证

（1）进口货物报关单。进口货物报关单与出口货物报关单格式大体相同。报关单是货物办理报关手续时的必备文件。

（2）装箱单、发票。与出口业务的装箱单、发票相同。

（3）航空运单。

（4）进口许可证。凡进口国家限制进口的商品，均需申领进口许可证。我国属于进口许可证管理的商品很多，可参阅中国海关总署公布的《实行进口许可证商品目录》。

（5）商检证明。凡进口属于法定商检的商品，均需向海关交验国家商检机构及有关检验部门出具的检验证书。

（6）其他单证。对于其他特殊货物或特殊情况应依海关规定提交不同的文件、证明、单证，如无线电管委会证明、登记手册、减免税证明、保证函、赠送函、接收函等。

（二）国际航空货运出口流程及主要单证

1．国际航空货物出口运输流程

航空货运公司从发货人手中接到货到将货物交给航空公司承运这一过程所需通过的环节、所需办理的手续以及必备的单证称为航空货物出口程序。其操作流程如图 4 - 3 所示。

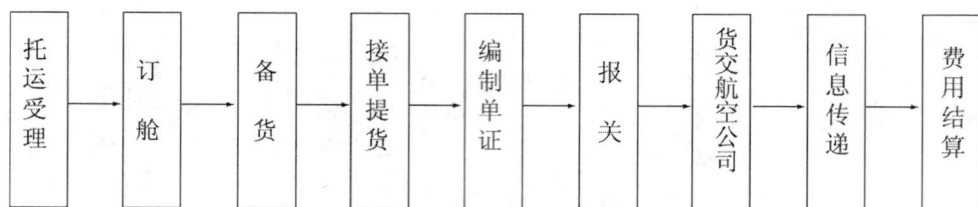

图 4 - 3　出口货运流程

（1）托运受理。托运人在货物出口地寻找合适的航空货运公司，为其代理空运订舱、报关、托运业务，航空货运公司根据自己的业务范围、服务项目等接受托运人委托。

（2）订舱。航空货运公司根据发货人的要求及货物本身的特点，填写民航部门要求的订舱单，注明货物的名称、质量、件数、体积、时间和目的港等，要求航空公司根据实际情况安排航班和舱位。

（3）备货。航空公司根据航空货运公司填写的订舱单安排航班和舱位，并由航空货运公司及时通知发货人备单、备货。

（4）接单提货。航空货运公司去发货人处提货并送至机场，同时要求发货人提供相关单证，主要有报关单证。而对于通过空运或铁路等其他运输方式从内地运往境外的出口货物，航空货运公司可按发货人提供的运单号、航班号及接货地点、接货日期代其提取货物。

（5）编制单证。航空货运公司审核托运人提供的单证，编制报关单，报海关初审。航空货运要注明收货人和发货人名称、地址、联络方法、始发及目的港，货物的名称、件数、质量、体积、包装方式等，并将收货人提供的货物随行单据订在运单后面。将制作好的运单标签粘贴或拴挂在每一件货物上。

（6）报关。持相关单证，如航空运单、报关单、装箱单、发票等到海关报关放行。海关将在报关单、运单正本、出口收汇核销单上盖放行章，并在出口产品退税的单据上盖验讫章。

（7）货交航空公司。将盖有海关放行章的航空运单正本、发票、装箱单、产地证明、品质鉴定书与货物一起交给航空公司，由其安排航空运输。航空公司验收单、货无误，在交接单上签字。

（8）信息传递。货物发出后，航空货运公司及时通知国外代理收货，并告知包括航班号、运单号、品名、数量、质量、收货人等有关资料。

（9）费用结算。航空公司向发货人收取航空运费、地面运费及各种手续费、服务费，向承运人支付航空运费并向其收取佣金，也可按协议与国外代理结算到付运费及利润分成。

2. 出口业务主要单证

（1）出口货物报关单。出口货物报关单一般由发货人自己填写。一般出口货物填写报关单一式两份，转口输出货物需要一式三份，需要由海关核销的货物增加一份，并使用专用报关单。出口货物报关单一般应注明出口收汇核销单的编号。

（2）国际货物托运书。国际货物托运书由发货人填写并由其签字盖章，该托运书需要用英文缮制出两份交给航空货运公司。

（3）装箱单及发票。装箱单上应注明货物的唛头、体积、质量、数量及品名等。发票上应注明收货人和发货人的名称、地址、货物的品名、单价、总价、原产国家等。装箱单和发票都必须由发货人签字盖章。

（4）航空运单。航空运单分为航空总运单和分运单两种，是航空运输中最重要的单据。它是承运人或代理人出具的一种运输合同，但不能作为物权凭证，是一种不可议付的单据。

（5）商检证明。出口货物的商检分为法定商检和合同商检。法定商检是国家为维护出口商品质量，而规定某些商品必须经过商检机构检验并出具检验证书；合同商检是指进口商为保证商品质量而要求出口方出具的商检证书。

商检证书是出口业务中十分重要的单证，使用范围广泛，几乎每票出口货物都需要，常见的检验证书有：质量检验证书、数量检验证书、卫生检验证书、兽医检验证书、防毒检验证书、产地检验证书等。

（6）出口许可证。凡出口国家限制出口的商品均应向出境地海关交验出口许可证。我国实行出口许可证管理的商品主要有：珍贵稀有野生动植物及其制品、文物、金银制品、精神药物、音像制品等。

（7）出口收汇核销单。出口收汇核销单由出口单位向当地外汇管理部门申领，出口报关时交出境地海关审核。核销单上需加盖外汇管理部门的"监督收汇章"和出口单位的公章。

（8）配额许可证。我国自 1979 年以来，先后与美国、加拿大、挪威、瑞典、芬兰、奥地利以及欧盟签订了双边纺织品贸易协定，这些国家对从我国进出的纺织品的数量和品种进行限制。因此，凡向上述国家出口纺织品必须向有关部门申领纺织品配额许可证。

（9）登记手册。凡以来料加二、进料加工和补偿贸易等方式出口的货物均需向海关交验《登记手册》。

五、国际多式联合运输

国际多式联合运输简称国际多式联运，是在集装箱运输的基础上产生并发展起来的新型运输方式，也是在国际货物运输中发展较快的一种综合连贯运输方式。国际多式联运以集装箱为媒介，把海上运输、铁路运输、公路运输、航空运输和内河运输等传统的单一运输方式有机结合起来，组成一体加以有效结合利用，构成一种连贯的运输过程，来完成国际的运输，实现货物的空间转移。

20 世纪 60 年代末期国际多式联运首先在美国出现后，很快受到贸易界的欢迎，并迅速发展到美洲、欧洲、亚洲的广大地区，被广泛采用。实践证明，它不仅是实现门到门运输的有效方式，而且也是发挥各种运输工具的优势、提高运输效率的重要途径。

1. 国际多式联运的概念及特征

《联合国国际货物多式联运公约》中对国际多式联运作了明确的定义："国际多式联运是按照多式联运合同，以至少两和不同的运输方式，由多式联运经营人将货物从一国境内接受货物的地点运至另一国境内指定交付货物的地点。"按照上述定义，国际多式联运应具备以下条件：

（1）必须要有一个多式联运合同，以明确承、托双方的权利、义务和豁免关系。

（2）必须使用一份包括全程的多式联运单据。

（3）必须是至少两种不同运输方式的连贯运输。

（4）必须是国际的货物运输。

（5）必须由一个多式联运经营人对全程运输负总责。

（6）必须是全程单一的运费费率。

2．国际多式联运的优越性

国际多式联运的优越性主要表现在以下几个方面：

（1）责任统一，手续简便。在多式联运方式下，不论全程运输距离有多远，不论需要使用多少不同的运输工具，也不论途中要经过多少次转换，一切运输事宜均由多式联运经营人统一负责办理。货主只要办理一次托运手续，签订一份多式联运合同，支付一笔全程单一运费，取得一份联运单据，就由多式联运经营人履行全部责任。由于责任明确、统一，一旦发生问题，也只需找多式联运经营人一个头便可以解决问题。

（2）减少中间环节，缩短运输时间，减少货损货差，保证运输质量。多式联运通常是以集装箱为媒介的直达连贯运输，货物从发货人仓库装箱验关铅封后直接运到收货人仓库交货，中途无须拆箱倒载，减少很多中间环节。即使运输过程中须经多次换装，但因使用机械装卸，不触及箱内货物，货损货差和被盗丢失短少事故大为减少，从而较好地保证了货物安全和货运质量。此外，由于是连贯运输，各个运输环节和运输方式之间密切配合，衔接紧密，货物所到之处，中转迅速及时，减少了在途停留时间，加快了运输速度，缩短货运时间。

（3）节省运杂费，降低运输成本，加速货物周转，减少利息支出。多式联运是实现门到门运输的有效方式，对货主来说，货物装箱或装上第一程运输工具后就可以凭多式联运经营人签发的联运单据向银行议付结汇，一般可提前 7～10 天结汇，从而减少利息开支。采用集装箱运输，可以节省货物包装和保险费用。此外，多式联运全程使用的是一份联运单据和单一运费，这就大大简化了制单和结算手续，节省大量人力、物力，尤其便于货方事先核算运输成本，选择合理运输路线。

3．国际多式联运的业务程序

国际多式联运的一般业务程序主要包括以下环节：

（1）接受托运申请，订立多式联运合同。多式联运经营人根据货主提出的托运申请和自己的运输路线等情况，决定是否接受货主的申请，如果接受，在双方协商有关事项后，发货人或其代理人填写场站收据，多式联运经营人在对其编号和盖章后留下货物托运联，将其他单联交还给发货人或其代理人，证明多式联运经营人接受了委托申请，多式联运合同已经订立并开始执行。

（2）空箱的发放、提取。国际多式联运中使用的集装箱一般应由经营人提供。如果双方协议由发货人自行装箱，则多式联运经营人应签发提箱单或者将租箱公司或分运人签发的提箱单交给发货人或其代理人，到指定的堆场提箱，准备装货。如果是拼箱货，则由多式联运经营人将所用空箱调运至接受货物的集装箱货运站，做好装箱准备。

（3）出口报关。出口报关事项一般应由发货人或其代理人办理，也可委托多式联运经营人代为办理。若联运从港口开始，则在港口报关；若从内陆地区开始，应在附近的内陆地海关办理报关。

（4）货物装箱及交接。由发货人自行装箱的货物，在发货人或其代理人领回空箱后，在海关人员的监管下组织装箱、加封，填写装箱单，将货物运至规定的地点。多式联运经营人验收后在场站收据正本上签章，并将其交给发货人或代理人。

拼箱货物的发货人应负责将货物送到指定的集装箱货运站，由货运站按多式联运经营人的指示装箱。多式联运经营人在货运站验收货物后在场站收据上签章，并将其交给发货人或代理人。

（5）订舱及安排货物运送。多式联运合同订立之后，经营人应制订该合同涉及的集装箱货物的运输计划，并按照运输计划洽定各区段的运输工具，与选定的各实际承运人订立各区段的分运合同。

（6）办理货物运输保险。发货人自行办理货物运输保险，或者由发货人承担费用，由多式联运经营人作为代理代办。货物运输保险可以是保全程，也可以分段投保。多式联运经营人则应投保货物责任险和集装箱保险。

（7）签发多式联运提单，组织完成货物的全程运输。多式联运经营人的代表收取货物后，经营人应向发货人签发多式联运提单，在签发提单之前，应向发货人收取全部应付运费。

在接收货物后，多式联运经营人要组织各区段实际承运人、各派出机构及代表共同协调工作，完成全程中各区段的运输和各区段之间的衔接工作。

（8）货物运输过程中的海关业务。货物运输过程中的海关业务主要包括货物及集装箱进口国的通关手续，进口国内陆段保税（海关监管）运输手续及结关等内容。如果陆上运输要通过其他国家海关和内陆运输线路时，还应包括这些国家海关的通关及保税运输手续。这些涉及海关的手续一般多由多式联运经营人的派出机构或代理办理，也可由各区段的实际承运人作为多式联运经营人的代表代为办理，由此产生的全部费用应由发货人或收货人承担。

（9）货物到达交付。货物运至目的地后，由目的地的代理通知收货人提货。收货人付清全部费用后，多式联运经营人收回提单签发提货单（交货记录），收货人凭提货单到指定的地点提取货物。如果是整箱货，收货人要在将货物取出后，将集装箱运回指定的堆场，运输合同即告终止。

任务三 运输的合理化

一、影响物流运输合理化的因素

运输合理化是指按照货物流通规律，组织货物运输，力求用最少的劳动消耗，得到最高的经济效益。也就是说，在有利于生产、市场供应、节约流通费用以及劳动力的前提下，使货物运输经过最短的里程，最少的环节，用最快的时间，以最小的损耗和最低的成本，把货物从出发地运到客户要求的地点。

由于运输是物流中最重要的功能要素之一，物流合理化在很大程度上依赖于运输合理化。运输合理化的影响因素很多，起决定性作用的有以下5方面的因素。

1. 运输距离

在运输时，运输时间、运输货损、运费、车辆或船舶周转等运输的若干技术经济指标，都与运输距离有一定比例关系。因此运输距离长短是运输是否合理的一个最基本因素。缩短运输距离既具有微观的企业效益，也具有宏观的社会效益。

2. 运输环节

每增加一次运输，不但会增加起运的运费和总运费，还会增加运输的附属活动，如装卸、包装等，各项技术经济指标也会因此下降。所以，减少运输环节，尤其是同类运输工具的环节，对合理运输有促进作用。

3. 运输工具

各种运输工具都有其使用的优势领域，对运输工具进行优化选择，按运输工具特点进行装卸运输作业，最大限度发挥所用运输工具的作用，是运输合理化的重要一环。

4. 运输时间

运输是物流工程中需要花费较多时间的环节。尤其是远程运输，在全部物流时间中，运输时间占绝大部分。所以，运输时间的缩短对整个流通时间的缩短有决定性的作用。运输时间短，有利于运输工具的加速周转、有利于充分发挥运力的作用、有利于货主资金的周转、有利于运输线路通过能力的提高，对运输合理化有很大贡献。

5. 运输费用

运费在全部物流费中占很大比例，运费高低在很大程度上决定整个物流系统的竞争能力。运输费用的降低，无论对货主企业来讲，还是对物流经营企业来讲，都是运输合理化的一个重要目标。运费的判断，也是各种合理化措施是否行之有效的最终判断依据之一。

二、不合理运输的表现

物流不合理运输是相对合理运输而言的。不合理运输是违反客观经济效果，违反商品合理流向和各种动力的合理分工，不充分利用运输工具的装载能力，环节过多的运输是导致运力紧张、流通不畅和运费增加的重要原因。不合理的运输，一般有以下几个方面：

1. 对流运输

对流运输是指同一种物资或两种能够相互替代的物资，在同一运输线或平行线上，作相对方向的运输，与相对方向路线的全部或一部分发生对流。对流运输又分两种情况：一是明显的对流运输，即在同一运输线上对流。如一方面把甲地的物资运往乙地，而另一方面又把乙地的同样物资运往甲地，产生这种情况大都是由于货主所属的地区不同、企业不同所造成的。二是隐蔽性的对流运输，即把同种物资采用不同的运输方式在平行的两条路线上，朝着相对的方向运输。

2. 倒流运输

倒流运输是指物资从产地运往销地，然后又从销地运回产地的一种回流运输现象。倒流运输有两种形式：一是同一物资由销地运回产地或转运地；二是由乙地将甲地能够生产且已消费的同种物资运往甲地，而甲地的同种物资又运往丙地。

3. 迂回运输

迂回运输是指物资运输舍近求远绕道而行的现象。物流过程中的计划不同、联结不善或调运差错都容易出现迂回现象。

4. 重复运输

重复运输是指某种物资本来可以从起运地一次直运到目的地，但由于批发机构或商业仓库设置不当，或计划不周人为地运到中途地点（如中转仓库）卸下后，又二次装运的不合理现象。重复运输增加了一道中间装卸环节，增加了装卸搬运费用，延长了商品在途时间。

5. 过远运输

过远运输是指舍近求远的运输现象，即销地本可以由距离较近的产地供应物资，却从远地采购进来；产品不是就近供应消费地，却调给较远的其他消费地，违反了近产近销的原则。而远程运输，由于某些物资的产地与销地客观上存在较远的距离，这种远程运输是合理的。

6. 运力选择不当

选择运输工具时，未能运用其优势，如弃水走陆（增加成本）、铁路和大型船舶的过近运输、运输工具承载能力不当等，都属于运力选择不当。

7. 托运方式选择不当

如可以选择整车运输却选择了零担，应当直达却选择了中转运输，应当中转却选择了直达等，都是没有选择最佳托运方式。

三、物流运输合理化的有效措施

1. 提高运输工具实载率

实载率有两个含义：一是单车实际载重与运距之乘积和标定载重与行驶里程之乘积的比率；二是车船的统计指标，即一定时期内车船实际完成的物品周转量（以吨·千米计）占车船载重吨位与行驶里程乘积的百分比。

提高实载率的意义在于：充分利用运输工具的额定能力，减少车船空驶和不满载行驶的时间，减少浪费，从而求得运输的合理化。在铁路运输中，采用整车运输、整车拼装、整车分卸及整车零卸等具体措施，都是提高实载率的有效途径。

2. 采取减少动力投入、增加运输能力的有效措施

运输的投入主要是能耗和基础设施的建设，在设施建设已定型和完成的情况下，尽量减少能源投入，是少投入的核心。做到了这一点就能大大节约运费，降低单位货物的运输成本，达到合理化的目的。这和合理化的要点是少投入、多产出，走高效益之路。国内外在这方面的有效措施如下：

（1）拖排和拖带法。利用竹、木本身浮力，采取拖带法运输，可省去运输工具本身的动力消耗从而求得合理。

（2）顶推法。顶推法是指将内河船舶编成一定队形，由机动船顶推前进的航行。我国内河货运采取这种方法，优点是航行阻力小，顶推量大，速度较快，运输成本很低。

（3）汽车列车。汽车列车的原理和船舶拖带、火车加挂基本相同，都是在充分利用动

力能力的基础上，增加运输能力。

（4）大吨位汽车。在运量比较大的路线上，采用大吨位汽车进行运输，比小吨位汽车进行运输能够有相当大的节约。

3．直达运输

直达运输是指越过商业物资仓库环节或铁路交通中转环节，把货物从产地或起运地直接运到销地或客户，减少中间环节的一种运输方式。直达运输是追求运输合理化的重要形式。其对合理化的追求要点是：通过减少中转过载换装，从而提高运输速度，节省装卸费用，降低中转货损。

4．配载运输

配载运输是指充分利用运输工具载重量和容积，合理安放装载的货物及载运方法以求得合理化的一种运输方式。配载运输也是提高运输工具实载率的一种有效形式，其主要的方法有以下几种：

（1）实行解体运输。对一些体大笨重、不易装卸又容易碰撞致损的货物可将其拆卸装车，分别包装，以缩小所占空间，并易于装卸和搬运，以提高运输装载效率。

（2）组织轻重装配。这是指把实重货物和轻泡货物组装在一起，既可充分利用车船装载容积，又能达到装载重量，以提高运输工具的使用率。

（3）改进堆码方法。根据车船的货位情况和不同货物的包装形状，采取各种有效的堆码方法以提高运输效率。当然，推进物品包装的标准化，逐步实行单元化、托盘化，是提高车船装载技术的一个重要条件。

5．发展特殊运输技术和运输工具

依靠科技进步是运输合理化的重要途径。集装箱船比船舶能容纳更多的箱体，集装箱高速直达车船加快了运输速度等，都是通过采用先进的科学技术实现合理化。例如：专用散装及罐车，解决了粉状、液状物运输损耗大，安全性差等问题；袋鼠式车皮、大型半挂车解决了大型设备整体运输问题；"滚装船"解决了车载货的运输问题。有不少产品，由于产品本身形态及特性问题，很难实现运输的合理化，如果进行适当加工，就能够有效解决合理运输问题。例如，将造纸材料在产地预先加工成干纸浆，然后压缩体积运输，就能解决造纸材料运输不满载的问题。轻质产品预先捆紧包装成规定尺寸，装车就容易提高装载量；水产品及肉类预先冷冻，就可提高车辆装载率并降低运输损耗。

6．发展社会化运输体系

运输社会化是指发展运输的大生产优势，实行专业分工，打破一家一户自成运输体系的状况。实行运输社会化，可以统一安排运输工具，避免对流、倒流、空驶、运力不当等多种不合理形式，不但可以追求组织效益，而且可以追求规模效益。

社会化运输体系中，各种联运方式水平较高。联运方式充分利用面向社会的各种运输系统，通过协议进行一票到底的运输，有效打破一家一户的小生产作业，受到广泛欢迎。

新经济提供的信息技术、网络技术、物流机械装备的大规模技术、自动化技术等，已经使构成物流的运输活动发生了很大的变化，形成了新的发展趋势：运输从物流的主导地位变成现代物流的支撑因素；随着全球经济一体化的进程，运输的空间距离将被拉大，承担大量运输的远洋海运和承担多品种、少批量、多批次的长距离空中快运两类运输形式的比重将有比较大的增长；无论在基础平台建设方面还是在运行方面，会出现一体化的趋势。

7. "四就"直拨运输

这种方式是指物流经理在组织货物调运的过程中，以当地生产或外地到达的货物不运进批发仓库，采取直拨的办法，把货物直接分拨给市内基层批发、零售店或用户，从而减少一道中间环节。"四就"直拨，首先是由管理机构预先筹划，然后就厂、就站（码头）、就库、就车（船）将货物分送给用户，而无须再入库。运用直拨的办法，把货物直接分给基层批发、零售中间环节，这种方式可以减少一道中间环节，在时间与各方面收到双重的经济效益。

8. 推进综合一贯制运输

综合一贯制运输，即卡车承担末端输送的复合一贯制运输，是复合一贯制运输的主要形式，在一般情况下两者是等同的。综合一贯制运输是把卡车的机动灵活和铁路、海运的成本低廉以及飞机的快速的特点组合起来完成门到门的运输，是通过优势互补，实现运输的效率化、低廉化，缩短运输时间的运输方式。

在复合运输中发货单位发货时，只要在起始地一次办理好运输手续，收货方在指定到达站即可提取运达的商品，它具有一次起标、手续简便、全程负责的好处。

9. 实施托盘化运输

托盘化运输是指利用托盘作为单元载货运输的一种方法，其关键在于全程托盘化，即一贯托盘化运输。一贯托盘化对于货主、运输业、社会均有很大好处。

实训活动

【实训目的】

熟悉铁路货物运输托运和承运过程；掌握各个流程中作业项目的内容；熟悉货物运输运费的计算。

【实训内容】

模拟某企业委托中铁快运托运一批产品原料。

【实训步骤】

1. 填写运单、货票。
2. 签订货运合同。
3. 接受并检查货物。
4. 过磅及运费的计算。
5. 货物入库堆码。

巩固练习

1. 运输的形式有哪些，影响运输市场的因素是什么？
2. 简述公路零担货运和整车货运的业务流程什么不同。
3. 简述铁路货运的运费计算方式。
4. 国际航空货运进出口需要哪些主要单证？
5. 影响物流运输合理化的因素有哪些，如何使运输合理化？

项目五　配送管理

学习目标

1. 了解物流配送的概念、特点及分类。
2. 掌握配送中心的选址规划。
3. 熟悉物流配送中心的作业管理。
4. 掌握配送车辆的合理调度及配装。

情景导入

美国鞋业巨头 Skechers 公司斥资 2.5 亿美元在莫雷诺谷打造中心长半英里（1 英里=1 609.344 米）、宽 0.25 英里，中心配备各输送机、分拣机及其他设备的新配送中心。据统计，这里每小时设计出多达 2 万多双的鞋子。

比利时南部管理配送业务运营的全球配送高级副总裁保罗（Paul Galliher）解释道，总部在曼哈顿、拥有 20 年历史的 Skechers 公司选择在莫雷诺谷设立配送中心的原因之一是：莫雷诺谷有足够的可用面积以容纳这样大规模的工程。

首席执行官迈克尔—格林伯格（Michael Greenberg）称，配送中心位于雷德兹大道和西奥多街之间的公路的南侧，这一有利地理位置能使 Skechers 持续成长，既简化了运营操作，也减少对环境的影响。

（《美国鞋业巨头 Skechers 公司建立庞大配送中心》，搜鞋网，
http://www.soxu.cn/news/066336774824.html）

讨论与思考：
配送中心的选址需要考虑哪些因素？

任务一　配送的认知

一、配送的概念

"配送"这个词汇来自日本原词，《日本工业标准（JIS）物流用语》中将配送定义为"将货物从物流据点送交给收货人"。

《中国物流术语》将配送定义为："在经济合理区域范围内，按用户订货要求，对物品进行拣选、加工、包装、分割、组配等作业，并按时送达指定地点的物流活动。"一般来说，配送是在整个物流过程中的一种既包括集货、储存、拣货、配货、装货等一系列狭义

107

的物流活动，也包括输送、送达、验货等以送货上门为目的的商业活动。它是商流与物流紧密结合的一种特殊的综合性供应链环节，也是物流过程的关键环节。由于配送直接面对消费者，最直观地反映了供应链的服务水平，所以，配送"在恰当的时间、地点，将恰当的商品提供给恰当的消费者"的同时，也应将优质的服务传递给客户。配送作为供应链的末端环节和市场营销的辅助手段，日益受到重视。根据配送的定义可以从以下几方面理解配送：

（1）配送的实质是从物流终点至用户的一种特殊送货形式，它区别于一般送货，是一种"中转"形式。一般送货通常具有偶然性的特点，而配送则具有经常性和固定性，是有确定组织和确定渠道、有一套装备和管理力量及一套制度的体制形式的。

（2）配送的产生与发展既是社会分工进一步细化的结果，又是社会化大生产发展的要求。社会分工的细化使企业内部在追求组织机构的优化与重组的同时，开始寻求专业的物流服务，形成对配送服务的需求。

（3）配送是最终的资源配置，最接近顾客。它一头连接着物流系统的业务环节，一头连接着消费者，直接面对服务对象各种不同的服务需求。配送质量及其服务水准，最直观而又具体地反映了物流系统对市场需求的满足程度。

（4）配送是以用户要求为出发点的。配送定义中强调了"按用户订货要求"，明确了用户的主导地位。配送是从用户利益出发，按用户要求进行的一种活动，因此在观念上必须明确配送企业的地位是服务地位而不是主导地位，配送企业应从用户利益出发，在满足用户利益基础上取得自身利益，即做到"用户至上""质量为本"。更重要的是，配送企业不能利用配送损伤或控制用户，更不能利用配送谋求部门分割、行业分割和市场割据。

二、配送的分类

为满足不同产品、不同企业、不同流通环境的要求，可以采用各种形式的配送。配送的种类可划分如下：

（一）按配送主体的不同分类

1. 配送中心配送

专职配送的配送中心，规模较大，有的配送中心需要储存各种商品，储存量也比较大。有的配送中心储存量较小，货源依靠附近的仓库补充。配送中心专业性较强，和客户有固定的配送关系，一般实行计划配送，需配送的商品有一定的库存量，一般情况很少超越自己的经营范围。配送中心的设施及工艺流程是根据配送需要专门设计的，所以配送能力强，配送距离较远，配送品种多，配送数量大。配送中心承担工业生产用主要物资的配送及向配送商店实行补充性配送等，配送中心配送是配送的重要形式。

从实施配送较为普遍的国家看，配送中心配送是配送的主体形式，不但在数量上占主要部分，而且是某些小配送单位的总据点，因而发展较快。配送中心配送覆盖面较宽，配送规模大。因此，必须有配套的大规模配送设施，如配送中心建筑、车辆、路线等，这些设施一旦建成便很难改变，灵活机动性较差，投资较高，在实施配送时难以一下大量建设配送中心。因此，这种配送形式有一定的局限性。

2．仓库配送

仓库配送是以一般仓库为据点进行的配送形式。它可以把仓库完全改造成配送中心，也可以以仓库原功能为主，在保持原功能的前提下，增加一部分配送职能。由于不是专门按配送中心要求设计和建立的，所以，仓库配送规模较小，配送的专业化程度低。但它可以利用原仓库的储存设施及能力、收发货场地、交通运输线路等，开展中等规模的配送，并且可以充分利用现有条件而不需要大量投资。

3．商店配送

商店配送的主体是商业或物资的门市网点，这些网点主要承担商品的零售，规模一般不大，但经营品种较齐全。除日常零售业务外，还可根据客户的要求将商店经营的品种配齐，或代客户订购一部分本商店平时不经营的商品，然后和商店经营的品种一起配齐送给客户。商店配送组织者实力有限，往往只是小量、零星商品的配送。这种配送是配送中心配送的辅助及补充。商店配送有以下两种形式。

（1）兼营配送形式。商店在进行一般销售的同时兼行配送的职能。商店的备货可用于日常销售及配送，因此，有较强的机动性，可以将日常销售与配送相结合，互为补充。这种形式在一定铺面条件下，可取得更多的销售额。

（2）专营配送形式。商店不进行零售销售而专门进行配送。一般情况是商店位置条件不好，不适于门市销售而又具有某方面经营优势及渠道优势，可采取这种方式。

4．生产企业配送

生产企业配送是生产企业（尤其是进行多品种的生产企业）直接由本企业进行配送而无须再将产品发运到配送中心进行配送的一种形式。生产企业配送由于避免了一次物流中转，所以具有一定优势。但是生产企业（尤其是现代生产企业）往往是进行大批量低成本生产，品种较单一，因而不能像配送中心那样依靠产品凑整运输取得优势，实际上生产企业配送不是配送的主体。

生产企业配送在地方性较强的产品生产企业中应用较多，如就地生产、就地消费的食品、饮料、百货等。在生产资料方面，某些不适于中转的化工产品及地方建材也可采取这种方式。

（二）按配送主体所处的行业分类

1．制造业配送

制造业配送是围绕制造业企业所进行的原材料、零部件的供应配送，各生产工序上的生产配送以及企业为销售产品而进行的对客户的销售配送。制造业配送由供应配送、生产配送和销售配送3部分组成，各个部分在客户需求信息的驱动下连成一体，通过各自的职能分工与合作，贯穿于整个制造业配送中。

2．农业配送

农业配送是一种特殊的、综合的农业物流活动，是在农业生产资料、农产品的送货基础上发展起来的。农业配送是指在与农业相关的经济合理区域范围内，根据客户要求，对农业生产资料、农产品进行分拣、加工、包装、分割、组配等作业，并按时送达指定地点的农业物流活动。

3. 商业配送

商业企业的主体包括批发企业和零售企业，两者对于配送的理解、要求、管理等都不相同。批发企业配送的客户不是流通环节的终点消费者，而是零售商业企业。因此，批发商业企业必然要求配送系统不断满足其零售客户多批次、少批量的订货及流通加工等方面的需求。而对于零售企业来说，其配送的客户是流通环节终点的各类消费者。因此：一方面，由于经营场所的面积有限，他们希望上游供应商（包括批发企业）能向其提供小批量的商品配送；另一方面，为了满足各种不同客户的需要，他们又都希望尽可能多地配备商品种类。

4. 物流企业配送

物流企业是专门从事物流活动的企业，他们根据所服务客户的需求，为客户提供配送支持服务。现在，比较常见的物流企业配送形式是快递业提供的到门物流服务。

（三）按配送商品特征的不同分类

1. 单品种、大批量配送

工业企业需要量较大的商品，单独一个品种或几个品种就可达到较大输送量，可实行整车运输，这种商品往往不需要再与其他商品搭配，可由专业性很强的配送中心实行这种配送。由于配送量大，可使车辆满载并使用大吨位车辆。配送中心内部设置、组织、计划等工作也较简单，因此配送成本较低。如果从生产企业将这种商品直接运抵客户，同时又不致使客户库存效益下降，采用直送方式往往具有更好的效果。

2. 多品种、少批量配送

多品种、少批量配送是按客户要求，将所需的各种物品（每种需要量不大）配备齐全，凑整装车后由配送据点送达客户。这种配送作业水平要求高，配送中心设备复杂，配货送货计划难度大，必须有高水平的组织工作来保证。因此，这是一种高水平、高技术的配送方式。多品种、少批量配送也正符合了现代"消费多样化""需求多样化"的新观念，是许多发达国家推崇的方式。

3. 配套成套配送

配套成套配送是按企业生产需要，尤其是装配型企业的生产需要，将生产每一台设备所需的全部零部件配齐，然后按生产节奏定时送达生产企业，生产企业随即可将此成套零部件送入生产线装配产品。在这种配送方式中，配送企业承担了生产企业大部分的供应工作，这样可以使生产企业专注于生产，与多品种、少批量配送效果相同。

（四）按配送时间和数量的不同分类

1. 定时配送

定时配送是指按规定时间间隔进行配送，如数天或数小时一次等，每次配送的品种及数量可按计划执行，也可在配送之前以商定的联络方式（如电话、计算机终端输入等）通知配送品种及数量。这种配送方式时间固定，易于安排工作计划、易于计划使用车辆，对客户来讲，也易于安排接货力量（如人员、设备等）。但是，由于配送物品种类经常变化，配货、装货难度较大，在要求配送数量的变化较大时，也会使配送运力安排出现困难。定时配送包括日配、隔日配送、周配送、旬配送、月配送、准时配送等。下面介绍其中两种比较重要的具体形式。

（1）日配（当日配送）。日配是定时配送中实行较广泛的方式，尤其在城市内的配送，日配占了绝大多数比例。日配的时间要求大体上是：上午的配送订货下午送达，下午的配送订货第二天早上送达，送达时间在订货的 24 小时之内，或者是客户下午的需要保证上午送到，上午的需要保证前一天下午送到，在实际投入使用前 24 小时之内送达。日配方式广泛而稳定地开展，就可使客户基本上无须保持库存，即不以传统库存作为生产或销售经营的保证，而以日配方式实现这一保证。

日配方式特别适合以下情况：

① 消费者追求新鲜的诸种食品，如水果、点心、肉类、蛋类、蔬菜等。

② 客户是多个小型商店，追求周转快，随进随售，因而需要采取日配形式快速周转。

③ 由于受客户条件的限制，不可能保持较长时期的库存，如已采用零库存方式的生产企业，"黄金宝地"位置的商店以及缺乏储存设施（如冷冻设施）的客户。

④ 临时出现的需求。

（2）准时配送。这是使配送供货与生产企业生产保持同步的一种方式。这种方式比日配方式和一般定时方式更为精细准确，配送每天至少一次，甚至几次，以保证企业生产的不间断。这种方式追求的是供货时间恰好是客户生产所用之时，从而货物不需要在客户仓库中停留，而可直接运往生产场地。它和日配方式比较，连"暂存"这种方式也可取消，绝对地实现零库存。准时配送要求有高水平的配送系统来实施。由于要求反应迅速，因而不大可能对多个客户进行周密的共同配送计划。这种方式适合装配型的重复大量生产的客户，这种客户所需配送的物资是重复、大量且无大变化的，因而往往是一对一的配送，即使时间要求可以允许不那么精确，也难以集中多个客户的需求实行共同配送。

2．定量配送

定量配送是按规定的批量在一个指定的时间范围内进行配送。这种方式数量固定，备货工作较为简单，可以按托盘、集装箱及车辆的装载能力规定配送的定量，能有效利用托盘、集装箱等集装方式，也可做到整车配送，配送效率较高。由于时间不严格限定，可以将不同客户所需物品凑整装车后配送。对客户来讲，每次接货都处理同等数量的货物，有利于人力、物力的准备。

3．定时定量配送

定时定量配送是按照规定配送时间和配送数量进行配送。这种方式兼有定时、定量两种方式的优点，但特殊性强，计划难度大，适合采用的对象不多，并不是一种普遍的方式。

4．定时定路线配送

定时定路线配送是在规定的运行路线上制定到达时间表，按运行时间表进行配送，客户可按规定路线及规定时间接货及提出配送要求。采用这种方式有利于安排车辆及驾驶人员。在配送客户较多的地区，也可免去过分复杂的配送要求所造成的配送组织工作及车辆安排的困难。对客户来讲，既可对一定路线、一定时间进行选择，又可有计划地安排接货力量。但这种方式的应用领域也是有限的。

5．即时配送

即时配送是完全按客户突然提出的配送要求的时间和数量随即进行配送的方式，是具有较高灵活性的一种应急方式。采用这种方式的品种可以实现保险储备的零库存，即用即时配送代替保险储备。

（五）按经营形式不同分类

1．销售配送

销售配送是销售性企业作为锗售战略一环所进行的促销型配送。这种方式的配送对象往往是不固定的，客户也往往是不固定的，配送对象和客户依据对市场的占有情况而定，配送的经营状况也取决于市场状况，配送随机性较强而计划性较差。各种类型的商店配送一般多属于销售配送。用配送方式进行销售是扩大销售数量、扩大市场占有率、获得更多销售收益的重要方式。由于是在送货服务前提下进行的活动，因此也受到客户的欢迎。

2．供应配送

供应配送是客户为了自己的供应需要所采取的配送形式，往往由客户或客户集团组建配送据点，集中组织大批量进货（取得批量优惠），然后向本企业配送或向本企业集团的若干企业配送。这种以配送形式组织对本企业的供应在大型企业或企业集团或联合公司中采用较多，例如，商业中广泛采用的连锁商店就常常采用这种方式。用配送方式进行供应，是保证供应水平、提高供应能力、降低供应成本的重要方式。

3．销售—供应一体化配送

销售企业对于基本固定的客户和基本确定的配送产品可以在自己销售的同时承担客户有计划的供应者的职能，既是销售者同时又是客户的供应代理人。对某些客户来讲，就可以减除自己的供应机构，而委托销售者代理。

这种配送对销售者来讲，能获得稳定的用户和销售渠道，有利于本身的稳定持续发展，有利于扩大销售数量。对于客户来讲，能获得稳定的供应，可大大节约本身为组织供应所耗用的人力、物力、财力，销售者能有效控制进货渠道，这是任何企业供应机构难以做到的，因而对供应保证程度可大大提高。销售—供应一体化配送是配送经营中的重要形式，这种形式有利于形成稳定的供需关系，有利于采取先进的计划手段和技术手段，有利于保持流通渠道的畅通稳定，因而受到人们的欢迎。

4．代存代供配送

代存代供配送是用户将属于自己的货物委托配送给企业代存、代供，有时还委托代订，然后组织配送的一种形式。这种配送在实施时不发生商品所有权的转移，配送企业只是客户的委托代理人。商品所有权在配送前后都属于客户所有，所发生的仅是商品物理位置的转移。配送企业仅从代存、代送中获取收益，而不能获得商品销售的经营收益。

（六）按加工程度不同分类

1. 加工配送

加工配送是和流通加工相结合的配送，在配送据点中设置流通加工环节，或是流通加工中心与配送中心建立在一起。当社会上现成的产品不能满足客户需要，即客户根据本身工艺要求需要使用经过某种初加工的产品时，配送企业可以在加工后通过分拣、配货再送货到户。流通加工与配送相结合，使流通加工更具针对性，减少了盲目性。配送企业不但可以依靠送货服务、销售经营取得收益，还可通过加工增值取得收益。

2. 集疏配送

集疏配送是只改变产品数量组成形态而不改变产品本身物理、化学形态的与干线运输相配合的配送方式。如大批量进货后，小批量、多批次发货，零星集货后以一定批量送货等。

（七）按配送企业专业化程度分类

1. 综合配送

综合配送是配送商品种类较多，不同专业领域的产品在一个配送网点中组织对客户的配送。这类配送由于综合性较强，故称之为综合配送。综合配送可减少客户为组织所需全部物资进货的负担，只需和少数配送企业联系，便可解决多种需求。因此，它是对客户服务意识较强的配送形式。

综合配送的局限性在于，由于产品性能、形状差别很大，在组织时技术难度较大。因此，一般只是在性状相同或相近的不同类产品方面实行综合配送，差别过大的产品难以综合化。

2. 专业配送

专业配送是按产品性状不同适当划分专业领域的配送方式。专业配送并非越细分越好，实际上同一性状而类别不同的产品也是有一定综合性的。专业配送的主要优势是可按专业的共同要求优化配送设施，优选配送机械及配送车辆，制定适用性强的配送流程，从而大大提高配送各环节的工作效率。

三、配送的合理化

配送通过现代物流技术的应用来实现商品的集货、储存、分拣和输送，因此，配送过程集成了多种现代物流技术。建立现代化的高效率的配送系统，必须以信息技术和自动化技术等先进技术为手段，以良好的交通设施为基础，不断优化配送方式，实现配送的合理化。下面是一些实现配送和理化的常用做法。

1. 实现共同配送

共同配送其实质就是在同一个地区，许多企业在物流运作中相互配合，联合运作，共同进行理货、送货等活动的一种组织形式。共同配送有利于克服不同企业之间的重复配送或交错配送，提高车辆使用效益，减少城市交通拥挤和环境污染。因此，实现共同配送，将带来良好的社会效益和经济效益。

2．实现区域配送

配送的区域扩大化趋势突破了一个城市的范围，发展为区间、省间，甚至是跨国的更大范围的配送，即配送范围向周边地区、全国乃至全世界辐射。配送区域扩大化趋势将进一步带动国际物流，使配送业务向国际化方向发展。

3．推行准时配送系统

准时配送是配送合理化的重要内容。配送做到了准时，用户才有资源把握，可以放心地实施低库存或零库存，可以有效地安排接货的人力、物力，以追求最高效率的工作。另外，保证供应能力，也取决于准时供应。

4．推行加工配送

通过加工和配送结合，充分利用本来应有的中转，而不增加新的中转求得配送合理化。同时，加工借助于配送，加工目的更明确，和用户联系更紧密，更避免了盲目性。这两者有机结合，投入不增加太多却可追求两个优势、两个效益，是配送合理化的重要经验。

5．推行即时配送

即时配送是最终解决用户企业所担心的供应间断问题，是配送企业快速反应能力的具体化，是配送企业能力的体现，可以发挥物流系统的综合效益。

6．实行产地直送配送

配送产地直送化将有效地缩短流通渠道，优化物流过程，大幅度降低物流成本。特别是对于批量大、需求量稳定的货物，产地直送的优势将更加明显。

7．实现配送的信息化

配送信息化就是直接利用计算机网络技术重新构筑配送系统。例如，利用计算机技术，建立计算机辅助送货系统、辅助配货系统、辅助分拣系统、辅助调度系统和辅助选址系统等。信息化是其他先进物流技术在配送领域应用的基础。

8．实现配送的自动化

配送作业的自动化突破了体力劳动和手工劳动的传统模式，出现了大量自动化程度相当高的所谓无人立体仓库，采用了诸如自动装卸机、自动分拣机、无人取货系统和搬运系统等自动化物流设施，提高了配送效率。

9．实现配送的条码化、数字化以及组合化

为适应配送信息化和自动化的要求，条码技术在配送作业中得到了广泛应用，将所有的配送货物贴上标准条码，同时尽可能归并为易于自动机械装卸的组合化货物单元，利用这些技术可以使分拣、配货的速度大幅度提高。

10．提倡多种配送方式最优组合

每一配送方式都有其优点，多种配送方式和手段的最优化组合，将有效地解决配送过程、配送对象、配送手段的复杂问题，求得配送效益最大化。

11．实行送取结合

配送企业与用户建立稳定的协作关系，配送企业不仅成为用户的供应代理人，而且承担用户储存据点，甚至成为产品代销人。在配送时，将用户所需的物资送到，再将此用户生产的产品用同一车运回，这种产品也成了配送中心的配送产品之一，或者作为代存代储，

这种送取结合，使双方受益。

在实现配送合理化的过程中要时刻观察和克服配送不合理的现象，这些不合理表现在经营观念、配送决策、库存决策、送货运输、各种资源的配置上等。

任务二　配送中心的管理

一、配送中心的概念

配送中心是指作为从事配送业务的物流场所或组织，接受生产厂家等供货商多品种的商品，按照多家需求商的订货要求，迅速、准确、低成本、高效率地将商品配送到需求场所的物流结点设施。配送中心就是从事商品配备（集货、加工、分货、拣选、配货）和组织对用户的送货，以高水平实现销售和供应服务的现代流通设施。配送中心是基于物流合理化和发展市场两个需要而发展的，是以组织配送销售和供应，执行实物配送为主要功能的流通型物流结点。它很好地解决了用户多样化需求和厂商大批量专业化生产的矛盾，因此，逐渐成为现代化物流的标志。

配送中心可以看成流通仓库，但绝不能看成保管型仓库。物流中心的主要功能是加快商品周转，提高流通效率，满足客户对物流的高度化需求。而保管型仓库主要是为了商品的储存和保管。配送中心是物流中心的一种主要形式，但在物流运作中，我们时常将配送中心和物流中心相混淆，而感到彼此难以区分，表 5-1 列出了配送中心、保管仓库、物流中心的区别。

表 5-1　配送中心与保管仓库、物流中心的比较

项　目	配送中心	保管仓库	物流中心
服务对象	特定用户	特定用户	面向社会
主要功能	各项配送功能	物资保管	各项物流功能
经营特点	配送为主，储存为辅	库房管理	强大的储存、吞吐能力
配送品种	多品种	—	品种少
配送批量	小批量	—	大批量
辐射范围	辐射范围小	辐射范围小	辐射范围大
保管空间	保管空间与其他功能各占一半	全是保管空间	—

二、配送中心作业流程

由于货物特性不同，配送服务形态多种多样，配送作业流程也不尽相同。一般来说，随着商品日益丰富，消费需求日趋个性化、多样化，多品种、少批量、多批次、多用户的配送服务方式最能有效地通过配送服务实现流通终端的资源配置，是当今最具时代特色的

配送活动形式。这种形式的配送活动服务对象繁多，配送作业流程复杂，将这种配送活动作业流程确定为通用、标准流程更具代表性，即把工艺流程较为复杂、具有典型性的多品种、少批量、多批次、多用户的货物配送流程确定为一般的、通用的、标准的配送业务流程。配送的基本业务流程如图 5-1 所示。

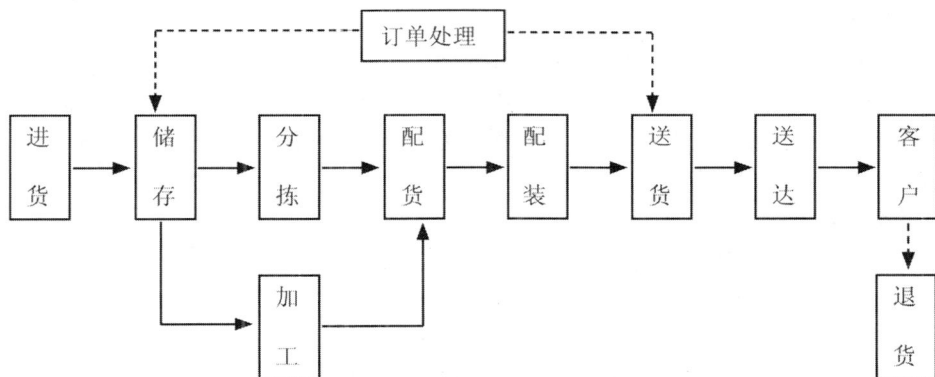

图5-1　配送的基本业务流程

1. 进货

进货是配送的准备工作，是配送机构根据客户的要求从供应商处集中商品的过程，包括筹集货源、订货或购货、有关的质量检查、结算和交接等。配送的优势之一，就是可以集中用户的需求进行一定规模的进货。进货是决定配送成败的初期工作，如果进货成本太高，会大大降低配送的效益。

2. 储存

储存是配送的一项重要内容，也是配送区别于一般送货的重要标志。配送中的储存有储备和暂存两种形态。储备是安一定时期配送规模要求的合理的储存数量，它形成了配送的资源保证；暂存是在进行配送过程中，为方便作业、在理货场所进行的货物储存。一般来说，储备的结构相对稳定，而暂存的结构易于变化；储备的时间相对较长，而暂存的时间较短。配送中心作为货物的集散中心，服务对象众多、服务范围也很大，储存是必不可少的基本功能。

3. 分拣及配货

为了满足客户对商品不同种类、不同规格、不同数量的需求，配送中心必须按照配装和送货要求进行分拣货物，并按计划理货。分拣是对货物按照进货和配送的先后次序、品种规格和数量大小等所进行的整理工作，是保证配送质量的一项基础作业，也是完善送货、支持送货的准备性工作。配货是依据用户的不同要求，从仓库中提取货物而形成的不同货物的组合。用户对商品的需求是多元化的，配送中心必须对货物进行组合、优化，合理选用运输工具，方便配送工作，满足用户需求。

4. 配装

配装指根据运能及线路，充分利用运输工具如汽车、火车等的载重量和运输容积，采用先进的装载方法，合理安排货物的装载，形成的货物装配组合。在配送中心的作业流程中安排配装，把多个用户的货物或同一用户的多种货物合理地装载于同一辆车上，不但能降低送货成本，提高企业的经济效益，而且可以减少交通流量，改善交通拥挤状况。为了满足用户的要求，提高配送效率，关键是要充分利用科学的管理方式以及先进的科学技术等，以实现分拣、配货及配装的有效衔接和组合。

5. 送货运输

送货运输是借助运输工具等将装配好的货物送达目的地的一种运输活动，属于末端运输。要提高送货的效率，需要科学合理地规划和确立配送据点的地理位置。就一次送货过程而言，不仅要考虑客户的要求，而且要考虑送达的目的地、运输线路、运输时间以及运输工具等。

6. 送达服务

送达服务是将货物送达目的地后，将货物交付给用户的一种活动，是一项配送活动的结束性工作。交货人员应向用户办理有关的交接手续，有效地、便捷地处理相关手续并完成结算。而快捷方便的交接手续是提高效率的关键。

配送作业过程的 6 个环节紧密连接、相互促进和相互制约。因此，高配送效率及提高客户的满意度，就应有效地处理好这些环节之间的衔接关系，特别是要处理好作业过程中的 3 个关键环节——储存、分拣和送货运输。

三、配送中心作业管理

（一）进货作业安排

1. 进货作业考虑的因素

为了设计一个实用的配送中心，在安排进货作业以前应该考虑所有相关的影响因素，以便统筹规划。在进货方面主要应考虑以下几个因素：

（1）进货对象及供应厂商的总数、地理分布、交通运输情况。

（2）商品种类与数量。

（3）进货车种与车辆台数。

（4）每一车的卸货和进货的时间。

（5）商品的形状和特征（如散货、单元尺寸和重量、包装形式、有无危险性、托盘堆放的可能性、人工搬运或机械搬运和产品的保存期等）。

（6）进货所需的工作人员数。

（7）配合储存作业的处理方式。

（8）进货时间中车辆数的调查。

所谓配合储存作业的处理方式，即物流配送中心储存货物有托盘、箱子和小包 3 种形式。货车进货时同样也有这 3 种形式。因此，如何联结进货与储存之间对应的货品的 3 种形式的转换是很重要的。通常，有以下 3 种转换形式：第一种方式是进货与储存都是以同一种形式为单位，即进货时的托盘、箱子和小包都是原封不动的转入储存区。这样进货输送机可以直接把货品运到储存区；第二种方式是进货是托盘、箱子的形式，而储存要求是

117

小包和箱子的形式，这样必须在进货点把托盘或箱子拆装之后以小包的形式放在输送机上，再送至储存区；第三种方式是当进货是小包或箱子的形式，而储存要求是托盘形式的时候，则必须首先把小包或箱子堆放在托盘上，或把小包放入箱子之后再储存。

2. 确定进货目标

在进货作业流程中，要掌握货物的到达日期、品种和数量。确定进货目标的内容一般包括以下几个方面：

（1）尽可能准确地预测送货车的到达日程。
（2）配合停泊信息协调进出货车的交通问题。
（3）为了方便卸货及搬运，计划好货车的停靠位置。
（4）预先计划好临时存放位置。

3. 安排进货流程

为了安全有效地卸货和物流配送中心能按期正确收货，安排进货流程要注意以下几个方面：

（1）要求配送车司机卸货，以减少公司作业人员，并保证卸货作业正常进行。
（2）为节省空间，力求在一个工作站进行多品种卸货作业。
（3）尽可能平衡停泊码头或车站的配车调用（例如，按进出货需求的状况制定配车排程，或分散安排部分耗时的进货作业，尽量避开进货高峰期）。
（4）把码头、月台到存储区的活动尽量设计为直线流动，并使距离最小。
（5）在进货高峰期使货品能维持正常速率的移动。
（6）尽量使用同样的容器，节省更换容器的时间。
（7）详细记录进货资料，以备后续存取及查询工作的需要。
（8）在进出货期间尽量减少不必要的货品搬运及储存。

（二）货物编码

1. 货物编码的原则

（1）简易性。编码结构应尽量简单，长度尽量短，这不仅便于记忆，更可以节省机器存储空间，减少代码处理中的差错，提高信息处理效率。
（2）完全性。每一种货物都有一种代码表示。
（3）单一性。每一个编码只对应一种货物。
（4）一贯性。编码要统一，有连贯性。
（5）充足性。采用的文字、记号或数字应足够用来编码。
（6）可扩充性。为未来货物的扩展及产品规格的增加留有扩充的余地，使其可因需而自由延伸，或随时从中插入。
（7）组织性。编码应有组织生，以便存档或盘找账卡及相关资料。
（8）适应性。编码应尽可能反映商品的特点，易于记忆、暗示或联想。
（9）分类展开性。若货物过于繁多、复杂，使得编码庞大，则应使用渐进分类的方式来进行编码。

（10）应用性。管理计算机化已成为目前趋势，编码应与计算机配合。

2．自用编码的方法

（1）流水编号法

流水编号法是最简单的编号法。由 1 开始，按数字顺序一直编下去。这种方法又叫延伸式编号，多用于账号或发票编号，如表 5 - 2 所示。

（2）数字分段法。把数字分段，每一段代表具有共向特性的一类货物，如表 5 - 3 所示。

表 5 - 2　流水编号法

编号	货品名称
1	洗发精
2	肥皂
3	牙膏
4	洗面乳
…	…

表 5 - 3　数字分段法

编号	货品名称
	1～5 预留给肥皂编号使用
1	4 块装肥皂
2	5 块装肥皂
3	12 块装肥皂
	6～12 预留给牙膏编号使用
6	黑人牙膏
7	白人牙膏

（3）分组编号法。这种编号法是按货物特性分成多个数字组，每个数字组代表货物的一种特性。例如，第一组代表货类，第二组代表货物形状，第三组代表货物供应商，第四组代表货物尺寸。这种方法使用较广，如表 5 - 4 所示。

表 5 - 4　分组编号法

货号	类别	形状	供应商	尺寸
编号	07	—	—	—
	—	5	—	—
	—	—	006	—
	—	—	—	110

（4）实际意义编号法。按照货物名称、重量、尺寸、分区、储位、保存期限等实际情况来编号，如图 5 - 2 所示。

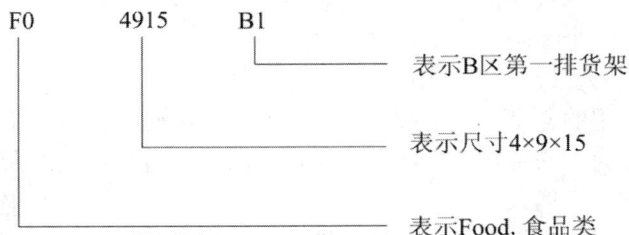

```
F0        4915        B1
                       └────────── 表示B区第一排货架

                └───────────────── 表示尺寸4×9×15

└──────────────────────────────── 表示Food, 食品类
```

图 5 - 2　实际意义编号法

（5）后数位编号法。利用编号末尾数字，对同类货物进一步分类，如表 5 - 5 所示。

（6）暗示编号法这种方法用数字和文字组合来编号。它暗示了货物内容。此法易记忆又不容易让外人知道，如表 5-6 所示。

表 5-5　后数位编号法

编号	货品名称
260	服饰
270	女装
271	上衣
271.1	衬衫
271.11	红色

表 5-6　暗示编号法

货名	尺寸	颜色与形状	供应商
BY	005	WB	

注：BY 表示自行车(bicycle)；005 表示大小型号为 5 号；
　　W 表示白色（white）；B 表示小孩型（boy's）；10 表
　　示供应商代号。

（三）分拣作业

分拣作业是依据顾客的订货要求或配送中心的送货计划，尽可能迅速、准确地将商品从其储位或其他区域拣取出来，按一定的方式进行分类、集中并分放在指定货位上等待配装送货的作业过程。

在配送中心作业的各环节中，分拣作业是非常重要的一环，其作用相当于人体的心脏、空调系统的压缩机，而其动力的产生来自客户的订单。分拣作业的目的就在于如何在降低分拣错误率的情况下，将正确的货物、正确的数量，在正确的时间内及时配送给顾客。要达到这一目的，必须根据订单，选择适当的分拣设备，按分拣作业过程的实际情况运用一定的方法策略组合，采取切实可行且高效的分拣方式，提高分拣效率，将各项作业时间缩短，提升作业速度和能力。因此，科学管理分拣作业，对配送中心作业效率具有决定性的影响。分拣作业的基本流程如下：

1．确定拣货作业方式

最简单的划分方式，就是按照分拣货物的特点将分拣作业分为订单拣取、批量拣取、复合拣取及整合按单拣选 4 种方式。

2．输出拣货清单

显然拣货方法是根据客户的订单来进行的，但是在实际作业中，这些原始订单并不会直接送到仓库拣选人手中，而是经过物流配送中心订单处理系统处理后，再另外输出拣货单交至仓库人员进行拣货作业。一份完整的拣货单通常包括客户类别、品名、数量、储位、编码、储库类别、配送地点等内容。

3．安排拣货作业路径

合理的拣货路径必须满足操作方便、行走路线段准确通畅、低成本等要求，常用的拣选路径有：

（1）无顺序路径。由拣选人员根据拣货单自行决定在物流配送中心各储货区内的拣货顺序。这种类型仅适合品种单一、量大的货物拣选；否则，拣选人员可能会花费大量时间来寻找货物，增大拣货距离，降低拣货效率。

（2）有顺序路径。按拣货单所示货物存放的货位号或储区出入口顺序来确定拣选路径。按这种路径，拣货人员可以单向循环行走全程，一次性将所有货物拣出。这样可以缩短往返行走路径和拣货时间、减少拣货误差率，提高拣选效率。

4．分派拣货作业人员

配送中心根据拣货单所指示的商品编码、储位编号等信息，能够明确商品所处的位置，确定合理的拣货路线，安排拣货人员进行拣货作业。

5．拣取货物

拣取的过程可以由人工或机械辅助作业或自动化设备完成。通常，小体积，少批量，搬运重量在人力范围内且拣出货频率不是特别高的，可以采取手工方式拣取。

机械辅助作业：对于体积大、重量大的货物可以利用升降叉车等搬运机械辅助作业；对于出货频率很高的可以采取自动拣货系统。

6．集中货物

拣取的商品根据不同的客户或送货路线分类集中。有些需要进行流通加工的商品还需根据加工方法进行分类，加工完毕再按一定方式分类出货。

（1）多品种分货的工艺过程较复杂，难度也大，容易发生错误，必须在统筹安排形成规模效应的基础上，提高作业的精确性。

（2）在物品体积小、重量轻的情况下，可以采取人力分拣，也可以采取机械辅助作业，或利用自动分拣机自动将拣取出来的货物进行分类与集中。

7．出货

将拣取分类完成之货品做好出货检查，装入妥当的容器、做好标示，根据车辆趟次别或厂商别等指示将物品运至出货准备区，最后装车配送。

（四）流通加工管理

根据流通加工对物流服务功能增强的不同表现，流通加工的种类也分为很多种。

1．为弥补生产领域加工不足的深加工

有许多产品在生产领域的加工中只能达到一定程度，这是由于存在许多因素限制了生产领域不能完全实现终极的加工。例如，钢铁厂的大规模生产只能按标准规定的规格生产，以使产品有较强的通用性，使生产能有较高的效率和效益；木材如果在产地完成成材制成木制品的话，就会造成运输的极大困难，所以原生产领域只能加工到圆木、板方材这个程度，进一步的下料、切裁、处理等加工则由流通加工完成。这种流通加工实际是生产的延续，是生产加工的深化，对弥补生产领域加工不足有重要意义。

2．为满足需求多样化进行的服务性加工

从需求角度看，需求存在多样化和变化两个特点，为满足这种要求，经常是用户自己设置加工环节，例如，生产消费型用户的再生产往往从原材料初级处理开始。现代生产的要求，是生产型用户能尽量减少流程，集中力量从事较复杂的技术性较强的劳动，而不愿意将大量初级加工包揽下来。这种初级加工带有服务性，由流通加工来完成，生产型用户便可以缩短自己的生产流程，使生产技术密集程度提高。对一般消费者而言，则可省去烦琐的预处置工作，而集中精力从事较高级能直接满足需求的劳动。

3．为保护产品所进行的加工

在物流过程中，在用户投入使用前都存在对产品的保护问题，流通加工能防止产品在

121

运输、储存、装卸、搬运、包装等过程中遭到损失，使使用价值能顺利实现。和前两种加工不同，这种加工并不改变进入流通领域的"物"的外形及性质，主要采取稳固、改装、冷冻、保鲜、涂油等方式。

4．为提高物流效率、方便物流的加工

有一些产品本身的形态使之难以进行物流操作，例如：鲜鱼的装卸、储存操作困难；过大设备搬运和气体物运输、装卸困难；等等。进行流通加工，可以使物流各环节易于操作，如鲜鱼冷冻、过大设备解体、气体液化等。这种加工往往改变"物"的物理状态，但并不改变其化学特性，并最终仍能恢复原来的物理状态。

5．为促进销售的流通加工

流通加工可以从若干方面起到促进销售的作用，例如：将过大包装或散装物分装成适合一次销售的小包装的分装加工；将原以保护产品为主的运输包装改换成以促进销售为主的装潢性包装，以起到吸引消费者、指导消费的作用；将零配件组装成用具、车辆以便于直接销售；将蔬菜、肉类洗净切块以满足消费者要求；等等。这种流通加工可能是不改变"物"的本体，只进行简单改装的加工；也有许多是组装、分块等深加工。

6．为提高加工效率的流通加工

许多生产企业的初级加工由于数量有限加工效率不高，也难以投入先进科学技术。流通加工以集中加工形式，解决了单个企业加工效率不高的弊病，以一家流通加工企业代替了若干生产企业的初级加工工序，促使生产水平的提高。

7．为提高原材料利用率的流通加工

流通加工利用其综合性强、用户多的特点，可以实行合理规划、合理套裁、集中下料的办法，这就能有效提高原材料利用率，减少损失浪费。

8．衔接不同运输方式，使物流合理化的流通加工

在干线运输及支线运输的结点，设置流通加工环节，可以有效解决大批量、低成本、长距离干线运输和多品种、少批量、多批次末端运输和集货运输之间的衔接问题，在流通加工点与大生产企业间形成大批量、定点运输的渠道，以流通加工中心为核心，组织对多用户的配送，也可在流通加工点将运输包装转换为销售包装，从而有效衔接不同目的的运输方式。

9．以提高经济效益，追求企业利润为目标的流通加工

流通加工的一系列优点，可以形成一种"利润中心"的经营形态，这种类型的流通加工是经营的一环，在满足生产和消费要求基础上取得利润，同时在市场和利润引导下使流通加工在各个领域中能有效地发展。

10．生产—流通一体化的流通加工形式

依靠生产企业与流通企业的联合，或者生产企业涉足流通，或者流通企业涉足生产，形成对生产与流通加工进行合理分工、合理规划、合理组织、统筹进行生产与流通加工的安排，这就是生产—流通一体化的流通加工形式。这种形式可以促成产品结构及产业结构的调整，充分发挥企业集团的经济技术优势，是目前流通加工领域的新形式。

（五）送货作业

送货的基本作业流程如图 5-3 所示。

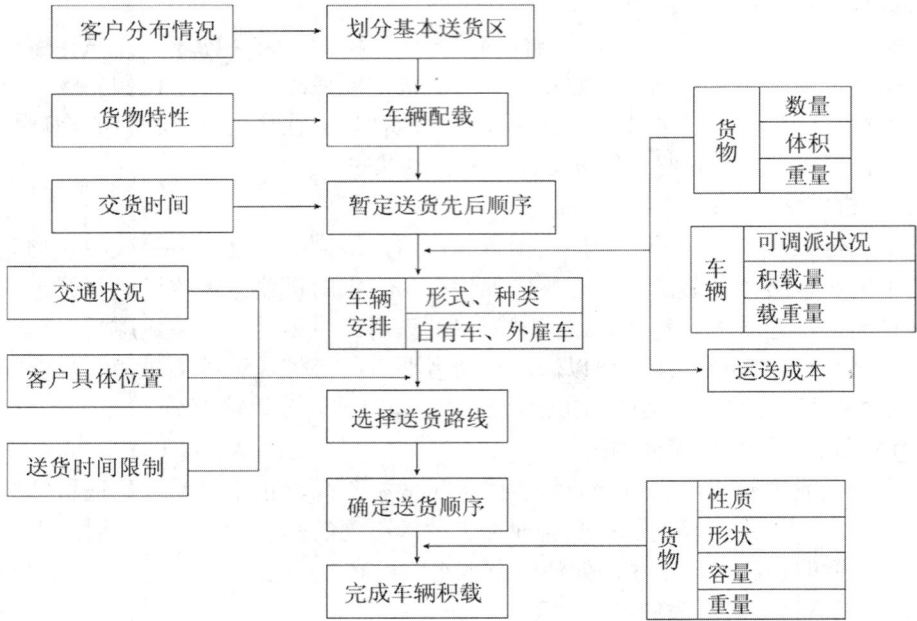

图 5-3　送货作业的基本流程

1．划分基本送货区域

将客户分布状况、地理位置作系统统计，并对其进行区域上的整体划分，使每一个客户被划分在不同的基本送货区域中，以作为送货决策的基本依据。例如，按行政区域或按交通条件划分不同的送货区域，在区域划分的基础上再作弹性调整来安排送货顺序。

2．车辆配载

为确保货物质量，提高送货效率：一方面应根据所送货物的品种、特性对货物进行分类。将按特性分好的货物，分别采取不同的送货方式和运输工具，按照货物的不同类别（如冷冻食品、散装货物、箱装货物等）进行分类配载；另一方面按照货物对时间的不同要求，必须初步确定哪些货物可用同一辆车配载，哪些货物不能，做好车辆的初步配装工作。

3．暂定送货先后顺序

在考虑其他影响因素，作出确定的送货方案前，应先根据客户订单的送货时间将送货的先后次序进行大致的安排，为后面车辆配载做好准备工作。只有做好送货工作计划，才能保证达到既定的目标。因此，预先确定基本送货顺序可以有效地保证送货时间，提高运作效率。

4．车辆安排

车辆安排要解决的问题是在配送时如何安排最后送货车辆的类型、吨位。一般情况下，很少有企业能拥有足够多的车辆类型、车辆数量供配送运输使用，如果本企业的车辆不够调派时，可使用外雇车辆来满足需求。如何在能保证送货运输质量的情况下，对组建自营车队，还是以外雇车队为主进行选择，则要视经营成本而定。

无论选用自有车辆还是外雇车辆，都必须事先掌握有哪些车辆可供调派并符合要求，即这些车辆的容量和额定载重是否满足要求，大批量送货而选用小车型，则会增加进货次数；小批量送货而选择大车型，则会浪费运力。此外，商品形态不同，也应选择不同车型，车型选择不好会造成送货中商品损坏。安排车辆之前，还必须分析订单上的货物信息，如体积、重量、数量等对于装卸的特别要求等，综合考虑多方面因素的影响后，最终作出最合适的车辆安排。

5. 选择送货路线

对每辆车进行具体客户的分派后，接下来的任务就是如何以最快的速度将这些货物送到每个客户，也就是要解决配送路线如何选择的问题。要根据客户的具体位置、沿途的交通情况等选择和判断配送距离近、配送时间短、配送成本低的路线。除此之外，还必须考虑一些特殊情况，如有些客户或其所在地理环境对送货时间、车型等方面的具体要求（不在中午或晚上收货），或有些道路在某高峰期实行特别的交通管制等。

6. 确定最终的送货顺序

做好车辆安排及选择好最佳的配送路线后，依据各车负责配送的先后顺序，即可明确地确定客户的最终送货顺序。

7. 完成车辆积载

车辆的积载要解决的是如何将货物装车，按什么次序装车的问题。一般情况，知道了客户的送货次序之后，只要将货物衣"后送先装"的顺序装车即可。但有时为了有效利用空间，可能还要考虑货物的性质（怕震、怕压、怕撞、怕潮）、形状、重量和体积等因素作弹性调整。在装卸货物时，必须依照货物的特性、形状、体积及重量等因素来选择具体的装卸方法。

（六）搬运作业

在物流配送中心的作业过程中，始终伴随着搬运活动。比如，在卸货、质量检查、储区、拣选区、拣选取货等环节中，都离不开搬运活动。而且搬运作业多少都会增加成本，而不会增加产品价值。为此，加强搬运作业管理尤其重要，要尽量减少货物搬运次数，降低成本。

为降低搬运成本应该尽量考虑距离和数量的关系，即搬运的距离越短越好，搬运的数量越多越好，搬运的次数越少越好。这样，每单位的移动成本就越低。

为了进行有效的管理，首先要对搬运的对象、距离、空间、时间和手段进行研究，搬运对象是指搬运物的数量、重量、形态。利用良好的搬运作业，使各个工作点都能保质保量收到完好的货物。考虑距离就是要用最低成本、最快速度和最有效的方法使搬运在水平、垂直或倾斜方向的移动距离最小。考虑搬运空间，是使物料和搬运设备占一定的空间，满足搬运需要，既不拥挤也不浪费厂房。在考虑搬运时间，使搬运物到达各个环节的工作点时，要做到整个物流过程的节拍有序的进行。所谓搬运手段，就是根据搬运对象按照最经济、最大效率的原则，采用合理有效的搬运手段。

搬运路线是否最佳将直接影响物流配送中心的作业效率和效益。搬运路线可以分为直线式和间接式两类。直线式就是不同货物分别由各自原点直接向终点移动，也就是货物由起点到终点以最短的距离来搬运。直线式适合物料流程密度大，移动距离短的情况。直线式又分单线和双线两种路线。双线式用于大量搬运的情况。间接式路线就是利用相同的设备和相同的路线，把分布在不同区域的各类货物相对集中起来共同搬运，而不是把每个货物直接搬运到终点。这种方式适合搬运密度不高、距离较长，而且厂房布置不规则的情况。要根据配送中心的实际需要，以提高物流效率和效益为原则，合理选择搬运路线。改善搬运工作的原则与方法见表5-7。

表5-7　改善搬运工作的原则与方法

因素	目标	想法	改善原则	改善方法
搬运对象	减少总重量	减少重量、体积	尽量废除搬运	调整厂库布置
				合并相关作业
		减少搬运量		
搬运距离	减少搬运总距离	减少回程	废除搬运	调整厂房布置
			顺道行走	
		回程顺载	掌握各点相关性	调整单位相关性布置
		缩短距离	直线化、平面化	调整厂房布置
		减少搬运次数	单元化	托盘、货柜化
			大量化	利用大型搬运机
				利用中间转运站
搬运空间	降低搬运使用空间	减少搬运	充分利用三维空间	调整厂房布置
		缩短移动空间	降低设备回转空间之设备	选用合适、不占空间、不需太多辅助设施的设备
			协调错开搬运时机	时程规划安排
搬运时间	缩短搬运总时间	缩短搬运时间	高速化	利用高速设备
			争取时效	搬运均匀化
		减少搬运次数	增加搬运量	利用大型搬运设备
	掌握搬运时间	估计预期时间	时程化	时程规划控制
搬运手段	利用经济效益的手段	增加搬运量	机械化	利用大型搬运机
				利用机器设备
			高速化	利用高速设备
			连续化	利用输送带等连续设备
		采用有效管理方法	争取时效	搬运均匀化
				循环、往返搬运
		减少劳力	利用重力	使用斜槽、滚轮输送带等重力设备

任务三 配送运输管理

一、车辆的积载与调度

1. 车辆积载的原则

在货物装车时，除需要考虑按照客户的配送顺序，实行"后送先装"以外，还应兼顾货物本身的特性，如形状、体积、质量及需要防震、防压、防撞和防潮等因素，综合考虑车辆的载重能力和容积等。因此，在车辆配载时需要遵循以下原则：

（1）尽量做到"后送先装"，为了减少或避免差错，尽量把外观相近、容易混淆的货物分开装载。

（2）重不压轻，大不压小，轻货应放在重货上面，包装强度差的应放在包装强度好的上面。

（3）不将散发臭味的货物与具有吸味性的食品混装。

（4）尽量不将散发粉尘的货物与清洁的货物混装。

（5）切勿将渗水货物与易受潮货物一同存放。

（6）包装不同的货物应分开装载，如板条箱货物不要与纸箱、袋装货物堆放在一起。

（7）具有尖角或其他突出物的货物应和其他货物分开装载或用木板隔离，以免损伤其他货物。

（8）装载易滚动的卷状、桶状货物，要垂直摆放。

（9）货与货之间，货与车辆之间应留出空隙用作适当衬垫，防止货损。

（10）装货完毕，应在门端处采取适当的稳定措施，以防开门卸货时，货物倾倒造成货损或人身伤亡。

2. 车辆积载的组织

货物配送运输工作的目的在于不断提高装卸工作质量及效率，加速车辆周转，确保物流效率。因此，除了强化硬件之外，在积载过程还要做好组织工作。

（1）制定合理的积载方案，采用"就近装卸"法或用"作业量最小"法。在进行装卸工艺方案设计时，应该综合考虑，尽量减少"重复搬运"和"临时放置"，减少无效作业，使搬运装卸工作更合理。

（2）提高装卸作业的连续性。装卸作业应按流水作业原则进行，工序间应合理衔接，必须进行换装作业的，应尽可能采用直接换装方式。

（3）装卸地点相对集中或固定。装载及卸载地点的相对集中，便于装卸作业的机械化和自动化，可以提高装卸工作效率。

（4）实现装卸设施、工艺的标准化。为了促进物流各环节的协调，要求装卸作业各工艺阶段间的工艺装备、设施与组织管理工作相互配合，尽可能减少因装卸环节造成的货损、货差。

（5）配送车辆的载重能力和容积要得到充分的利用，降低亏箱率。亏箱率的高低与采用的积载方法有关，所以，恰当的积载方法能够使车厢内部的高度、长度及宽度都得到充分的利用。

3．车辆调度的方法

车辆调度部门是配送运输的指挥中心，调度工作是根据客户的需求、配送中心的配送资源（包括车辆及司机出勤等）以及道路运输网情况，综合规划调度，对运输作业作出合理的安排和指派，并对整个作业过程监控管理，保证高质量和高效率的运输作业管理过程。为保证调度工作的质量，需要做到统一领导和指挥，分级管理，分工负责；从全局出发统筹规划管理；保证均衡和超额完成生产计划任务；避免运输车辆送货回程空驶。运用合理的车辆调度方法，可以达到最短的运行路线、最低运费或最高行程利用率的优化目标。

根据客户所需要货物、配送中心站点及交通线路的布局不同，可采用定向专车运行调度法、循环调度法和交叉调度法等；如果运输任务较重，交通网络较复杂时，为合理调用车辆的运行，可利用运筹学线性规划的方法，如最短路径法、表上作业法和图上作业法等。

二、配送路线的选择与优化

（一）配送路线选择的原则

配送路线合理与否对配送速度、车辆的合理利用和配送费用都有直接关系，因此，配送线路的优化问题是配送工作的主要问题之一。采用科学、合理的方法来确定配送路线，是配送活动中非常重要的一项工作。因此，在进行配送线路优化时，必须明确目标，遵循配送的基本原则。配送线路方案目标的选择可以从以下几个方面来考虑：

1．以配送效益最高或配送成本最低为目标

效益是企业追求的主要目标，可以简化为用利润来表示，或以利润最大化作为目标；成本对企业效益有直接的影响，选择成本最低化作为目标值与前者有直接的联系。当有关数据容易得到和容易计算时，就可以用利润最大化或成本最低作为目标值。

2．以路程最短为目标

如果成本和路程相关性较强，而和其他因素是微相关时，可以以路程最短为目标，这可以大大简化计算，而且也可以避免许多不易计算的影响因素。需要注意的是有时候路程最短并不见得成本就最低，如果道路条件和道路收费影响了成本，单以最短路程为最优解就不合适了。

3．以吨·千米最小为目标

吨·千米最小是长途运输时选择的目标。在多个发货站和多个收货站的条件下，以及整车发到的情况下，选择吨·千米最小作为目标可以取得满意的结果。在进行配送路线的选择时，也有一些情况是不适用这一原则的。在"节约里程法"的计算中，所确定的配送目标是采用吨千米最小。

4．以准时性最高为目标

准时性是配送中重要的服务指标，以准时性为目标确定配送路线就是要将各客户的时

127

间要求和路线先后到达的安排协调起来，这样有时难以顾及成本问题，甚至需要牺牲成本来满足准时性要求。

5．以劳动消耗最低为目标

以油耗最低，司机人数最少及司机工作时间最短等为目标来确定配送路线，这种方法在实践中也有所应用，主要是在特殊情况下（如供油异常紧张、油价非常高、意外事故引起人员减员以及某些因素限制了配送司机人数等），选择此目标。

配送路线方案目标的实现过程受到很多约束条件的限制，必须在满足约束条件的限制下，达到成本最低或路线最短或消耗最小等目标。常见的约束条件有以下几个：

（1）车辆最大行驶里程数的限制。

（2）收货人对货物品种、规格和数量的要求。

（3）收货人对货物送达时间或时间范围的要求。

（4）司机的最长工作时间的限制。

（5）车辆最大装载能力的限制。

（6）道路运行条件对配送的制约，如单行道、城区部分道路对货车通行的限制。

（7）各种运输规章的限制等。

（二）配送路线的选择方法

在配送线路设计中，当由一个配送中心向一个特定客户进行专门送货时，从物流角度看，客户需求量接近或大于可用车辆的定额载重量，须专门派一辆或多辆车一次或多次送货。货物的配送追求的是多装快跑，选择最短配送线路，以节约时间和费用，提高配送效率，也就是寻求物流网络中的最近距离的问题。

1．经验判断法

经验判断法是指利用行车人员的经验来选择配送路线的一种主观判断方法。一般是以司机习惯行驶路线和道路行驶规定等为基本标准，拟订出几个不同方案，然后通过倾听有经验的司机和送货人员的意见，或者直接由配送管理人员凭经验作出判断。这种方法的质量取决于决策者对运输车辆、客户的地理位置与交通路线情况掌握程度和决策者的分析判断能力与经验。尽管缺乏科学性，易受掌握信息程度的限制，但其运作方式简单、快速和方便，通常在配送路线的影响因素较多，难以用某种确定的数学关系表达时，或难以以某种单项依据评定时采用。

2．节约里程法

当由一个配送中心向多个客户进行共同送货，在一条线路上的所有客户的需求量总和不大于一辆车的额定载重量时，由一辆车配装着所有客户需求的货物，按照一条预先设计好的最佳路线依次将货物送到每一个客户手中，这样既可保证按照需要将货物及时送交，同时又能够节约行驶里程，缩短整个送货时间，从而节约费用。节约里程法正是能做到这些的较为成熟的一种方法。

节约里程法的基本规定：利用节约法确定配送线路的主要出发点是，根据配送中心的运输能力及其到各客户之间的距离和各客户之间的相对距离，来制定使总的配送车辆吨·千米数达到或接近最小的配送方案。

节约里程法的主要思路如图 5-4 所示，P 为配送中心所在地，A 和 B 为客户所在地，相互之间道路距离分别为 a、b、c。最简单的配送方法是利用两辆车分别为 A、B 客户配送，此时，如图 5-4（b）所示，车辆运行距离为 2a+2b。然而，如果按图 5-4（c）改用一辆车巡回配送，运行距离为 a+b+c，如果道路没有什么特殊情况，可以节省车辆运行距离为（2a+2b）－（a+b+c）＝a+b－c＞0，则这个节约量 a+b－c 被称为"节约里程"。

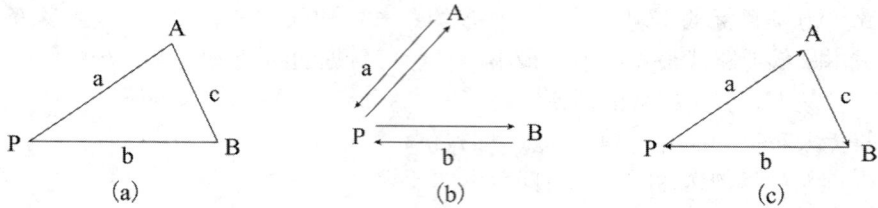

图 5-4　配送中心配送路线的选择

实际上，如果给数十家乃至数百家客户配送，应首先计算包括配送中心在内的相互之间的最短距离，然后计算各客户之间可节约的运行距离，按照节约运行距离的大小顺序连接各配送地并设计出配送路线。下面通过举例来说明节约里程法的求解过程。

【例 5-1】如图 5-5 所示为某配送网络，P 为配送中心所在地，A－J 为客户所在地，共 10 个客户，括号内的数字为配送量，单位为吨，路线上的数字为道路距离，单位为千米。现有可以利用的车辆是最大装载量为 2 吨和 4 吨的两种厢式货车，并限制车辆一次运行距离在 30 千米以内，为了尽量缩短车辆运行距离，试用节约里程法设计出最佳配送路线。

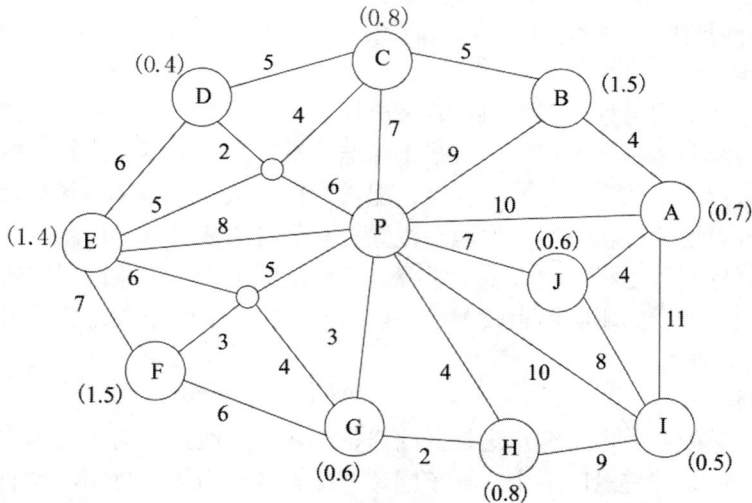

图 5-5　某配送中心的配送网络

解：

第一步：首先计算相互之间的最短距离，根据图 5-5 配送中心至各用户之间、用户与用户之间的距离，得出配送路线最短的距离矩阵，如图 5-6 所示。

	P	A	B	C	D	E	F	G	H	I	J
A	10	A									
B	9	4	B								
C	7	9	5	C							
D	8	14	10	5	D						
E	8	18	14	9	6	E					
F	8	18	17	15	13	7	F				
G	3	13	12	10	11	10	6	G			
H	4	14	13	11	12	12	8	2	H		
I	10	11	15	17	18	18	17	11	9	I	
J	7	4	8	13	15	15	15	10	11	8	J

图 5-6　配送路线最短的距离矩阵图

	A	B	C	D	E	F	G	H	I	J
B	15	B								
C	8	11	C							
D	4	7	10	D						
E	0	3	3	10	E					
F	0	0	0	3	9	F				
G	0	0	0	0	1	5	G			
H	0	0	0	0	0	4	5	H		
I	0	0	0	0	0	1	2	5	I	
J	13	8	10	0	0	0	0	0	9	J

图 5-7　用户之间的节约行程

第二步：从最短距离矩阵中计算出各用户之间的节约行程（见图 5-7）。例如，计算 A—B 的节约距离。

P—A 的距离：a＝10，P—B 的距离：b＝9，A—B 的距离：c＝4，则 A—B 的节约距离为：a＋b－c＝15。

第三步：对节约行程按大小顺序进行排列（见表 5-8）。

表 5-8　配送路线节约行程排序表

序号	连接点	节约行程	序号	连接点	节约行程
1	A—B	15	13	F—G	5
2	A—J	13	14	G—H	5
3	B—C	11	15	H—I	5
4	C—D	10	16	A—D	4
5	D—E	10	17	B—I	4
6	A—I	9	18	F—H	4
7	E—F	9	19	B—E	3
8	I—J	9	20	D—F	3
9	A—C	8	21	G—I	2
10	B—J	8	22	C—J	1
11	B—D	7	23	E—G	1
12	C—E	8	24	F—I	1

第四步：按照节约行程排列顺序表，组合成配送路线图。

（1）初始解。如图 5-8 所示，从配送中心 P 向各个用户配送，共有配送路线 10 条，总运行距离为 148 千米，需要最大装载量为 2 吨的汽车 10 辆。

（2）二次解。按照节约行程的大小顺序连接 A—B、A—J、B—C，如图 5-9 所示，配送路线 7 条，总运行距离为 109 千米，需要 2 吨车 6 辆，4 吨车 1 辆。从图 3-9 可以看出，规划的配送路线 I，装载量为 3.6 吨，运行距离为 27 千米。

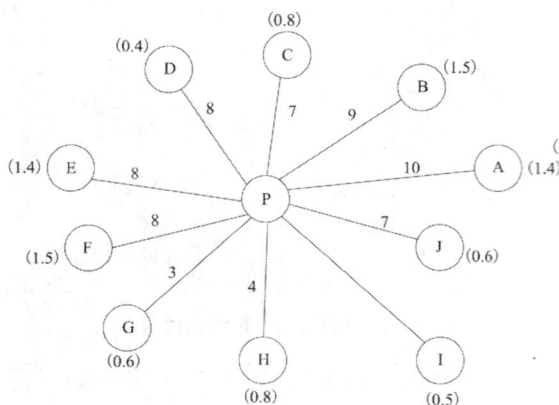

图5-8 配送路线图

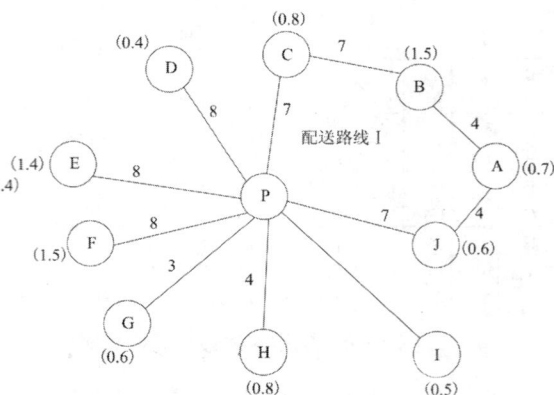

图5-9 配送路线Ⅰ

（3）三次解。按照节约行程大小顺序，应该是 C—D 和 D—E，C—D 和 D—E 都有可能连接到二次解的配送路线Ⅰ中，但是由于受车辆装载量和每次运行距离这两个条件的限制，配送路Ⅰ不能再增加用户，为此不再连接 C—D。连接 D—E，组成配送路线Ⅱ，该路线装载量为 1.8 吨，运行距离 22 千米。此时，配送路线共 6 条，总运行距离 99 千米，需要 2 吨汽车 5 辆，4 吨汽车 1 辆。

（4）四次解。接下来的顺序是 A—I、E—F，由于将用户 A 已组合到配送路线Ⅰ中，而且该路线不能再扩充用户，所以不再连接 A—I；连接 E—F 并入到配送路线Ⅱ中，配送路线Ⅱ装载量为 3.3 吨，运行路线为 29 千米，此时，配送路线共有 5 条，运行距离 90 千米，需 2 吨车 3 辆，4 吨车 2 辆。

（5）五次解。按节约行程顺序排列接下来应该是 I—J、A—C、B—J、B—D、C—E，但是，这些连接均由于包含在已组合的配送路线中，不能再组成新的配送线路。接下来可以将 F—G 组合在配送Ⅱ中，这样配送路线Ⅱ装载量为 3.9 吨，运行距离为 30 千米，均未超出限制条件。此时，配送路线有 4 条，运行距离 85 千米，需要 2 吨汽车 2 辆，4 吨汽车 2 辆。

（6）最终解。接下来的节约行程大小顺序为 G—H，由于受装载量及运行距离限制，不能再组合到配送路线Ⅱ内，所以不再连接 G—H，连接 H—I 组成新的配送路线Ⅲ，如图 5-10 所示。到此为止，完成了全部配送路线的规划设计。

共有 3 条配送路线，运行距离为 80 千米。需要 2 吨汽车 1 辆，4 吨汽车 2 辆。其中：

配送路线Ⅰ：4 吨车 1 辆，运行距离 27 千米，装载量为 3.6 吨。

配送路线Ⅱ：4 吨车 1 辆，运行距离 30 千米，装载量为 3.9 吨。

配送路线Ⅲ：2 吨车 1 辆，运行距离为 23 千米，装载量为 1.3 吨。

使用节约里程法的注意事项如下：

（1）适用于顾客需求稳定的配送中心。

（2）对于需求不稳定的顾客，采用其他途径配送，或并入有富余的配送路线中去。

（3）最终确定的配送路线要充分听取司机及现场工作人员的意见。

（4）各配送路线的负荷量尽量调整平衡。

（5）要充分考虑道路运输状况。

（6）不可忽视在送达用户后需停留的时间。

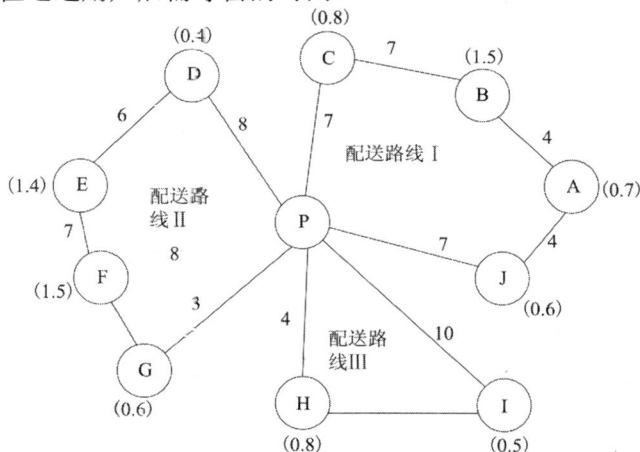

图 5 - 10　配送路线 Ⅰ、Ⅱ、Ⅲ

（7）要考虑司机的作息时间及指定的交货时间。

（8）因为交通状况和需求的变化会影响配送路线，所以最好利用仿真模拟来研究对策及实施措施。

任务四　配送中心的选址规划

一、配送中心选址的原则及影响因素

配送中心选址是指在一个具有若干供应点及若干需求点的经济区域内，选一个地址设置配送中心的规划过程。较佳的配送选址方案能使商品通过配送中心的汇集、中转、分发，直至配送到需求点的全过程的效益最好。

（一）配送中心选址的原则

（1）适应性原则。配送中心的选址须与国家以及省市区的经济发展方针、政策相适应，与物流资源和需求分布相适应。

（2）协调性原则。配送中心的选址应将国家或区域的物流网络作为一个大系统来考虑，使配送中心的设施设备，在地域分布、物流技术水平等方面互相协调。

（3）经济性原则。配送中心发展过程中的总费用主要包括建设费用和经营费用两部分。配送中心选址在市区、近郊及远郊，其建设规模和费用以及经营费用是不同的，选址时应用成本费用分析等定量方法进行分析，选择合理的选址地点。

（4）战略性原则。配送中心的选址应具有战略眼光，既要考虑目前的实际需要，又要考虑日后发展。

（二）配送中心选址的影响因素

1. 自然环境因素

（1）气象条件。配送中心选址过程中，主要考虑的气象条件有温度、风力、降水量、无霜期、年平均蒸发量等指标。

（2）地质条件。配送中心是大量商品的集结地。配送中心拥有大量的建筑物及构筑物，有些商品的重量很大，这些都对地面造成很大的压力。如果配送中心地面以下存在淤泥层、松土层等不良地质条件，会在受压地段造成沉陷、翻浆等严重后果，为此，配送中心选址要求土壤承载力要高。

（3）水文条件。配送中心选址须远离容易泛滥的河川流域与地下水上溢的区域。要认真考察近年的水文资料，洪泛区、内涝区、干河滩等区域绝对禁止选择。

（4）地形条件。配送中心应选择地势较高、地形平坦之处，且应具有适当的面积与外形。

2. 社会经济因素

（1）交通运输。交通运输是影响配送成本及效率的重要因素之一，配送中心选址必须考虑对外的运输道路，交通便利，进出通畅，才能够提高配送效率，降低配送成本。对于一般的配送中心，可选择在高速公路、国道、快速道路及城市主干道路附近的地方；对于综合型物流配送中心，一定要选择在两种以上运输方式的交会地，如公路、铁路、水运或航空等运输方式的交会处。

（2）产业布局。生产企业、流通企业、各类开发区和大市场等，是物流配送服务需求的直接拉动者和货源产生地，因此配送中心选址要考虑周边的产业布局和商业布局，如为制造业服务的配送中心选址应在生产制造企业集中的工业区和高新技术开发区附近，农副产品配送中心选址应在农副产品生产及其加工基地附近，商贸类配送中心选址应着眼于大型交易市场和批发市场附近。

（3）货物流向。对于供向物流来说，配送中心主要为生产企业提供原材料、零部件，应当选择靠近生产企业的地点，便于降低生产企业的库存，随时为生产企业提供服务。对于销向物流来说，配送中心的主要职能是将产品集结、分拣、配送到门店或用户手上，故应选择靠近客户的地方。

（4）人力资源。确定配送中心位置时必须考虑员工的来源、技术水准、工作习惯、工资水准等因素。配送中心不但需要懂技术、会管理的"白领"人才，还需要很多能熟练操作的"蓝领"人才。配送中心选址要考虑各类人才的可得性、易得性和廉价性。

（5）城市规划和发展。配送中心的选址不但要符合城市规划，而且要考虑城市扩张的速度和方向。譬如中国物资储运总公司的许多仓库20世纪70年代以前处于城乡结合部，不对城市产生交通压力，但随着城市的发展，这些仓库逐渐被包围于闹市之中，大型货车的进出受到管制，专用线的使用也受到限制，在这种情况下就需要考虑外迁。

（6）政策法规。产业政策、环保政策、土地政策、优惠措施（如用地、税收）等，这些都会对配送中心的运作发展产生重大影响，也是配送中心选址过程中常常关注的。如在有优惠措施的地方，配送中心的建设投资与运作成本都会降低。

（7）社会影响。配送中心生产运作过程中产生的噪声、尾气、粉尘等环境污染，会对周边居民的生活带来很多负面影响，还会对周边道路的交通秩序产生较大干扰，易引起车流紊乱、交通拥挤、交通阻塞等。配送中心的建设还要考察与周边人文环境和城市景观的协调程度，不能够破坏周边的人文环境和城市景观。这些因素选址时必须予以充分考虑，以免给社会带来负面影响。

（三）配送中心选址注意事项

配送中心的选址应遵循选址基本程序，但类型不同的配送中心在进行选址决策时差异较大，以下是各类配送中心在选址时的主要注意事项。

1．不同类型配送中心选址时的注意事项

（1）转运型配送中心。转运型配送中心以商品转运、短期储存为主，商品周转速度快，大多采用多式联运方式转运，因此，转运型配送中心应设置在市郊交通枢纽地段。

（2）储存型配送中心。储存型配送中心以储存商品为主，商品储存时间长，商品进出形式多为大批量，一般应设置在城市郊区的地段，已具备直接而方便的水陆运输条件。

2．经营不同商品的配送中心选址时的注意事项

（1）果品蔬菜配送中心。果品蔬菜配送中心应选择入城干道处，以免运输距离过长，商品损耗过大。

（2）冷藏品配送中心。冷藏品配送中心往往选择在屠宰厂、加工厂、毛皮处理厂等附近。

（3）建筑材料配送中心。通常建筑材料配送中心的物流量大、占地多，可能会产生某些环境污染问题，有严格的防火等安全要求，应选择在城市边缘交通运输干线附近。

（4）燃料配送中心。石油、煤炭等燃料配送中心应满足防火要求，选择城郊的独立地段。

二、配送中心选址的基本程序

配送中心的选址直接影响配送中心各项活动的成本，同时也关系配送中心的正常运作和发展，因此，配送中心的选址和布局必须在充分调查分析的基础上综合考虑自身经营的特点、商品特性及交通状况等因素，在详细分析现状及预测的基础上对配送中心进行选址。配送中心的选址基本程序如图 5 - 11 所示。

1．外部条件论证

（1）交通运输条件。配送中心地址选择应靠近交通运输枢纽，以保证配送服务的及时性、准确性。

（2）用地条件。配送中心建设须占用大量的土地资源，土地的来源、地价、土地的利用程度等要充分考虑并落实。

（3）客户分布情况。准确掌握配送中心现有服务对象的分布情况以及未来一段时间内的发展变化情况，因为客户分布情况的改变、配送商品数量的改变及客户对配送服务要求的改变都会对配送中心的经营和管理产生影响。

```
配送中心环境分析 ────────→ 外部条件论证
                                    │
                                    ↓
配送业务量、物流费用、 ──────→ 内部业务分析预测
配送线路、地价等                     │
                                    ↓
                               地址筛选 ←──────┐
                                    │          │
                                    ↓          │
运用定性与定量方法对 ──────→   决策分析        │
多个选址方案进行分析                 │          │
                                    ↓          │
运用科学合理的评价方法 ─────→  结果评价        │
对选址结果进行评价                   │          │
                                    ↓          │
                                 ╱复查╲──N─────┘
                                 ╲    ╱
                                   │Y
                                   ↓
                            确定选址结果
```

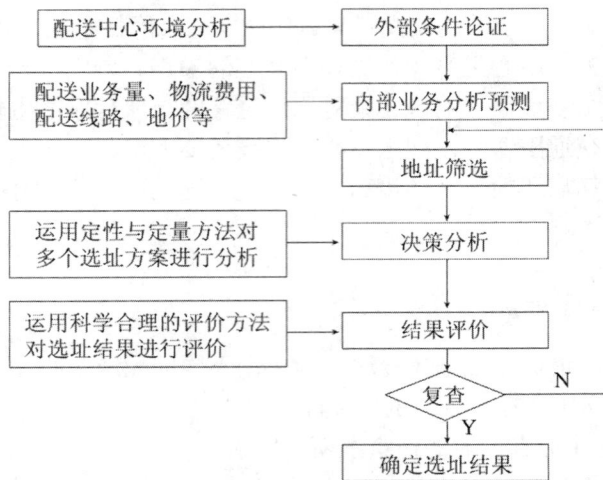

图 5 - 11   配送中心选址基本程序

（4）政策法规条件。掌握政府对配送中心建设的法律法规要求，哪些地区不允许建设配送中心、哪些地区政府有优惠政策等都应了解掌握。

（5）附属设施条件。配送中心周围的服务设施也是考虑的因素之一，如外部信息网络技术条件，水电及通信等辅助设施，北方地区的供暖保温设施等。

（6）其他。要考虑不同类别的配送中心对选址的需要的不同，如有些配送中心所保管的商品有保温设施、冷冻设施、危险品设施等对选址都有特殊要求。

2. 配送中心选址所需数据

（1）业务量数据。配送中心的主要业务量有以下几个方面：

① 供应商到配送中心的运输量。

② 配送中心向用户的配送量。

③ 配送中心储存保管的数量。

④ 配送中心流通加工业务量。

⑤ 配送中心搬运装卸业务量。

以上的业务量在不同时期会有波动，因此，要对所采用的数据水平进行研究，除了对现状的各项数据进行分析外，还必须对业务量进行准确预测。

（2）成本数据。配送中心的成本主要有伴随业务量发生的相应成本及其他管理费用。值得注意的是运输成本是随着业务量的增加而增加的，而加工、装卸搬运成本包括固定成本和变动成本，应进行准确分析。

3. 地址筛选

在对所取得的上述资料进行充分的整理和分析，考虑各种因素的影响并对需求进行预测后，就可以初步确定选址范围，即确定初始地址。

4. 决策分析

对筛选后的初始地址进行选址，可采用定性和定量的方法进行决策。由于配送中心的投资额较大，可采用定量决策方法进行决策。定量分析可针对不同的情况选用不同的数学

135

模型进行计算得出结果。如对单一配送中心进行选址，可采用重心法进行计算。

5．结果评价

结合市场适应性、购置土地条件、服务质量等，对计算所得结果进行评价，对其可行性进行评价。

6．复查

分析其他影响因素对决策结果的相对影响程度，分别赋予它们一定的权重，采用加权法对计算结果进行复查。如果复查通过，则为最终计算结果；如果复查发现原计算结果不适用，则返回第三步继续计算，直至得到最终结果为止。

7．确定选址结果

在用加权法复查通过后，则计算的结果即为最终的计算结果。

三、配送中心的选址方法

配送中心选址是配送中心规划的核心内容之一。近年来，随着选址理论的发展，出现了很多新的选址方法。总的来说，配送中心有两大类选址方法：定性分析法和定量分析法。

（一）定性分析法

定性分析法主要是根据选址影响因素和选址原则，依靠专家或管理人员丰富的经验、知识及其综合分析能力，确定配送中心的具体地址。使用这一类方法时，要特别注意尊重客观实际，切忌主观武断。

1．优缺点比较法

优缺点比较法是一种最简单的配送中心选址分析方法，尤其适用于非定量因素的比较。该方法的具体做法是：罗列出各个配送中心选址方案的优缺点进行分析比较，并按最优、次优、一般、较差、极差 5 个等级对各个方案的各个特点进行评分，对每个方案的各项得分加总，得分最多的方案为最优方案。优缺点比较法的比较要素，可参照前述的各种选址影响因素和选址原则给出。

优缺点比较法再辅以经济概算，在我国应用很普遍。其优点是简单、方便，可以很快得出初步结论，缺点是缺乏量化比较，对非成本因素考虑较少。

2．德尔菲（Delphi）法

德尔菲法是美国兰德公司（Rand Corporation）赫尔默博士于 20 世纪 40 年代末首创的，应用十分广泛，德尔菲法对于那些不易获取详细资料的配送中心选址比较适合。其具体实施步骤如下：

（1）组成专家小组。按照配送中心选址所需的知识范围确定专家，人数一般以 20 人为宜。

（2）向所有专家提出配送中心选址的相关问题及要求，并附上各选址方案的所有背景材料，同时让专家提交所需材料清单。

（3）各个专家根据他们所收到的材料，提出自己的意见。

（4）将专家的意见汇总，进行分析和处理。

（5）将分析结果再反馈给各专家，专家根据反馈材料修改自己的意见和判断。这一过程一般要进行 3～4 次，直到每位专家不再改变自己的意见为止。

（6）对专家的意见进行综合处理，确定选址方案。据 20 世纪 60 年代美国加利福尼亚大学的试验研究表明，专家的意见是符合正态分布的，因此可用数理统计方法进行处理。

（二）定量分析法

配送中心选址的定量分析法有很多种，如重心法、运输问题法、量本利分析法、加权分析法、鲍威尔—沃尔夫（Baumol-Wolfe）模型、CFLP（Capacitated Facility Location Problem）模型等。以下主要介绍重心法和运输问题法。

1. 重心法

重心法的基本思想是所选配送中心地址到各个配送网点（或客户）的运输费用最小，并假设到各网点的配送费率是相同的。重心法是一种模拟方法，它将物流配送网络中的需求点和资源点看成分布在某一平面范围内，各处的需求量和资源量分别看成聚积在一点的物体的重量。物流配送网络中这些物体的重心就作为配送中心地址的最佳设置点，求得物体重心，则配送中心的地址就确定了。

假设有 n 个配送网点，需要建立一个配送中心。各配送网点（或客户）在平面坐标系中的坐标是已知（或可求）的，为 $(x_i, y_i) = (i=1, 2, \cdots, n)$，如图 5 - 12 所示。则该配送中心的坐标位置 (x_0, y_0) 可以用重心法公式求得：

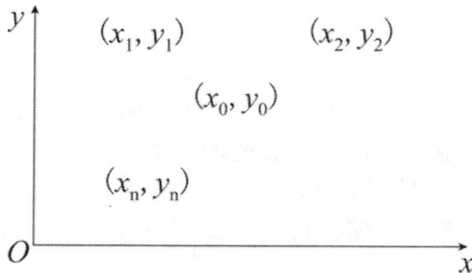

图 5 - 12　重心法示意图

$$\begin{cases} x_0 = \sum_{i=1}^{n} x_i Q_i \Big/ \sum_{i=1}^{n} Q_i \\ y_0 = \sum_{i=1}^{n} y_i Q_i \Big/ \sum_{i=1}^{n} Q_i \end{cases} \qquad (5-1)$$

式（5 - 1）中，Q_i 表示配送中心向第 i 个配送网点（或客户）的年配送物流量。

【例 5-2】：某连锁超市拟建一个物流配送中心来负责其属下 5 个连锁店的物流配送；这 5 个连锁店的地理坐标和每年的物流运输量已知，详见表 5 - 9。假设单位运量单位距离的运输成本相同，试用重心法确定拟建物流配送中心的坐标位置。

137

表 5-9　5 个连锁店的地理坐标和年物流运输量

	连锁店 1		连锁店 2		连锁店 3		连锁店 4		连锁店 5	
	x_1	y_1	x_2	y_2	x_3	y_3	x_4	y_4	x_5	y_5
连锁店的地理坐标(千米)	2	6	5	10	3	15	16	8	10	16
年物流运输量（吨）	150		200		220		300		180	

解：这是一个直接利用重心法公式求配送中心坐标位置的问题。依题意，将各个连锁店的位置坐标代入公式（5-1），即可得到拟建物流配送中心的位置坐标

$$x_0 = \frac{2\times150+5\times200+3\times220+16\times300+10\times180}{150+200+220+300+180} = 8.15$$

$$y_0 = \frac{6\times150+10\times200+15\times220+8\times300+16\times180}{150+200+220+300+180} = 10.93$$

重心法适合于配送范围较小，只适合设立一个配送中心时的情况。重心法模型简单，计算工作量少，可以较快地求出配送中心选址的大体位置，但重心法考虑因素比较简单，因此还需要综合考虑前述的各种选址影响因素和实际情况对计算结果进行修正，以得到更合理的选址。

2. 运输问题法

对于多个供应商、多个客户、辐射范围较大、需要建立两个及两个以上的配送中心的情况，如图 5-13 所示，图中表示有 i 个供应商（$i=1$，2，…，m），每个供应商的供应量为 a_i，有 j 个客户（$j=1$，2，…，n），每个客户的需求量为 b_j；根据需要，拟建立 k 个配送中心（$k=1$，2，…，q），配送中心的需求量为 C_k。

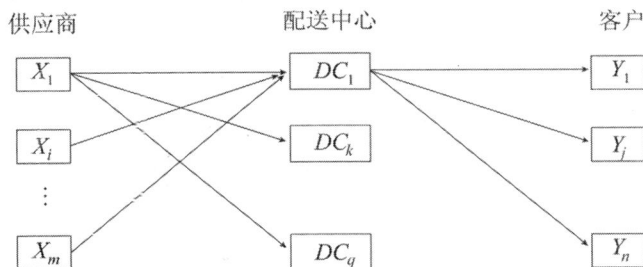

图 5-13　多个配送中心时的物流网络图

对于此类配送中心选址，在几个备选方案的各种影响因素的作用程度相差不多的时候，就可以看成运筹学中的运输问题，考虑用运输规划法求解，寻找出在最低运输成本下满足供应商、客户的配送中心位置。

对于图 5-13 所示拟建的多个配送中心的物流网络，假设每个客户的需求都经配送中心进货，不直接从供应商取货（亦即供应商不直接向客户供货），而且拟建的各配送中心的建设成本都差不多，即可以不考虑它们建设成本的差别。这时可以得到目标函数

$$F = \sum_{i=1}^{m}\sum_{k=1}^{q} c_{ik}x_{ik} + \sum_{k=1}^{q}\sum_{j=1}^{n} c_{ik}y_{ik} + \sum_{i=1}^{m}\sum_{k=1}^{q} c_k x_{ik} \quad x_{ik}, y_{kj} \geq 0 \tag{5-2}$$

式（5-2）中：F 为配送中心网络的总物流费用；C_{ik} 为配送中心 k 从供应商 i 进货的单位商品的运输费；C_{kj} 为配送中心 k 向客户 j 供货的单位商品的运输费；C_k 为在配送中心 k 中转商品时的单位商品中转费用；X_{ik} 为配送中心 k 从供应商 i 进货的数量；Y_{kj} 为配送中心 k 向客户 i 供货的数量。

该目标函数考虑了配送中心进货时的运输费用、出货时的运输费用和经由配送中心中转时的中转费用。不同的配送中心网络选址方案，对应的总物流费用不同。我们的目标是求得总物流费用最低的配送中心网络选址方案。目标函数 F 要满足如下约束条件：

① 从供应商调出的物品量不得大于该供应商的供应量 a_i，于是得到约束

$$\sum_{k=1}^{q} x_{ik} \leq a_{ik}, i = 1,2,\cdots,m$$

② 各客户调进的物品量不得小于该客户的需求量 b_i，于是得到约束

$$\sum_{k=1}^{q} y_{kj} \geq b_j, j = 1,2,\cdots,n$$

③ 对于每一个配送中心来说，它既不生产物品，也不消耗物品，因此每个配送中心调进的物品量应等于其调出的物品量，于是得到约束

$$\sum_{i=1}^{m} x_{ik} = \sum_{j=1}^{n} y_{kj}, k = 1,2,\cdots,q$$

公式（5-2）还可以进一步合并，得到公式（5-3）：

$$F = \sum_{i=1}^{m}\sum_{k=1}^{q} (c_{ik}+c_k)x_{ik} + \sum_{k=1}^{q}\sum_{j=1}^{n} c_{kj}y_{kj} \tag{5-3}$$

实训活动

【实训目的】

通过实践，让学生熟悉配送中心的作业流程和管理规范。

【实训内容】

模拟一个物流配送中心需要为一些客户配送各类商品，列出各商品的名称、数量、重量、体积等数据，引导学生完成配送任务。

【实训步骤】

1. 学生分组，根据分组情况分派配送任务。

2. 教师指导学生制订任务计划书。

3. 配送的实践作业，并填写配送业务中的各种单据（分拣单、发货通知单、运输通知

单、派车通知单、交运物品清单等）。

4．完成配送后，教师对各小组配送时间及路径作对比分析。

巩固练习

1．哪些因素可能影响物流配送中心的选址？

2．如何理解配送？配送分为哪些类型？

3．简述物流配送中心的作业管理流程。

4．物流配送路线的选择需要遵循哪些原则？

项目六　物流信息技术管理

学习目标

1. 了解物流信息系统的管理。
2. 掌握物流自动识别技术的应用。
3. 了解用于运输系统的各项信息技术。
4. 熟悉销售终端（Point of Sale，POS）与电子数据交换（Electronic Data Interchange，EDI）技术在物流环节的应用。

情景导入

在东莞，美宜佳是家喻户晓的便利店，但是没有多少人知道，这家连锁便利店的所有货物都是东莞市时捷物流有限公司配送的。东莞市所有的可口可乐饮料也是这家公司配送的。

时捷物流创立于 2002 年，是东莞市糖酒集团有限公司下属子公司。经过多年的发展，时捷物流和东莞本土连锁商店美宜佳、国美电器、苏宁电器、百事可乐、可口可乐等企业建立起合作关系，并在珠三角主要城市建立了物流分支机构，构筑珠三角地区具有集成化、全过程物流服务功能的第三方物流企业。

2006 年，时捷物流运用了新商品自动拣货系统。为了与重要客户美宜佳做好对接，时捷物流 2008 年进行信息技术系统升级，用于便利店仓储配送业务，与美宜佳实现数据的实时对接、实时更新。通过物流仓储系统，实现了商品"先进先出"管理；通过分拣系统，做到了无纸化作业，并采用各种电子显示板显示作业进度，实现流程的可视化。

东莞的物流公司不下百家，像时捷物流关注于为连锁商场配送货物的公司也不在少数，但时捷物流的信息化却是许多物流公司无法企及的。

时捷物流不但有自动拣货系统，还自动实现了内部行政后勤工作信息化，其中有自行开发的时捷系统和办公自动化办公系统，包括了第三方业务的信息数据和运行，运输车辆的管理、人事系统的运用、财务数据分析运用以及内部的沟通交流等。

时捷物流从成立以来，发展较迅速，近几年来备受关注，获得了不少荣誉。2006 年被国家商务部评为"万村千乡市场工程"试点企业，2007 年被东莞市人民政府评为"2007 年度东莞市商贸龙头企业"，2010 年再次被东莞市人民政府评为"2010 年度东莞市商贸龙头企业"。

（《信息技术助阵效率大提升》，南方日报，2011-6-28）

讨论与思考：

1. 物流信息化能够给企业带来哪些影响？
2. 目前物流企业普遍采用的信息技术有哪些？

任务一 物流管理信息系统

一、物流管理信息系统的概念

物流管理信息系统（Logistics Management Information System，LMIS）是一个以人为主导，利用计算机硬件、软件、网络通信设备以及其他办公设备，进行物流信息的搜集、传输、加工、储存、更新和维护、以物流企业战略竞优、提高效益和效率为目的，支持物流企业高层决策、中层控制、基层运作的集成化的人机系统。

企业物流和物流企业的每一项管理工作都是借助于信息处理的方式来完成的，工作人员每天花费大量的时间用于记录、查找、汇总和使用信息。计算机目前已经成为信息处理的重要工具。一方面，由于计算机网络和互联网的出现以及相关技术的发展，扩大和提高了计算机信息管理工作的范围和系统性；另一方面，信息管理进一步的应用需求也导致了物流管理信息系统的产生和发展。

物流管理信息系统是企业管理信息系统的一个分支，它利用信息技术对物流中的各种信息进行实时、集中、统一的管理，使物流、资金流、信息流三者同步，及时反馈市场、客户和物品的动态信息，为客户提供实时的信息服务。

从现代管理思想与理念以及全球经济的发展要求来看，一个有核心竞争力的物流企业必须实施信息系统管理。成功的经验表明，物流管理信息系统的应用带来的实效表现在：在解决复杂的管理问题时，可广泛应用现代数学成果，建立多种数学模型，对管理问题进行定量分析；使信息及时、准确、迅速地发送给管理者，提高管理水平；把局部问题置于整体之中，追求整体最优化；把大量的事务性工作交予计算机来完成，使人们从烦琐的事务中解放出来，有利于管理效率的提高。

二、物流管理信息系统的特征

尽管物流系统是企业经营系统的一部分，物流管理信息系统与企业其他部门的管理信息系统在基本面上没有太大的区别，但是，由于物流活动本身具有的时空上的特点，使得物流管理信息系统具有如下特征。

1. 开放性

为实现物流企业管理的一体化和资源的共享，物流管理信息系统应具备可与公司内部其他系统如财务、人事等管理系统相连接的性能。且系统不仅要在企业内部实现数据的整合和顺畅流通，还应具备与企业外部的供应链的各个环节进行数据交换的能力，实现各方面的无缝连接。尤其我国加入 WTO 后，系统还需考虑未来与国际通行的标准接轨的需要。目前，国际上在运输领域中已推行一系列 EDI 标准，我国交通部也制定推广了一部分 EDI 标准，物流系统应具备与这些标准接入的开放性特征。

2．可扩展性和灵活性

物流管理信息系统应具备随着企业发展而发展的能力。在建设物流管理信息系统时，应充分考虑企业未来的管理及业务发展的需求，以便在原有的系统基础上建立更高层次的管理模块。现在整个社会经济发展非常快，企业的管理及业务的变化也很快，这就要求系统能跟着企业的变革而变革。如物流企业进行了流程再造，采用了新的流程，原先的系统不能适应新的流程了；企业还需再进行投资，重新对新的流程进行管理信息系统的建设，从而造成资源的极大浪费。这就要求建设物流管理信息系统时应考虑系统的灵活性。

3．安全性

内联网（Intranet）的建立、互联网（Internet）的接入使物流企业的触角延伸得更远、数据更集中，但安全性的问题也随之而来。在系统开发的初期，这个问题往往被人们所忽略。但随着系统开发的深入，特别是网上支付的实现、电子单证的使用，安全性更成为物流管理信息系统的首要问题。

（1）内部安全性问题。资料的输入、修改、查询等功能应根据实际需要赋予不同部门的人适当的权限，如资料被超越权限的人看到或修改，容易造成企业商业机密的泄露或数据的不稳定；如公司的客户资料被内部非业务人员看到并泄露给企业的竞争对手；又如海运费等费用被别有用心的员工篡改，都会对企业造成极大的损失。内部安全性问题可通过对不同的用户授以不同的权限、设置操作人员进入系统的密码、对操作人员的操作进行记录等方法加以控制。

（2）外部安全性问题。系统在接入互联网后，将面临遭受病毒、黑客或未经授权的非法用户等攻击而导致系统瘫痪的威胁，也可能遭受外来非法用户的入侵并窃取公司的机密，甚至数据在打包通信时在通信链路上遭受截获等，因此系统应具备足够的安全性以防这些外来的侵入。外部安全性问题可通过对数据通信链路进行加密、监听，设置互联网与互联网之间的防火墙等措施实现。

4．协同性

（1）与客户的协同。系统应与客户的企业资源计划（Enterprise Resource Planning，ERP）系统、库存管理系统实现连接。系统可定期给客户发送各种物流信息如库存信息、船期信息、催款提示等。

（2）与企业内部各部门之间的协同。如业务人员可将客户、货物的数据输入系统，并实时供商务制作发票、报表，财务人员可根据业务人员输入的数据进行记账、控制等处理。

（3）与供应链上的其他环节的协同，如第三方物流应与船运公司、拖车公司、仓储、铁路、公路等企业通过网络实现信息传输。

（4）与社会各部门的协同。与社会各部门的协同，即通过网络实现与银行、海关、税务机关等信息即时传输。与银行联网，可以实现网上支付和网上结算，还可查询企业的资金信息；与海关联网，可实现网上报关、报税。

5．动态性

系统反映的数据应是动态的，可随着物流的变化而变化，能实时地反映货物流的各种状况，支持客户、公司员工等用户的在线动态查询。这就需要公司内部与外部数据通信的及时、顺畅。

6．快速反应

系统应能对用户、客户的在线查询、修改、输入等操作作出快速和及时的反应。在市场瞬息万变的今天，企业需要跟上市场的变化才可在激烈的市场竞争中生存。物流管理信息系统是物流企业的数字神经系统，系统的每一神经元渗入供应链的每一末梢，每一末梢受到的刺激都能引起系统的快速、适当的反应。

7．信息的集成性

物流过程涉及的环节多、分布广，信息随着物流在供应链上的流动而流动，信息在地理上往往具有分散性、范围广、数量大等特点，信息的管理应高度集成，同样的信息只需一次输入，以实现资源共享，减少重复操作和差错。目前大型的关系数据仓库通过建立数据之间的关联可帮助实现这一点。

8．支持远程处理

物流过程往往包括的范围广、涉及不同的部门并跨越不同的地区。在网络时代，企业间、企业同客户间的物理距离都将变成鼠标距离。物流管理信息系统应支持远程的业务查询、输入、人机对话等事务处理。

9．检测、预警、纠错能力

为保证数据的准确性和稳定性，系统应在各模块中设置一些检测小模块，对输入的数据进行检测，以把一些无效的数据排斥在外。如集装箱箱号在编制时有一定的编码规则（如前四位是字母，最后一位是检测码等），在输入集装箱箱号时，系统可根据这些规则设置检测模块，提醒并避免操作人员输入错误信息。又如许多公司提单号不允许重复，系统可在操作人员输入重复提单号时发出警示并锁定进一步的操作。

三、物流管理信息系统的组成与结构

1．物流管理信息系统的组成

总体上讲，物流管理信息系统的核心功能部分主要包括客户服务系统、物流资源调度系统、数码仓库应用系统、数码配送应用系统、实时信息采集系统5大部分。

（1）客户服务系统。根据实际运作的需要，客户可以通过互联网实现网上数据/订单的实时查询、对物品的实时跟踪，还可以在网上进行订单操作。

客户服务系统为用户提供商品的状态和库存情况，并根据各种报表和相应的数据分析提供决策分析，向用户提供增值的物流服务，包括代收销货款等。

（2）物流资源调度系统。物流资源调度系统负责处理客户的请求，平衡系统的仓储和运力资源，向数码仓库应用系统和数码配送应用系统发出指令，调度全国性或区域性的物流资源，完成各项物流任务。物流资源调度系统是整个数码物流体系的总控制台。

（3）数码仓库应用系统。数码仓库应用系统面向仓储作业管理，可以实现货物进出库以及在库管理。系统严格遵循目前已经成熟的仓库管理原则，如储位分配的靠近出口法则、以周转率为基础法则、产品同一性法则、产品类似性法则、产品互补性法则、先进先出法则、叠高的法则、面对信道的法则、产品尺寸法则、重量特性法则和产品特性法则等，同时系统引入码单详细描述在库货物的明细状况。数码仓库应用系统通过对仓库储位资源、工作设备的有效管理，从而提高工作效率和准确性。

（4）数码配送应用系统。数码配送应用系统面向配送、运输管理，主要包括货物配载、运输管理、运输跟踪 3 大部分功能。根据物流资源调度系统指令，结合运力资源载重、容积等信息，进行配载，提高车辆利用率；设计运输线路、降低运输成本，结合 GPS/GIS（Global Positioning System，全球定位系统/Geographic Information Systems，地理信息系统）技术实现运输跟踪功能。

（5）实时信息采集系统。实时信息采集系统主要包括条码（Barcode）系统、GPS/GIS、射频（Radio Frequency，RF）系统等。通过应用成熟的硬件技术，提高数据信息采集的准确度和效率，从而支持物流信息系统高效地运行。

2．物流管理信息系统的体系结构

在物流管理信息系统的体系结构中，物流服务应用为一个层次结构，其中每个层次自下向上提供服务和支持，如图 6 - 1 所示。

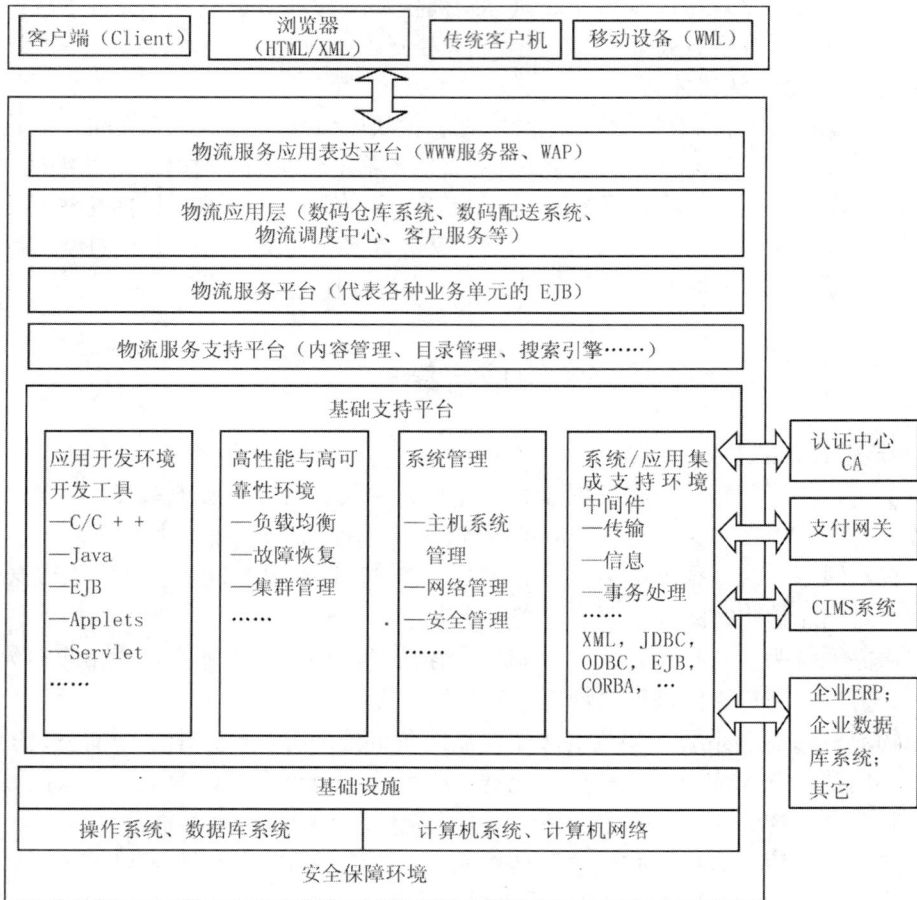

图 6 - 1　综合物流管理信息系统的体系结构

（1）安全保障环境。安全保障环境对整个系统提供对抗攻击、防止或者避免非法入侵的作用。这一环境对信息平台的计算机系统、网络和应用系统提供安全保障，以确保信息平台安全稳定地运行。

（2）基础设施。基础设施层是信息平台的运行环境。它包括条形码设备、全球定位系统（Global Positioning System，GPS）设备、计算机、网络等硬件环境，操作系统、数据库管理系统等软件环境，同时该部分还包括各种网络协议。

（3）基础支持平台。这部分也可被称为基础支持层，其作用是使信息平台系统的性能、效率和数据得到保证。它提供 4 种基本支持，即系统开发与维护环境、系统性能优化、系统可管理性和可靠性、应用的可操作性。

（4）物流服务支持平台。这部分也称为服务支持层。这一层次的作用是提高平台效率。它为信息平台和物流系统的应用软件提供辅助功能，简化应用程序开发。

（5）物流服务平台。这部分也可称为服务层。它是由一系列的可复用业务单元软件构件组成。这一层次直接为应用系统提供服务，优化应用层的功能，是服务支持平台的必要补充。

（6）物流应用层。这是信息平台的核心部分，也称作商务应用层。它实现系统的核心业务逻辑。该层通过定制各种业务流程，调用服务层的可复用业务单元软件构件来实现各种应用。

（7）物流服务应用表述平台。该层的作用是为商务应用层提供客户端表达支持，将应用层的各种物流逻辑处理结果以不同的形式提交给客户端，并负责完成物流服务系统与其服务器的交互。

任务二 自动识别系统

一、条码技术

任何一种条码，都是按照预先规定的编码规则和条码有关标准，由条和空组合而成的。每种条码的码制是由它的起始位和终止位的不同编码方式所决定的，条码阅读器要解译条形码符号，首先要判断此符号码制，才能正确译码。为了便于物品跨国家和地区的流通，适应物品现代化管理的需要以及增强条码自动识别系统的相容性，各个国家、地区和行业，都必须制定统一的条码标准。所谓条码标准，主要包括条码符号标准、使用标准和印刷质量标准。这类标准由各国的专门编码机构负责制定，也有地区性的标准和行业标准。

我国正式颁布的与条形码相关的国家标准如下：

（1）GB/T 12904—1998 通用商品条形码。

（2）GB/T 12905—1991 条形码系统通用术语条形码符号术语。

（3）GB/T 12906—1991 中国标准书号（ISBN 部分）条形码。

（4）GB/T 12907—2008 库德巴条码。

（5）GB/T 12908—1991 三九条形码。

（6）GB/T 14255—1993 通用商品条形码符号位置。

（7）GB/T 14258—1993 条形码符号印刷质量的检验。

（8）GB/T 15425—1994 贸易单元 128 条形码。

（9）GB/T 16825—1997 中国标准刊号（ISSN 部分）条形码。

（10）GB/T 16829—1997 交叉二五条形码。

（11）GB/T 16830—1997 储运单元条形码。

（12）GB/T 16986—1997 条形码应用标识。

（13）GB/T 17172—1997 四一七条形码。

（14）GB/T 12908—2002 信息技术 自动识别和数据采集技术 条码符号规范

国际上公认的用于物流领域的条码标准主要有通用商品条码、储运单元条码和贸易单元 128 条码 3 种。

（一）通用商品条码

通用商品条码是用于标识国际通用商品代码的一种模块组合型条码。EAN-13 码是国际物品编码协会在全球推广使用的一种商品条码，它是一种定长、无含义的条码，没有自校验功能，使用 0~9 共 10 个字符，如图 6-2 所示。

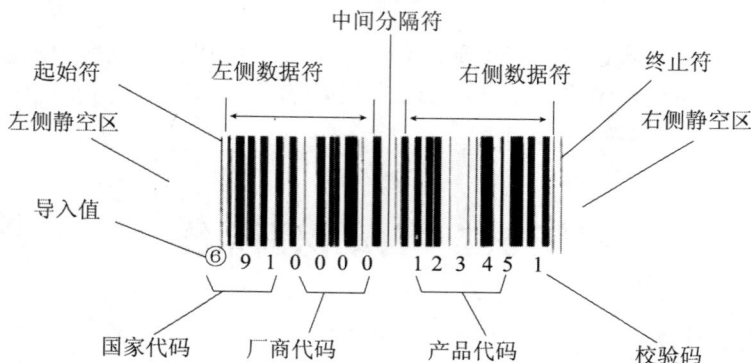

图 6-2 EAN-13 码

标准版商品条码符号由左侧空白区、起始符、左侧数据符、中间分隔符、右侧数据符、校验符、终止符、右侧空白区及供人识别字符组成。从起始符开始到终止符结束总共有 13 位数字，这 13 位数字分别代表不同的含义，且其不同的组合代表 EAN-13 码的不同结构。EAN 码由前缀码、厂商识别码、商品项目代码和校验码组成。前缀码是国际 EAN 组织标识各会员组织的代码，我国为 690、691 和 692；厂商代码是 EAN 编码组织在 EAN 分配的前缀码的基础上分配给厂商的代码；商品项目代码由厂商自行编码；校验码为了校验代码的正确性。最后一位为校验位，由前面的 12 位或 7 位数字计算得出。

标准版商品条码所表示的代码结构由 13 位数字组成，其结构有以下 3 种形式。

结构一：X13X12X11X10X9X8X7 X6X5X4X3X2 X1

其中：X13……X7 为厂商识别代码；X6……X2 表示商品项目代码；X1 为校验码。

结构二：X13X12X11X10X9X8X7X6 X5X4X3X2 X1

其中：X13……X6 为厂商识别代码；X5……X2 表示商品项目代码；X1 为校验码。

结构三：X13X12X11X10X9X8X7X6X5 X4X3X2 X1

其中：X13……X5 为厂商识别代码；X4……X2 表示商品项目代码；X1 为校验码。

当 X13X12X11 为 690、691 时，其代码结构同结构一；当 X13X12X11 为 692 时，其代码结构同结构二。

小贴士

校验码计算

第一步：从右向左顺序编号。

第二步：从序号 2 开始求出偶数位上数字之和 A。

第三步：A×3＝B

第四步：从序号 3 开始求出奇数位上数字之和 B。

第五步：A＋B＝C

第六步：用大于或等于结果 C 且为 10 最小整数倍的数减去 C，其差即为所求校验码的值。

例如：代码 690123456789X

$9 + 7 + 5 + 3 + 1 + 9 = 34$

$34 \times 3 = 102$

$8 + 6 + 4 + 2 + 0 + 6 = 26$

$102 + 26 = 128$

$130 - 128 = 2$ 校验码 X = 2

（二）储运单元条码

储运单元条码是专门表示储运单元编码的条码。储运单元是指为便于搬运、仓储、订货、运输等，由消费单元（通过零售渠道直接销售给最终用户的商品包装单元）组成的商品包装单元。在储运单元条码中又分为定量储运单元和变量储运单元。定量储运单元是指由定量消费单元组成的储运单元，如成箱的牙膏、瓶装酒、药品、烟等。而变量储运单元是指由变量消费单元组成的储运单元，如布匹、农产品、蔬菜、鲜肉类等。

1. 定量储运单元

定量储运单元一般采用 13 位或 14 位数字编码。当定量储运单元同时又是定量消费单元时，应按定量消费单元编码，采用 13 位数字编码；当定量储运单元内含有不同种类定量消费单元时，储运单元的编码方法是按定量消费单元的编码规则，为定量储运单元分配一个区别于它所包含的消费单元代码的 13 位数字代码；当由相同种类的定量消费单元组成定量储运单元时，定量储运单元可用 14 位数字代码进行编码标识。

2. 变量储运单元

变量储运单元编码由 14 位数字的主代码和 6 位数字的附加代码组成。变量储运单元的主代码和附加代码也可以用 EAN-128 条码标识。

3．交叉 25 码

交叉 25 码在仓储和物流管理中被广泛应用。它是一种连续、非定长、具有自校验功能，且条和空都表示信息的双向条码。由左侧空白区、起始符、数据符、终止符和右侧空白区构成，其中每一个条码数据符由 5 个单元组成，2 个是宽单元（用二进制 1 表示），3 个是窄单元（用二进制 0 表示）。交叉 25 码的字符集包括数字 0～9，如图 6-3 所示。

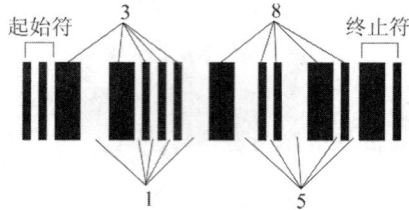

图 6-3　交叉 25 码

4．ITF-14 条码和 ITF-6 条码

ITF 条码是一种连续型、定长、具有自校验功能，并且条、空都表示信息的双向条码。ITF-14（如图 6-4）和 ITF-6 条码由矩形保护框、左侧空白区、条码字符、右侧空白区组成。其条码字符集、条码字符的组成与交叉 25 码相同。

0　48　91668　32668　9

图 6-4　ITF-14 条码

（三）贸易单元 128 条码

128 条码是一种长度可变的、连续型的字母数字条码。与其他一维条码相比，128 条码是较为复杂的条码系统，应用范围较大。

128 条码的内容由左侧空白区、起始符号、数据符、校验符、终止符、右侧空白区组成，128 条码具有 A、B、C 3 种不同的编码类型，可提供 ASCII 中 128 个字元的编码使用。

目前所推行的 128 码是 EAN-128 码（见图 6-5、表 6-1），EAN-128 码是根据EAN/UCC-128 码作为标准将资料转变成条码符号，并采用 128 码逻辑，具有完整性、紧密性、连接性和高可靠度的特性。应用范围涵盖生产过程中一些补充性的且易变动的信息，如生产日期、批号、计量等。可应用于货运标签、携带式资料库、连续性资料段、流通配送标签等。其优点包括：产品可变性信息的条码化；国际流通的共同协议标准；较佳的产品运输质量管理；更有效地控制生产、配送及销售；提供更安全可靠的供给源等。

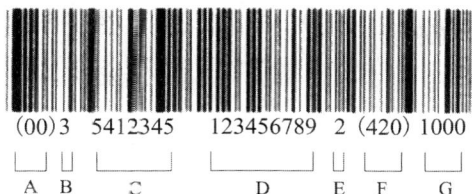

(00)3　5412345　123456789　2　(420)1000
A　B　　C　　　D　　E　F　G

图 6 - 5　EAN-128 码

表 6 - 1　EAN-128 码

代号	码别	长度	说明
A	应用识别码	18	00 代表其后的信息内容为运输容器序号，为固定 18 位数字
B	包装性能指示码	1	3 代表无定义的包装指示码
C	前置码与公司码	7	代表 EAN 的前置码与公司码
D	自行编定序号	9	由公司指定序号
E	检查码	1	检查码
F	应用识别码		420 代表其后的信息内容为配送邮政编码，用于仅有一邮政局时
G	配送邮政编码		代表配送邮政编码

（四）条码技术的应用流程

条码技术在配送管理应用时，需要根据不同的需求选用不同的软件和条码设备。系统使用的软件可分为两部分：一部分是条码终端使用的软件，另一部分是在配送中心计算机系统或服务器上使用的软件。条码终端使用的软件只完成数据的采集功能，较为简单。配送中心计算机系统或服务器中使用的软件包括数据库系统和配送中心管理软件。另外，系统中还需要配置条码打印机，以便打印各种标签，如货位、货架使用的标签、物品标志用的标签等。

配送中心条码技术应用流程见图 6 - 6。

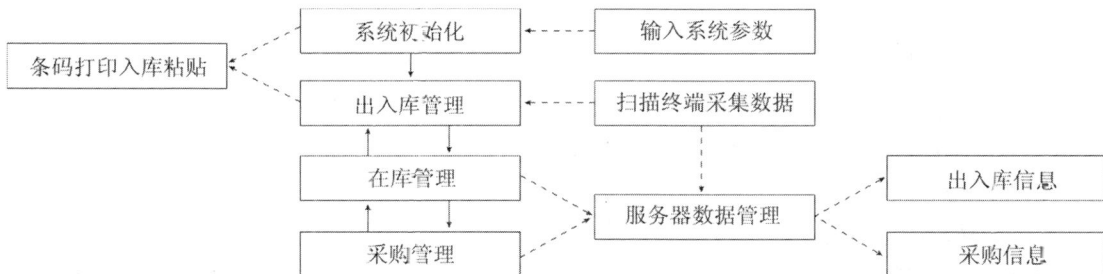

图 6 - 6　配送中心条码技术应用流程

二、射频识别技术

射频识别技术（Radio Frequency Identification，RFID）是自动识别技术的一种，通过无线射频方式进行非接触双向数据通信，对目标加以识别并获取相关数据。

（一）RFID 的特点

目前常用的自动识别技术中，条码和磁卡的成本较低，但是都容易磨损，且数据量很小。IC 卡虽然数据存储量较大，安全性好，但是价格稍高，也容易磨损。射频识别技术相对于这些识别技术具有以下特点：

1. 全自动快速识别多目标

RFID 阅读器利用无线电波，全自动瞬间接取标签的信息。并且可同时识别多个 RFID 电子标签，从而能够对这几个标签所对应的目标对象实施跟踪定位。

2. 应用面广

电子标签很小，可以轻易嵌入或附着在不同形状、类型的产品上，RFID 在读取上并不受尺寸大小与形状限制，所以，RFID 的应用面很广。

3. 可重复使用

RFID 可以重复使用，重复增加、修改、删除电子标签中的数据，不必像条码一样是一次性的、不可改变的。

4. 数据记忆量大

电子标签包含存储设备，因此可以存储的数据是很大的，存储容量也会越来越大。

5. 环境适应性强

RFID 电子标签将数据存储在芯片中，不会或比较少地受到环境因素的影响，从而可以在环境恶劣的情况下正常使用。同时，RFID 利用的电磁波可以穿透纸张、木材和塑料等非金属或非透明的材质，并能够进行穿透性通信。RFID 不仅有很强的穿透性，而且可以长距离通信，从而进一步增强了环境适应性。

6. 安全性高

RFID 电子标签中的是电子信息，其数据内容可设密码保护，不易被伪造及修改，因此，使用 RFID 更具安全性。

（二）RFID 系统组成

RFID 系统在具体的应用过程中，根据不同的应用目的和应用环境，系统的组成会有所不同，但从 RFID 系统的工作原理来看，系统一般都由信号发射机、信号接收机、编程器、发射接收天线几部分组成，如图 6-7 所示。

1. 信号发射机

在 RFID 系统中，信号发射机为了不同的应用目的，会以不同的形式存在，典型的形式是标签（tag）。标签相当于条码技术中的条码符号，用来存储需要识别传输的信息，另外，与条码不同的是，标签必须能够自动或在外力的作用下，把存储的信息主动发射出去。标签一般是带有线圈、天线、存储器与控制系统的低电集成电路。标签的主要作用，是存储物流对象的数据编码，对物流对象进行标识。通过天线将编码后的信息发射给读写器，或者接受读写器的电磁波反射给读写器。

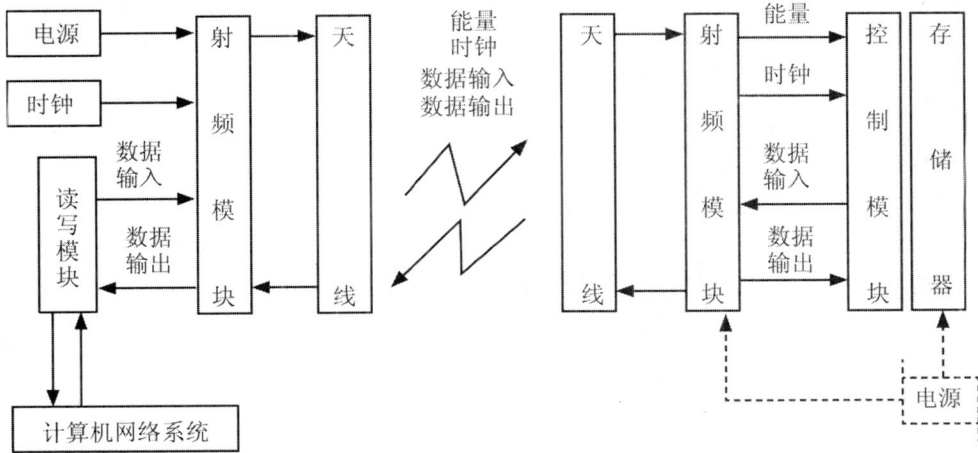

图 6-7 射频识别系统的组成示意图

射频标签基本功能有以下几点：

① 具有一定的存储容量，用以存储被识别对象的信息。

② 标签的数据能被读入或写入，而且可以编程，一旦编程后，就成为不可更改的永久数据。

③ 使用、维护都很简单，在使用期限内不需维护。

按照不同的分类，标签有许多不同的分类。

（1）主动式标签与被动式标签。在实际应用中，标签必须供电才能工作，虽然它的电能消耗是非常低的（一般是百万分之一毫瓦级别）。按照标签获取电能的方式不同，可以把标签分成主动式标签与被动式标签。主动式标签内部自带电池进行供电，它的电能充足，工作可靠性高，信号传送的距离远。另外，主动式标签可以通过设计电池的不同寿命对标签的使用时间或使用次数进行限制，它可以用在需要限制数据传输量或者使用数据有限制的地方，比如，一年内，标签只允许读写有限次。主动式标签的缺点主要是标签的使用寿命受到限制，而且随着标签内电池电力的消耗，数据传输的距离会越来越小，影响系统的正常工作。

被动式标签内部不带电池，要靠外界提供能量才能正常工作。被动式标签典型的产生电能的装置是天线与线圈，当标签进入系统的工作区域，天线接收到特定的电磁波，线圈就会产生感应电流，再经过整流电路给标签供电。被动式标签具有永久的使用期，常常用在标签信息需要每天读写或频繁读写多次的地方，而且被动式标签支持长时间的数据传输和永久性的数据存储。被动式标签的缺点主要是数据传输的距离要比主动式标签小。因为被动式标签依靠外部的电磁感应而供电，它的电能比较弱，数据传输的距离和信号强度就受到限制，需要敏感性比较高的信号接收器（阅读器）才能可靠识读。

（2）只读标签与可读写标签。根据内部使用存储器类型的不同，标签可以分成只读标签与可读可写标签。只读标签内部只有只读存储器 ROM（Read Only Memory）和随机存储器 RAM（Random Access Memory）。ROM 用于存储发射器操作系统说明和安全性要求较高的数据，它与内部的处理器或逻辑处理单元完成内部的操作控制功能，如响应延迟时间控制、数据流控制、电源开关控制等。另外，只读标签的 ROM 中还存储有标签的标识信息。这些信息可以由标签制造商写入 ROM 中，也可以在标签开始使用时由使用者根据特定的应用目的写入特殊的编码信息。这种信息可以只简单地代表二进制中的 0 或者 1，也可以像二维条码那样，包含复杂的相当丰富的信息。但这种信息只能是一次写入，多次读出。只读标签中的 RAM 用于存储标签反应和数据传输过程中临时产生的数据。另外，只读标签中除了 ROM 和 RAM 外，一般还有缓冲存储器。用于暂时存储调制后等待天线发送的信息。

可读可写标签内部的存储器除了 ROM、RAM 和缓冲存储器之外，还有非活动可编程记忆存储器。这种存储器除了存储数据功能外，还具有在适当的条件下允许多次写入数据的功能。非活动可编程记忆存储器有许多种，EEPROM（Electrically Erasable Programmable Read-Only Memory，电可擦除可编程只读存储器）是比较常见的一种，这种存储器在加电的情况下，可以实现对原有数据的擦除以及数据的重新写入。

（3）标识标签与便携式数据文件。根据标签中存储器数据存储能力的不同，可以把标签分成仅用于标识目的的标识标签与便携式数据文件两种。对于标识标签来说，一个数字或者多个数字、字母、字符串存储在标签中，为了识别的目的或者是进入信息管理系统中数据库的钥匙（key）。条码技术中标准码制的号码，如 EAN/UPC 码，或者混合编码，或者标签使用者按照特别的方法编的号码，都可以存储在标识标签中。标识标签中存储的只是标识号码，用于对特定的标识项目，如人、物、地点进行标识，关于被标识项目的详细的特定信息，只能在与系统相连接的数据库中进行查找。

便携式数据文件就是说标签中存储的数据非常大，足可以看做一个数据文件。这种标签一般都是用户可编程的，标签中除了存储标识码外，还存储有大量的被标识项目其他的相关信息，如包装说明、工艺过程说明等。在实际应用中，关于被标识项目的所有的信息都是存储在标签中的，读标签就可以得到关于被标识项目的所有信息，而不用再连接到数据库进行信息读取。另外，随着标签存储能力的提高，可以提供组织数据的能力，在读标签的过程中，可以根据特定的应用目的控制数据的读出，实现在不同情况下读出的数据部分不同。

2. 信号接收机

在射频识别（Radio Frequency Identification，RFID）系统中，信号接收机一般叫做阅读器。根据支持的标签类型不同与完成的功能不同，阅读器的复杂程度是显著不同的。阅读器基本的功能就是提供与标签进行数据传输的途径。另外，阅读器还提供相当复杂的信号状态控制、奇偶错误校验与更正功能等。标签中除了存储需要传输的信息外，还必须含有一定的附加信息，如错误校验信息等。识别数据信息和附加信息按照一定的结构编制在一起，并按照特定的顺序向外发送。阅读器通过接收到的附加信息来控制数据流的发送。一旦到达阅读器的信息被正确的接收和译解后，阅读器通过特定的算法决定是否需要发射机对发送的信号重发一次，或者知道发射器停止发信号，这就是"命令响应协议"。使用这种协议，即便在短时间、很小的空间阅读多个标签，也可以有效地防止"欺骗问题"的产生。

3. 编程器

只有可读可写标签系统才需要编程器。编程器是向标签写入数据的装置。编程器写入

153

数据一般是离线完成的，也就是预先在标签中写入数据，等到开始应用时直接把标签黏附在被标识的项目上。也有一些 RFID 应用系统，写数据是在线完成的，尤其是在生产环境中作为交互式便携数据文件来处理时。

4. 发射接收天线

天线是标签与阅读器之间传输数据的发射、接收装置。在实际应用中，除了系统功率，天线的形状和相对位置也会影响数据的发射和接收，需要专业人员对系统的天线进行设计、安装。

任一 RFID 系统至少应包含一根天线（不管是内置还是外置）以发射和接收 RF 信号。有些 RFID 系统是由一根天线来同时完成发射和接收；还有一些 RFID 系统则是由一根天线完成发射而另一根天线承担接收，所采用天线的形式及数量应视具体应用而定。

（三）RFID 的基本工作流程

射频识别系统的基本工作流程如下：

（1）读写器将无线电载波信号经过发射天线向外发射。

（2）当电子标签进入发射天线的工作区域时，电子标签被激活，将自身信息的代码经天线发射出去。

（3）系统的接收天线接收电子标签发出的载波信号，经天线的调节器传输给读写器。读写器对接收到的信号进行解调解码，送往后台的电脑控制器。

（4）电脑控制器根据逻辑运算判断该标签的合法性，针对不同的设定做出相应的处理和控制，发出指令信号控制执行机构的动作。

（5）执行机构按照电脑的指令动作。

（6）通过计算机通信网络将各个监控点连接起来，构成总控信息平台，可以根据不同的项目设计不同的软件来完成要实现的功能。

任务三　智能运输系统

一、运输信息系统管理

由于顾客需求的多样化和个性化，必然要求物流运输企业提供多频度、小数量、及时运送的高水准的物流服务，同时物流行业激烈的竞争也要求物流运输企业以适当的成本提供差别化的物流服务。特别是近年来，企业管理的一个重要发展趋势是企业采取选择和集中的经营战略，专注于主业和成长行业，其他业务采取外购和委托方式，其中之一是把物流运输业务完全委托给专门的物流运输企业去完成，这样，物流运输企业与它的顾客就形成了共同利益关系。作为第三方物流（Third Party Logistics，3PL）的运输企业，经营效率的高低直接影响整个供应链的经营效果，因此为了满足顾客的需要，为了在激烈的竞争中获得优势，为了提高整个供应链的经营效果，许多物流运输企业特别是大型物流运输企业都从战略高度出发建立了自己的战略信息系统、应用货物跟踪系统、运输车辆运行管理系统等物流信息系统，以提高企业的经营效率。下面着重介绍目前物流运输企业广泛采用的物流运输信息管理系统。

（一）货物跟踪系统

货物跟踪系统是指物流运输企业利用物流条形码和 EDI 技术及时获取有关货物运输状态的信息（如货物品种、数量、货物在途情况、交货时间、发货地和到达地、货物的货主、送货责任车辆和人员等），提高物流运输服务的方法，具体地说就是物流运输企业的工作人员在向货主取货时、在物流中心重新集装运输时及在向顾客配送交货时，利用扫描仪自动读取货物包装或者货物发票上的物流条形码等货物信息，通过公共通信线路、专用通信线路或卫星通信线路把货物的信息传送到总部的中心计算机进行汇总整理，这样，所有被运送的货物信息都集中在中心计算机里。货物跟踪系统提高了物流运输企业的服务水平，其具体作用表现在以下 4 个方面：

（1）当顾客需要对货物的状态进行查询时，只要输入货物的发票号码，马上就可以知道有关货物状态的信息。查询作业简便迅速，信息及时准确。

（2）通过货物信息可以确认货物是否将在规定的时间内送到顾客手中，能及时发现未在规定的时间内把货物交付给顾客的情况，便于马上查明原因并及时改正，从而提高运送货物的准确性和及时性，提高顾客服务水平。

（3）作为获得竞争优势的手段，提高物流运输效率，提供差别化物流服务。

（4）通过货物跟踪系统所得到的有关货物运送状态的信息，丰富了供应链的信息分享源，有关货物运送状态信息的分享有利于顾客预先做好接货以及后续工作的准备。建立货物跟踪系统需要较大的投资，如购买设备、标准化工作、系统运行费用等。因此只有实力雄厚的大型物流运输企业才能够应用货物跟踪系统。但是随着信息产品和通信费用的低价格化以及互联网的普及，许多中小物流运输企业也开始应用货物跟踪系统。在信息技术广泛普及的美国，物流运输企业建立本企业的网页，顾客可通过互联网与物流运输企业联系运货业务和查询运送货物的信息。在我国，许多物流运输企业也开始建立本企业的网页，通过互联网从事物流运输业务。

（二）车辆运行管理系统

在物流运输行业，由于作为提供物流运输服务手段的运输工具（如货车、火车、船舶、飞机等）在从事物流运输业务过程中处于移动分散状态，在作业管理方面会遇到其他行业所没有的困难。但是随着移动通信技术的发展和普及，出现了多种车辆运行管理系统，以下介绍两种车辆运行管理系统，一种是适用于城市范围内的应用 MCA（Multi Channel Access，多信道存取）无线技术的车辆运行管理系统，另一种是适用于全国、全球范围的应用通信卫星、全球定位系统（Global Positioning System，GPS）技术和地理信息系统（Geographic Information System，GIS）技术的车辆运行管理系统。

1. 应用 MCA 无线技术的车辆运行管理系统

MCA 无线系统由无线信号发射接受控制部门、运输企业的计划调度室和运输车辆组成。通过无线信号发射接收控制部门，运输企业的计划调度室与运输车辆能进行双向通话，无线信号管理部门通过科学地划分无线频率来实现无线频率的有效利用。由于 MCA 系统无线发射功率的限制，它只适用于小范围的通信联络。如城市内的车辆计划调度管理，在我国北京、上海等城市的大型出租运输企业都采用 MCA 系统。该系统在接到顾客运送货物的请求后，将货物品种、数量、装运时间、地点、顾客的联络电话等信息输入计算机，同时根据运行车辆移动通信装置发回的有关车辆位置和状态的信息，通过 MCA 系统由计算机自动地向离顾客最近的车辆发出装货指令，由车辆上装备的接收装置接收装货指令并打印出来。利用 MCA 技术的车辆运行管理系统不仅能提高物流运输企业效率，而且能提高顾客服务的满意度。

2. 应用通信卫星、GPS 技术和 GIS 技术的车辆运行管理系统

在全国范围甚至跨国范围进行车辆运行管理就需要采用通信卫星、全球定位系统和地理信息系统。采用通信卫星、GPS 技术和 GIS 技术的车辆运行管理系统，物流运输企业的计划调度中心和运行车辆通过通信卫星进行双向联络。

具体地说，物流运输企业计划调度中心发出的装货运送指令，通过公共通信线路或专用通信线路传送到卫星控制中心，由卫星控制中心把信号传送给通信卫星，再经通信卫星把信号传送给运行车辆，而运行车辆通过 GIS 系统确定车辆准确所在位置，找出到达目的地的最佳路线，同时通过车载的通信卫星接收天线、GPS 天线、通信联络控制装置和输出装置把车辆所在的位置和状况等信息通过通信卫星传回企业计划调度中心。物流运输企业通过应

用通信卫星、GPS 技术和 GIS 技术不仅可以对车辆运行状况进行控制，而且可以实现全企业车辆的最佳配置，提高物流运输业务效率和顾客服务满意程度。在地域辽阔的美国，由于采用通信卫星、GPS 技术和 GIS 技术的车辆运行系统能提高配车运送效率、缩短等待时间，因而越来越多的企业开始采用这一系统。

物流运输企业中的绝大多数是中小企业，而这些企业都以当地业务为主，属于地方企业。当运送范围超过了它的营业区域，在运送货物到达目的地之后回程时，往往找不到需要发往本地区的货物而空车返回。这样对企业来说，会增加成本减少利润，对社会来说，则会造成资源的浪费。而当运输业务集中出现时又往往会超出（中小）企业的能力，这时就需要其他企业的支援，否则会降低顾客服务水平，造成机会损失，因此需要把零散的中小物流运输企业组织起来建立一个向这些企业提供和交流求车和求货信息的系统。

二、GPS 技术及应用

全球定位系统（Global Positioning System, GPS）是利用由导航卫星构成的全球卫星定位系统进行测时和测距。GPS 能对静态、动态对象进行动态空间信息的获取，空间信息反馈快速，精度均匀，不受天气和时间的限制。目前全球有两套 GPS 可以利用：一是 NAVSTAR 系统，由美国研制，归美国国防部管理和操作；二是 GLONASS 系统，为俄罗斯拥有。因

为通常最先可利用的是 NAVSTAR 系统，故又将这一全球卫星定位导航系统简称为 GPS。GPS 主要用于船舶和飞机导航，对地面目标的精确定时和精密定位，地面及空中交通管制，空间及地面灾害监测等。

我国已经开始建设拥有自主知识产权的全球卫星导航系统——北斗卫星导航系统。这也是我国自主建立的第一代卫星导航定位系统。自 2000—2006 年，我国已成功发射了 3 颗"北斗导航试验卫星"，建成了北斗导航试验系统。该系统可在服务区域内任何时间、任何地点，为用户确定其所在的地理经纬度信息，并提供双向短报文通信和精密按时服务。目前，系统已在测绘、电信、水利、公路交通、铁路运输、渔业生产、勘探、森林防火和国家安全等诸多领域逐步发挥重要作用。

GPS 在物流产业中起重要的作用，其表现如下：

（1）实时监控功能。在任意时刻通过发出指令查询运输工具所在的地理位置（经度、纬度、速度等信息）并在电子地图上直观地显示出来。

（2）双向通信功能。GPS 的用户可使用 GSM 的话音功能与司机进行通话或使用本系统安装在运输工具上的移动设备的汉字液晶显示终端进行汉字消息收发对话。

驾驶员通过按下相应的服务、动作键，将该信息反馈到网络 GPS 上，质量监督员可在网络 GPS 工作站的显示屏上确认其工作的正确性，了解并控制整个运输作业的准确性（发车时间、到货时间、卸货时间、返回时间等）。

（3）动态调度功能。调度人员能在任意时刻通过调度中心发出文字调度指令，并得到确认信息。

可进行运输工具待命计划管理：操作人员通过在途中信息的反馈，运输工具未返回车队前即做好待命计划，可提前下达运输任务，减少等待时间。

可加快运输工具周转速度运能管理：将运输工具的运能信息、维修记录信息、车辆运行状况登记处、司机人员信息、运输工具的在途信息等多种信息提供给调度部门决策，以提高车辆利用率，尽量减少空车时间和空车距离，充分利用运输工具的运能。

（4）数据存储、分析功能。实现路线规划及路线优化，事先规划车辆的运行路线、运行区域，何时应该到达什么地方等，并将该信息记录在数据库中，以备以后查询、分析使用。

可靠性分析：汇报运输工具的运行状态，了解运输工具是否需要较大的修理，预先做好修理计划，计算运输工具平均每天差错时间，动态衡量该型号车辆的性能价格比。

服务质量跟踪：在中心设立服务器，并将车辆的有关信息（运行状况、在途信息、运能信息、位置信息等用户关心的信息）让有该权限的用户能异地方便地获取。同时，还可对客户索取的信息中的位置信息用相对应的地图传送过去，并将运输工具的历史轨迹印在上面，使该信息更加形象化。

依据资料库储存的信息，可随时调阅每台运输工具以前的工作资料，并可根据各管理部门的不同要求制作各种不同形式的报表，使各管理部门能更快速、更准确地作出判断及提出新的指示。

GPS 的广泛应用使 GPS 供应商和物流运输企业实现了利益上的"双赢"战略，降低了投资费用并实现了信息的无地域性共享。

三、GIS 及应用

地理信息系统（Geographic Information System，GIS）是以地理数据库为基础，在计算机软硬件的支持下，对空间相关数据（资源与环境等的空间信息和属性信息）进行采集、管理、操作、分析、模拟和显示，并采用地理模型分析方法，实时提供多种空间和动态的地理信息，为地理研究和地理决策服务而建立起来的计算机技术系统。其工作流程如图 6 - 8 所示。

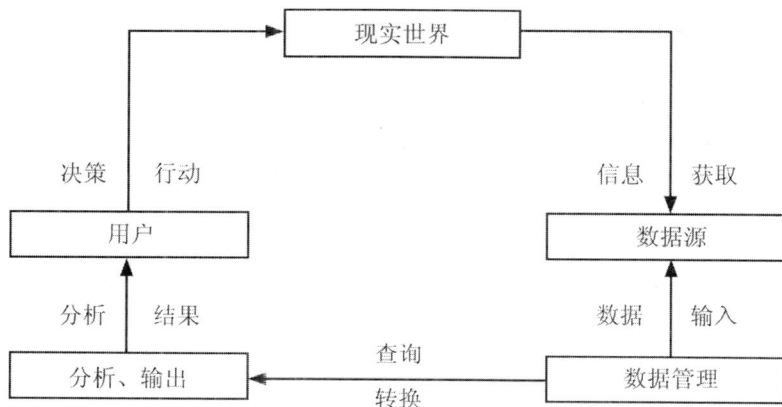

图 6 - 8   GIS 系统工作流程

1. GIS 在仓库规划中的应用

由于 GIS 本身是把计算机技术、地理信息和数据库技术紧密相结合起来的新型技术，其特征非常适合仓库建设规划，从而使仓库建设规划走向规范化和科学化，使仓库建设的经费得到最合理的运用。仓库 GIS 作为仓库 MIS 中的一个子系统，它用地理坐标、图标的方式更直观地反映仓库的基本情况，如仓库建筑情况、仓库附近公路和铁路情况、仓库物资储备情况等；它是仓库 MIS 的一个重要分支和补充。

作为仓库规划的 GIS 应用系统，它主要解决两个方面的问题。一是解决仓库建设的规划审批，二是必须能为规划师和上级有关部门提供辅助决策功能。从仓库整个的宏观规划来说，它还可以解决仓库的宏观布局问题。仓库规划的 GIS 应用系统总体结构如图 6 - 9 所示。

图中各模块的功能如下：

（1）用户接口，提供用户调用系统其他功能的人机界面，要求界面美观实用，适合用户的操作习惯。

（2）数据库管理子系统，提供各种数据入库及建库管理。它由基础地形图库管理（通过分幅输入、接边和校准，形成一张完整的仓库地形图）、规划数据库（该库主要用来存放容积率、绿化率、限高等要素，以供规划参考，同时，它也存放规划行业的法规文件以供检索）、现状数据库（该库主要用来存放现存的所有建筑地理位置及用地现状，可作为规划用地参考）、属性数据库（该数据库主要存放工作表格、规划设计说明信息、统计数据及各种帮助信息）等模块组成。

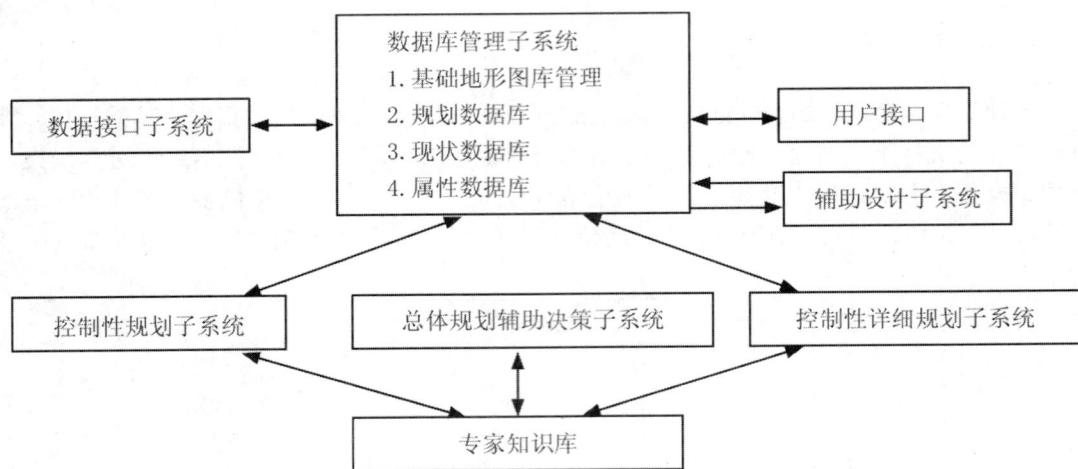

图 6 - 9　GIS 应用系统总体结构图

（3）数据接口子系统，主要完成和其他应用系统（如仓库货物管理信息系统、仓库人事管理信息系统等）的数据交换，实现数据共享。

（4）辅助设计子系统，提供各种线型、型号的设计功能及各种计算模块，为规划设计服务。

（5）专家知识库，主要存放仓库的入口分布情况、水文地质条件、仓库周围的社会经济情况和规划师的经验性知识等，以供规划决策使用。

（6）总体规划辅助决策子系统，根据用地现状、社会经济条件、人口分布情况、水文地质条件及经验性知识进行定性推理，得到仓库空间布局和用地安排等的总体规划方案，以供上级部门和专家决策使用。

（7）控制性规划子系统，在仓库总体规划指导下，根据规划控制数据库中的数据和知识库中的知识进行定性推理，得出各地块的用地面积、建筑容积率、总建筑面积、建筑间隔、库内交通和艺术风格等系统控制性设想方案，供专家决策使用。

（8）控制性详细规划子系统，该子系统是对仓库建设用地进行细分，并对细分后的各区、片、块建设用地的使用性质和使用强度作控制，为修建性详细规划提供编制准则与依据，使规划设计、管理、开发有机结合。

2．GIS 在铁路运输中的应用

（1）铁路运输地理信息系统功能：

① 铁路运输地理信息系统便于销售、市场、服务和管理人员查看客运站、货运站、货运代办点、客运代办点之间的相对地理位置、运输专用线和铁路干线之间的相对地理位置。用不同颜色和填充模式来区分各种表达信息，使用户看到销售区域、影响范围、最大客户、主要竞争对象、人口状况及分布、工农业统计值等。由此综合，可看到增加运输收入的潜在地区，从而扩大延伸服务。通过这种可视方式，能更好地制定市场营销和服务策略，有效地分配市场资源。

② 环境分析及动态预测。市场是动态的，市场营销需要动态管理，货运和客运均为动

态事件，它们与外界环境密切相关，并随着周围环境（如地理位置、城市规划、产业结构、宏观调控、政策法规等）的不断变化而变化。货运和客运的营销均需考虑地理因素的影响。地理信息系统可以通过地理编码功能，将销售数据与地图建立联系，用户单击地图上的任意对象，可同时看到与该对象相关联的所有数据，如用户地址、月度运输计划、主要债务，以及用户、竞争对手分布图。甚至包括周边环境，如面积、工农业产值、矿产资源、人口分布、人口数量、收入水平等。运用地理信息系统，利用上述环境信息数据，可以进行客货运销售分析，评估经济效益；或建立数学模型，预测货物流量和流向，并显示在地图上。用户可以根据预测结果，对运输模式及销售区域规划。此外，还可以对突发事件进行应急处理，如运用地理信息系统实现救灾物资和装备的查询、调配、运输路线选择及运输方式协调等。

③ 区域规划。没有可视化工具，决策者和市场营销人员仅凭感觉建立网点，则制定不出现实的目标，难以很好地分配人力及财力。运用地理信息系统，销售客户、销售期望，以及领先值可以储存在地理区域数据库中，管理和营销人员可以观察每个现有的和潜在的销售区域业绩，进而实现区域规划。例如，某车站行李员在建立代办点时，由于调查了解不足，导致行李房代办点较密集，而厂矿货物发生区代办点较少，不能很好地实现车站营销目标。运用地理信息系统，在相关区域内调查货源、货运量（包括其他运输形式的货运量），分析货物流向及流量，对于较大规模货运量的区域设置代办点，甚至设置货运专月线，对于较少规模货运量的区域则合并或撤销代办点。

④ 客户服务。各种运输方式之间的市场竞争，实际上就是为客户服务的竞争。同样的运输费用，人们首选客户服务较好的运输方式。诸如地理位置选择、经济发展方向、竞争优势比较、人口密度统计，以及其他有关数据信息，就成为铁路运输业获得市场和客户的关键。利用这些数据，要保证客户在选择运输或旅行方式时能够随时发现铁路车站和代办点的存在，并方便找出解决需求的方法。联运代理商和物资专业线可根据这些信息了解客、货运需求。不管是对运输大户还是需要优质方便服务的分散客户，市场策划及营销人员、决策管理者，必须对他们的需求既要有预见性，又要做出及时优质的反应。

（2）数据库统计。根据需求分析和数据字典设计数据库。数据库应是开放式的，可以进行扩充和删改，并且实现不同软件平台使用及远程客户服务需要。

（3）数据采集。铁路运输地理信息系统的主要工作在于采集大量信息数据。信息数据可分为静态数据和动态数据。静态数据指货场分布、铁路及专用线分布、区域面积等；动态数据指客流量、货流量等不断变化的数据。从地理信息系统角度，信息数据可分为空间属性数据和管理属性数据。销售点的坐标为空间属性数据，销售点销售额为管理属性数据。使用手持数字化仪进行地图数字化（地图比例初定为1∶5 000），可以实现空间属性数据录入。管理属性数据采集则依据录入程序进行录入；对于来自各管理系统的数据，利用远程调用后，并进行数据转换及整理，从而实现数据入库。

（4）功能设计。功能设计是系统的核心，有以下模块：

① 查询及显示模块。可以显示铁路专用线与公路、水系的分布信息，显示货运代办点、客票代售点和车站的分布信息。可以查询基础地理信息、查询货运销售信息和客运销售信息、查询各销售网点的布置及营销业绩、查询铁路线和专用运输信息，也可以通过逻辑表

达式选择符合条件的运输信息。

② 销售分析模块。汇总各销售网点的销售额，根据销售额和基础地理信息数据，证明各网点存在的合理性，并推荐设置新网点的位置。

③ 预测模块。根据资源信息和客、货运信息，对销售网点进行规划并计算风险系数，根据风险系数提供合理的销售网点分布，并标识应该维持、撤销和增添的销售点。建立客运量和货运量的预测模型，预测客运和货运的流向和流量，对销售点的销售额进行合理分配。

④ 系统维护模块。通过模块实现自动维护，包括数据库更新和电子地图更新两部分。

⑤ 图表输出模块。对各种信息进行汇总，形成不同形式的表格和图形，并进行屏幕显示或打印输出。

（5）系统集成。对于已完成的电子地图和各类数据库，利用 ArcView 或 MAP / INFO 进行桌面地理信息系统后开发（包括电子地图显示和信息查询、图表的汇总和输出等），并利用 C++语言编写分析预测模块，调用数据库相关数据，进行预测和风险分析。

3. 车辆监控系统

车辆监控系统是集 GPS、GIS 和现代通信技术为一体的高科技系统。其主要功能是对移动车辆进行实时动态的跟踪，利用无线通信设备将目标的位置和其他信息传送至主控中心，在主控中心进行地图匹配后显示在监视器上。主控中心还能够对移动车辆的准确位置、速度和状态等必要的参数进行监控和查询，从而科学地进行调度和管理，提高运营效率。移动车辆如果遇到麻烦或者其安全受到侵害，可以向主控中心发送报警信息，及时得到附近保安部门的支援，所以车辆监控系统还能够提供车辆安全服务，在智能交通系统（Intelligent Transport System，ITS）中的应用是相当广泛的。

车辆监控系统分为主控中心和移动车辆设备。公共的部分是移动通信装置和 GPS 定位装置。移动通信装置可以是大区制的集群系统设备、小区制的蜂窝设备（如 GSM 手机），再利用无线和有线通信网将监控系统和现有的通信系统联结起来，从而能够实现各种各样的功能。

4. GIS 在物流分析方面的应用

GIS 在物流分析方面的应用，主要是指利用 GIS 强大的地理数据功能来完善物流分析技术。国外公司已经开发出利用 GIS 为物流分析提供专门分析的工具软件。完整的 GIS 物流分析软件集成了车辆路线模型、最短路径模型、网络物流模型、分配集合模型和设施定位模型等。

（1）车辆路线模型，用于解决一个起始点、多个终点的货物运输中如何降低物流作业费用，并保证服务质量的问题，包括决定使用多少辆车，每辆车的路线等。

（2）网络物流模型，用于解决寻求最有效的分配货物路径问题，也就是物流网点布局问题。如将货物从 n 个仓库运往 m 个商店，每个商店都有固定的需求量，因此需要确定由哪个仓库提货送给哪个商店，所耗的运输代价最小。

（3）分配集合模型，可以根据各个要素的相似点把同一层上的所有或部分要素分为几个组，用以解决确定服务范围和销售市场范围等问题。如某一公司要设立 z 个分销点。要求这些分销点要覆盖某一地区，而且要使每个分销点的顾客数目大致相等。

（4）设施定位模型，用于确定一个或多个设施的位置。在物流系统中，仓库和运输线共同组成了物流网络，仓库处于网络的节点上，节点决定线路，如何根据供求的实际需要并结合经济效益等原则，在既定区域内设立多少个仓库，每个仓库的位置，每个仓库的规模，以及仓库之间的物流关系等问题，运用此模型均能很容易地得到解决。

任务四　POS 与 EDI 技术

一、销售时点信息系统

POS（Point of Sale）系统即销售时点信息系统，最早应用于零售业，后来逐渐扩展至金融、旅馆等服务性行业，利用 POS 系统的范围也从企业内部扩展到整个供应链。现代 POS 系统已不仅仅局限于电子收款技术，它要考虑将计算机网络、电子数据交换技术、条形码技术、电子监控技术、电子收款技术、电子信息处理技术、远程通信、电子广告、自动仓储配送技术、自动售货、备货技术等一系列科技手段融为一体，从而形成一个综合性的信息资源管理系统。

1. POS 系统的组成

POS 系统包含前台 POS 系统和后台 MIS 系统两大基本部分。

（1）前台 POS 系统。前台 POS 系统是指通过自动读取设备（主要是扫描器），在销售商品时直接读取商品销售信息（如商品名称、单价、销售数量、销售时间、销售店铺、购买顾客等）实现前台销售业务的自动化，对商品交易进行实时服务和管理，并通过通信网络和计算机系统传送至后台，通过后台计算机系统（MIS）的计算、分析与汇总等掌握商品销售的各项信息，为企业管理者分析经营成果、制定经营方针提供依据，以提高经营效率的系统。

（2）后台 MIS 系统。后台 MIS（Management Information System）系统又称管理信息系统。它负责整个商场进、销、调、存系统的管理以及财务管理、库存管理、考勤管理等。它可根据商品进货信息对厂商进行管理，又可根据前台 POS 提供的销售数据，控制进货数量，合理周转资金，还可分析统计各种销售报表，快速准确地计算成本与毛利，也可以对售货员、收款员业绩进行考核，是员工分配工资、奖金的客观依据。因此，商场现代化管理系统中前台 POS 与后台 MIS 是密切相关的，两者缺一不可。

2. POS 系统的运行

POS 系统的运行由以下 5 个步骤组成：

（1）店里销售的商品都贴有表示该商品信息的条形码或光学识别（Optical Character Recognition，OCR）标签。

（2）在顾客购买商品结账时，收银员使用扫描读数仪自动读取商品条形码标签或 OCR 标签上的信息，通过店铺内的微型计算机确认商品的单价，计算顾客购买总金额等，同时返回给收银机，打印出顾客购买清单和付款总金额。

（3）各个店铺的销售时点信息通过 VAN（Value Added Network，增值网络）以在线联结方式即时传送给总部或物流中心。

（4）在总部，物流中心和店铺利用销售时点信息来进行库存调整、配送管理、商品订货等作业。通过对销售时点信息进行加工分析来掌握消费者购买动向，找出畅销商品和滞销商品，并以此为基础，进行商品品种配置、商品陈列、价格设置等方面的作业。

（5）在零售商与供应链的上游企业（批发商、生产厂家、物流业者等）结成协作伙伴关系（也称为战略关系）的条件下，零售商利用 VAN 在线联结的方式把销售时点信息即时传送给上游企业。这样上游企业可以利用销售现场的最及时准确的销售信息制订经营计划、进行决策。例如，生产厂家利用销售时点信息进行销售预测，掌握消费者购买动向，找出畅销商品和滞销商品，把销售时点信息（POS 信息）和订货信息（EOS 信息）进行比较分析来把握零售商的库存水平，以此为基础制订生产计划和零售商库存连续补充计划（Continuous Replenishment Program，CRP）。

二、EDI 技术

1．EDI 与物流 EDI 的概念

在现代企业管理活动中，每个企业每天都要与供应商、客户、其他企业以及企业内部各部门之间进行通信或交换数据，每天都产生大量的纸张单证。纸张单证是企业管理中重要的信息流，而这些单证中有相当大一部分数据重复出现的，需要反复地键入，如订单、发票、运单、采购单、银行对账单等。在企业交易量与信息量日益扩大的情形下，交易文件靠传统的纸质单证、物理邮寄传递及人工处理已不能适应。正是在这种背景下，电子数据交换技术应运而生。

电子数据交换（Electronic Data Interchang，EDI）又称无纸贸易，是 20 世纪 80 年代发展起来的集计算机应用、通信网络和数据标准化为一体的产物。它是指商业贸易伙伴之间，将按标准、协议规范化和格式化的经济信息通过电子数据网络，在单位的计算机系统之间进行自动交换和处理。它是电子商业贸易的一种工具，将商业文件按统一的标准编制成计算机能识别和处理的数据格式，在计算机之间进行传输。

国际标准化组织（International Standards Organization，ISO）于 1994 年确认 EDI 的技术定义：将贸易（商业）或行政事务处理按照一个公认的标准变成结构化的事务处理或信息数据格式，从计算机到计算机的电子传输。物流 EDI 是指货主、承运业主以及其他相关的单位之间，通过 EDI 系统进行物流数据交换，并以此为基础实施物流作业活动。近年来，EDI 在物流中被广泛应用。物流 EDI 的参与对象有货主（如生产厂家、贸易商、批发商、零售商等）、承运业主（如独立的物流承运业务等）、实际运送货物的交通运输企业、协助单位（政府有关部门、金融企业等）和其他的物流相关单位（如仓库业者、配送中心等）。物流 EDI 的框架结构如图 6－10 所示。

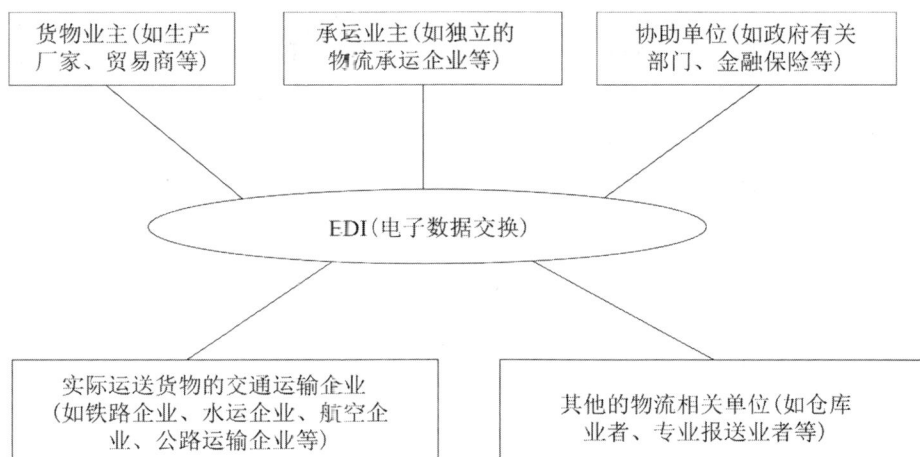

图6-10 物流EDI的框架结构

EDI不仅是用电子单据取代纸张单据、用电子数据传输取代传统数据传输(邮寄、电话、人工投递等)的方法,而且更是一种用电子数据输入取代人工数据输入的方法。EDI的目的不仅是消除纸张,更主要的是消除处理的延误及数据的重复输入。在传统的物流数据流通过程中,关联双方及各有关管理部门之间往往要大量的重复数据抄写或输入。因此,产生了大量的时间延误、准确率低、劳动力消耗多和信息到达不确定等问题。而EDI本质在于通过EDI方式把物流的各个环节连接起来,形成一个统一的有机整体,从而使得物流的各个环节都能共享一次性输入的数据,解决传统的物流过程中的上述问题。因此,应用EDI可以降低企业业务处理差错,缩短业务运转时间,降低物流运营成本,改善顾客服务质量,降低库存成本,加速资金流动,提高企业竞争能力。

2.EDI系统的基本模块

在EDI中,EDI参与者所交换的信息客体称为邮包。在交换过程中,如果接收者从发送者所得到的全部信息包括在所交换的邮包中,则认为语义完整,并称该邮包为完整语义单元(CSU)。CSU的生产者和消费者统称为EDI的终端用户。

在EDI工作过程中,所交换的报文都是结构化的数据,整个过程都是由EDI系统完成的。EDI系统结构如图6-11所示。

(1)用户接口模块。业务管理人员可用此模块进行输入、查询、统计、中断、打印等,及时地了解市场变化,调整策略。

(2)内部接口模块。这是EDI系统和本单位内部其他信息系统及数据库的接口,一份来自外部的EDI报文,经过EDI系统处理之后,大部分相关内容都需要经内部接口模块送往其他信息系统,或查询其他信息系统才能给对方EDI报文以确认的答复。

(3)报文生成及处理模块。该模块有两个功能:

① 接受来自用户接口模块和内部接口模块的命令和信息,按照EDI标准生成订单、发票等各种EDI报文和单证,经格式转换模块处理之后,由通信模块经EDI网络发给其他EDI用户。

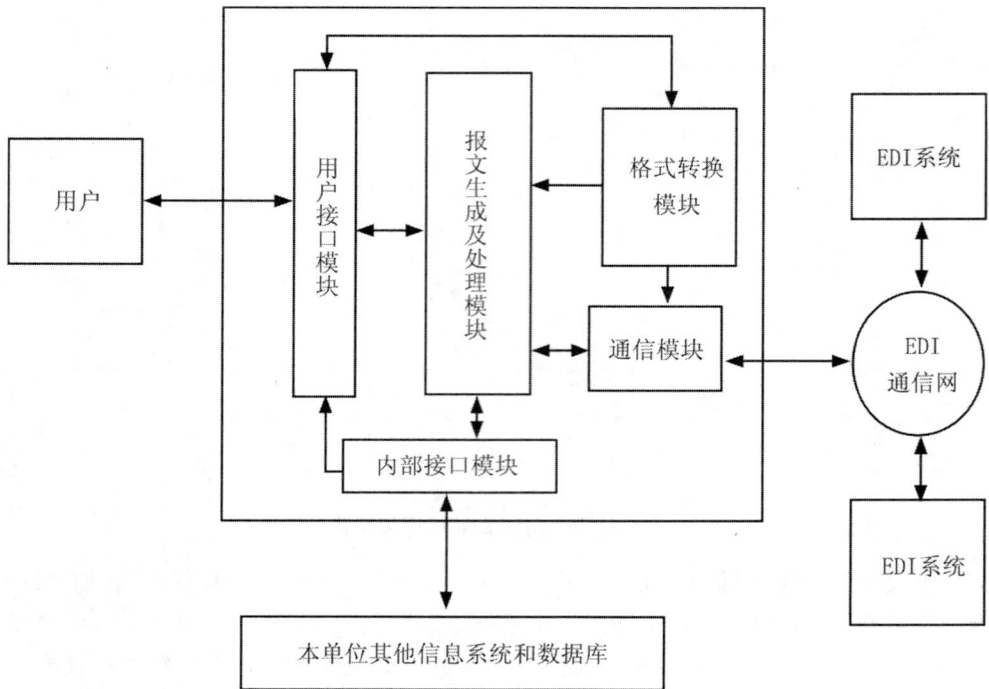

图 6-11　EDI 系统结构

② 自动处理由其他 EDI 系统发来的报文。在处理过程中要与本单位信息系统相连获取必要信息并给其他 EDI 系统答复，同时将有关信息送给本单位其他信息系统。如因特殊情况不能满足对方的要求，经双方 EDI 系统多次交涉后不能妥善解决的，则把这一类事件提交用户接口模块，由人工干预决策。

（4）格式转换模块。所有的 EDI 单证都必须转换成标准的交换格式，转换过程包括语法上的压缩、嵌套、代码的替换以及必要的 EDI 语法控制字符。在格式转换过程中要进行语法检查，对于语法出错的 EDI 报文应拒收并通知对方重发。

（5）通信模块。该模块是 EDI 系统与 EDI 通信网络的接口，包括执行呼叫、自动重发、合法性和完整性检查、出错报警、自动应答、通信记录，报文拼装和拆卸等功能。

3．EDI 的基本功能

（1）命名和寻址功能。EDI 的终端用户在共享的名字当中必须是唯一可标识的。命名和寻址功能包括通信与鉴别两个方面。

在通信方面，EDI 是利用地址而不是名字进行通信的。因而要提供按名字寻址的方法，这种方法应建立在开放系统目录服务 ISO 9594 基础上。在鉴别方面，有若干级必要的鉴别，即通信实体鉴别，发送者与接收者之间的相互鉴别等。

（2）安全功能。EDI 的安全功能应包含在上述所有模块中。它包括以下一些内容：

① 端用户以及所有 EDI 参与方之间的相互验证。

② 数据完整性

③ EDI 参与方之间的电子（数字）签名。

④ 否定 EDI 操作活动的可能性

⑤ 密钥管理。

（3）语义数据管理功能。完整语义单元（CSU）是由多个信息单元（Information Unit, IU）组成的。其 CSU 和 IU 的管理服务功能包括：

① IU 应该是可标识和可区分的。

② IU 必须支持可靠的全局参考。

③ 应能够存取指明 IU 属性的内容，如语法、结构语义、字符集和编码等。

④ 应能够跟踪和对 IU 定位。

⑤ 对终端用户提供方便和始终如一的访问方式。

实训活动

【实训目的】

通过实物接触，加强学生对物流的各类信息技术的认知。

【实训内容】

跟踪调查不同种类的生产品，查找其从生产到流通至用户手中，运用到了哪些信息技术。统计使用最多的信息技术，并了解其运作原理。

【实训要求】

1. 学生分组调查，对比发现的信息技术数量。

2. 列出与物流环节最紧密的信息技术。

3. 引导学生发掘各信息技术带来的成果。

巩固练习

1. 物流管理信息系统具有哪些特征？

2. 物流管理信息系统包括哪些常用组成部分？

3. 通用商品条码由哪些部分组成？

4. 简述 GPS 与 GIS 在物流发展中的作用。

5. POS 与 EDI 具有哪些功能？

项目七　物流成本管理

学习目标

1. 了解物流成本的构成与分类。
2. 熟悉物流成本管理的原则与方法。
3. 掌握物流成本的控制程序及方法。
4. 能够分析、预测物流成本，并作出决策。

情景导入

"高速公路收费暴利超房地产、菜价流通成本占七成……"尽管批评物流成本太高从而推高终端价格的质疑屡见报端，但最新的数据显示，我国物流成本占国内生产总值（Gross Domestic Product，GDP）比例偏高的问题，似乎未有明显改善迹象。中国物流与采购联合会发布的《2011年上半年物流运行情况分析》显示，2011年上半年我国社会物流总费用为3.7万亿元，同比增长18.5%，增幅比2011年第一季度提高0.6个百分点，比2010年同期提高0.7个百分点。社会物流总费用与GDP的比率为18%，而2010年上半年以来一直在17.9%左右，同比提高0.1个百分点。

物流成本占GDP比重，是国际上比较公认的衡量一个国家或地区物流业的发展水平与运作效率的标准。据了解，在人力成本高昂的西方发达国家，物流成本占GDP比重一般为8%~10%。我国物流成本比发达国家要高出一倍，国内商品90%以上的时间都用在仓储、运输、包装、配送等环节上，这导致物流效率低下且价格攀高。有分析认为，物流成本占GDP比重如果能降低1个百分点，就相当于为企业节约出近4 000亿元的效益。

业内专家指出，物流费用占总成本比例的增长，对于一些中小企业尤其是一些成本利润较低的企业的发展是不利的，虽然物流业的增长也是支持GDP增长的一个主要因素。

据中国物流与采购联合会相关人士分析，2011年上半年我国物流成本不降反升，究其原因，一是受原材料、燃料、动力价格和劳动力成本上升影响；二是受贷款利率上调以及企业资金使用效率较低影响；三是我国仍处在工业化和城市化的加速阶段，物流需求总体规模依然保持较高水平和较快增速。

数据显示，在社会物流总费用中，2011年上半年运输费用1.9万亿元，同比增长15.5%，增幅虽比2010年同期回落2.9个百分点，但比2011年第一季度加快1.9个百分点，带动了社会物流总费用的较快增长。运输费用加快增长，主要是受油价以及用工成本上涨等因素影响。2010年第四季度以来，国内汽、柴油价格先后4次上调。2011年6月流通环节柴油价格累计同比上涨22.6%，汽油价格累计同比上涨16.9%。2011年上半年保管费用1.3万亿元，同比增长22.7%，增幅比2010年同期加快6.6个百分点。其中，利息费用5 312亿元，增长 24%，增幅比 2011 年第一季度提高 1.4 个百分点，比 2010 年同期提高 14.7 个百分点。利息费用的上升，主要是受利率上调影响，直接提高了企业资金使用的成本。

（资料来源：马汉青：《占 GDP 比率 18%上半年物流成本不降反升》，羊城晚报，
2011-7-26）

讨论与思考：

我国物流成本比西方发达国家高的主要原因有哪些？哪些因素能够影响物流成本？

任务一　物流成本管理认知

一、物流成本的构成与分类

物流成本是指在物流过程中，为了提供有关服务，要占用和耗费一定的活劳动和物化劳动。这些活劳动和物化劳动的货币表现，即为物流成本，也称物流费用。它包括了物流各项活动的成本，是特殊的成本体系。

1. 物流成本的构成

物流成本包括了物品从生产原点的采购开始到最终顾客手中的仓储、搬运、装卸、包装、运输以及在消费领域发生的验收、分类、保管、配送、废品回收等过程发生的所有成本，具体包括以下几部分：

（1）人力成本，包括职工工资、奖金、津贴及福利等。

（2）运输成本，包括人工费用、运营费用等。

（3）流通加工成本，包括设备费用、加工材料费用、流通加工劳务费用等。

（4）配送成本，包括配送中心进行分拨、配货、送货过程中所发生的各项费用。

（5）包装成本，包括包装材料费用、包装机械费用、包装技术费用、包装辅助费用、包装人工费用等。

（6）装卸与搬运成本，包括人工费用、运营费用、装卸搬运合理损耗费用等。

（7）仓储成本，包括仓储持有成本、订货或生产准备成本、缺货成本、在途库存持有成本。

（8）用于保证物流系统运作的资金成本。

（9）研究设计、重组与优化物流过程的费用。

（10）其他费用。

一般情况下，大多数企业发生的全部物流成本费用往往是各类财务报表中表现出来的两倍甚至更多，这些隐藏的部分被称为"第三利润源"。

2. 物流成本的分类

（1）狭义的物流成本分类（如图 7-1 所示）。

```
                                              ┌─ 生产性流通成本
                       按成本的经济性质划分 ┤
                                              └─ 纯粹性流通成本
                                              ┌─ 可变成本
           流通企业物流成本 ┤ 按成本与商品流转额的关系划分 ┤
                                              └─ 固定成本
                                              ┌─ 进货成本
                       按发生的流转环节划分 ┤ 商品储存成本
 物                                           └─ 销售成本
 流
 成                                           ┌─ 本企业支付的物流成本
 本                     按物流成本支出形式的不同划分 ┤
                                              └─ 其他企业支付的物流成本
                                              ┌─ 物流环节成本
                       按物流活动构成划分 ┤ 信息流通成本
           生产企业物流成本 ┤                 └─ 物流管理成本
                                              ┌─ 供应物流成本
                                              │ 生产物流成本
                       按物流过程划分 ┤ 销售物流成本
                                              │ 退换货物流成本
                                              └─ 废品物流成本
```

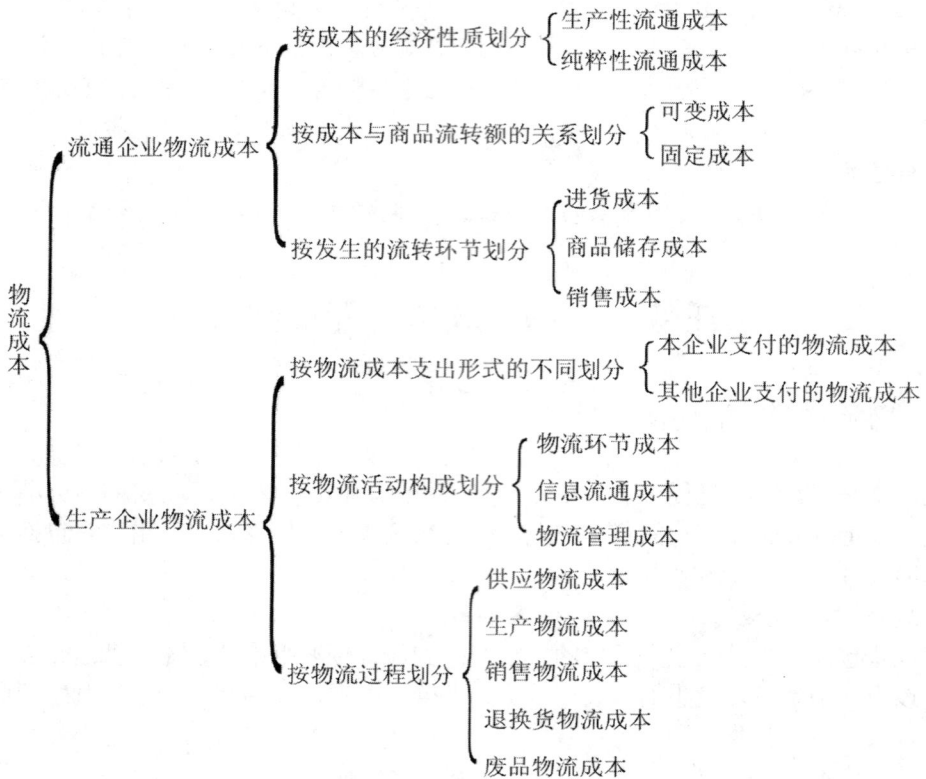

图 7 - 1 狭义的物流成本分类

- 生产性流通成本，也称追加成本，是生产性成本在流通领域的继续，为了使物品最终完成生产过程，便于消费而发生的成本。生产性流通成本要追加到产品的价值中去，是必要劳动的追加成本。

- 纯粹性流通成本，也称销售成本，是流通企业在经营管理过程中，因组织产品交换而发生的成本。纯粹性流通成本同商品的交换行为有关，虽然不创造新的价值，但也是一种必要劳动，是物品价值实现过程所必不可少的。

- 可变成本，也称直接成本，指物流成本中随商品流转额变动而变动的那一部分成本，如搬运费、仓储管理费等。这种成本开支的多少与商品流转额变化直接相关，即流转额增加，成本也随之增加，反之则减少。

- 固定成本，也称间接成本，指物流成本中不随商品流转额的变动而变动的那一部分成本，如员工工资、福利费、折旧费等。这种成本与商品的流转额没有直接关系，在一般情况下，商品流转额变动，它不一定发生变动；或即使发生变动，也不与商品的流转额成比例变动。它受商品流转额增减变动的影响较小，成本的绝对金额是相对固定的。

- 进货成本，是指商品由供货单位到流通企业仓库所发生的运输费、装卸费、损耗费、包装费、入库验收费和中转单位收取的成本费用。

- 商品储存成本，是指物流企业在商品保管过程中所发生的转库搬运、检验、挑选、整理、维护、保养、管理、包装等方面的成本及商品的损耗费用。
- 销售成本，是指流通企业从商品出库到销售过程中所发生的包装、手续、管理等成本费用。
- 本企业支付的物流成本，是指企业在供应、销售、退货等阶段，因运输、包装、搬运、整理等发生的由企业自己支付的物流成本。它又可进一步分为自己支付和委托支付两种物流成本。自己支付的物流成本包括材料、人工、燃料动力、管理、折旧、利息支出、维护保养等费用；委托支付的物流成本包括运输、手续、保管和包装等费用。
- 其他企业支付的物流成本，是指由于企业采购材料、销售产品等业务发生的由有关供应者和购买者支付的各种包装、发货、运输、验收等费用。
- 物流环节成本，是指商品在空间位置转移所经过环节而发生的成本，包括包装、运输、保管、装卸及流通加工等费用。
- 信息流通成本，是指为实现产品价值，处理各种物流信息而发生的成本，包括与库存管理、订货处理、为客户服务等有关的成本。
- 物流管理成本，是指为了组织、计划、控制、调配物资活动而发生的各种管理成本，包括现场物流管理成本和机构物流管理成本。
- 供应物流成本，是指企业为生产产品而购买各种原材料、燃料、外购件等所发生的运输、装卸、搬运等方面的成本。
- 生产物流成本，是指企业在生产产品时，由于材料、半成品、成品的位置转移而发生的搬运、配送、发料、收料等方面的成本。
- 销售物流成本，是指企业为实现商品价值，在产品销售过程中所发生的储存、运输、包装及服务成本。
- 退换货物流成本，是指产品销售后因退货、换货所引起的物流成本。
- 废品物流成本，是指因废品、不合格产品的物流所形成的物流成本。

（2）广义的物流成本分类。狭义的物流成本分类方法，在一定程度上满足了企业计算物流成本的需要。但是值得注意的是，客户服务成本是企业在进行物流成本管理时必须要考虑的成本要素；各类物流成本之间具有此消彼长的关系，试图减少单个活动的成本也许会导致总成本的变化，管理层必须考虑所有物流成本的总和，才能实现有效的管理和真正的成本节约。由于现有的物流成本分类方法不但忽略了客户服务成本，而且不能清楚地反映各类物流成本之间的悖反关系，因此，为了提升企业物流成本的管理效率，必须将物流成本管理的视角扩展到广义物流成本的范畴，广义的物流成本分类包括：

- 客户服务水平。与客户服务水平相关的成本权衡因素，是丧失销售的成本。丧失销售的成本不仅包括失去的现有销售，还包括未来的潜在销售所带来的贡献。企业可能由于以前顾客在反面的口头宣传而丧失未来的销售机会。某一项评估表明，每个不满意的顾客会将他（她）对于产品或服务的不满平均向 9 个人诉说。毫无疑问，要衡量客户服务水平的真实成本是很困难的。因此，最好的办法是根据客户需要达到客户满意的水平，在指定客户服务目标的前提下，使总成本最小化。

- 运输成本。运输成本可以按客户、生产线、渠道类型、运输商、方向（进货或发货）等分类。根据发货量、运输的重量、距离以及出发地和目的地不同，成本相应地变化很大。成本和服务还会随着所选择的运输方式的不同而发生大幅度的变动。
- 仓储成本。仓储成本是由仓储和储存活动以及工厂和仓库的选址过程引起的，包括由于仓库数量和位置的变化而引起的所有成本。
- 订单处理／信息系统成本。订单处理和信息系统的成本与处理客户订单、配送信息和需求预测等活动相关。
- 批量成本，主要的物流批量成本是由生产和采购活动引起的，随着生产的批量、订单的大小或频率的改变而变化。
- 库存持有成本。影响库存持有成本的物流活动包括库存控制、包装以及废品回收和废物处理等。库存持有成本由许多因素组成，除销售的丧失成本之外，库存持有成本是最难确定的。
- 包装成本。包装成本是指企业为完成货物包装业务而发生的全部费用，包括运输包装费和集装、分装包装费，业务人员的工资福利、包装设施年折旧费、包装材料消耗费、设施设备维修保养费、业务费等。

广义物流成本的分类是从各种物流活动和成本的关系出发，分析成本产生的原因，将总成本最小化，实现有效的物流管理和真正的成本节约。

二、物流成本管理的原则

1．经济效益与社会效益并重原则

注重提高物流企业的经济效益的同时，也要注重提高社会效益。任何一个企业的物流系统的效益评价，必然是以物流系统为顾客所提供的服务效果与其物流成本的比较为依据。如果以过高的服务费用去换取良好的服务显然是不合算的。加强物流成本管理的目的就是要达到以低的物流成本获得好的顾客服务，以确保物流企业的整体效益最大，或者说在一定的顾客服务水平条件下，使其物流费用最少，达到物流整体效益最大，即物流企业要在单位产品或服务工作中以最少的环节、最短的时间、最少的劳动消耗生产出更多的劳动成果。

2．物流全过程系统性原则

从物流全过程的角度，企业控制物流成本不仅仅要追求　本企业全过程、全系统的效率化，而应该考虑从原材料的购买、产品制成到送到最终用户整个供应链过程的物流成本效益化。随着有效客户反应（Efficient Consumer Response，ECR）等新兴供应链物流管理体制的不断发展和普及，用户除了对价格提出较高的要求外，对公司的物流服务的质量也提出了较高的要求。

3．树立服务质量第一和全面质量管理观念的原则

加强物流成本的管理就是为了降低物流成本，最终提高公司的经济效益。以往的物流管理重物流数量而轻物流质量，其结果是反过来又影响物流的数量。这种做法也许短时间内使物流成本降低了，但是从长远来看必然会影响物流系统的效益，甚至最终影响整个企业的经济效益。例如，物流配送中大量的产品变质、损坏将直接影响物流的数量和物流服

务的质量，最终也会影响物流的经济效益。

4. 与其他交易企业之间形成效益化的交易关系原则

借助于现代信息的构筑：一方面是各种物流作业或业务处理能准确、迅速地进行，迅速完好地向顾客传递商品。这样可以缩短送货时间，缩短商品周转期，同时还可以对货物进行跟踪，这样既有利于提高物流服务质量，又有利于减少物流成本；另一方面是借助于现代信息系统企业能建立起自己的物流经营战略系统。通过将企业订购的意向、数量、价格等信息在网络上进行传输，从而使生产、流通全过程中的各相关单位分享由此带来的利益，充分应对可能发生的各种需求，从而调整不同企业间的经营行为和计划，从整体上控制物流成本发生的可能性。现代信息系统的构筑为彻底实现物流成本的降低，而不是向其他企业或部门转嫁成本奠定了基础。

5. 全员参加原则

每个员工了解自身参加物流成本管理的重要性及其在组织中的角色。每个人都应清楚其本身的职责、权限和相互关系，了解其工作的目标、内容以及达成目标的要求、方法，理解其参加的结果对整个目标的贡献和影响，以利于协调开展物流成本管理。

6. 领导推动原则

领导力是指领导者设定特定的标准和期望，推动他人向认定的理想方向行动，并成功地实现目标的过程。领导力关注的是远见和影响力。物流管理组织的领导是一种推动其他人实现物流发展（包括物流成本管理）共同目标的目的性行为，最终目标是取得对物流管理组织或个体具有积极意义的成果。

三、物流成本管理的内容与方法

（一）物流成本管理的内容

物流成本管理的内容包括物流成本预测、物流成本决策、物流成本计划、物流成本控制、物流成本核算、物流成本分析等。

（1）物流成本预测。所谓预测是指采用科学的方法预计推测客观事物未来发展必然性或可能性的行为。物流成本预测是运用一定的技术方法，对未来的成本水平及其变动趋势作出科学的估计，如运输成本预测、库存成本预测等。

（2）物流成本决策。决策是在充分考虑各种可能的前提下，按照客观规律的要求，通过一定程序对未来实践的方向、目标、原则和方法作出决定的过程。物流成本决策主要体现在根据企业决策目标，搜集、整理有关信息资料，选择科学的方法计算有关物流成本决策方案的评价指标，并作出正确的财务评价，最终筛选出最优的行动方案。

（3）物流成本计划。物流成本计划是指通过一定的程序、运用一定的方法，以货币形式规定计划期物流各环节耗费水平和成本水平，并提出为保证成本计划顺利实现所采取的措施。

（4）物流成本控制。物流成本控制就是将对物流成本的事前控制同事中控制有机地结合起来，通过事前确定成本标准，根据执行过程中的实际与计划发生的偏差进行原因分析，并及时采取措施进行调整，改进工作，确保成本目标的实现。

（5）物流成本核算。物流成本核算就是采用相应的成本计算方法，按照规定的物流成本项目，通过一系列的物流费用归集与分配，计算各物流活动的实际总成本和单位成本。

（6）物流成本分析。物流成本分析就是运用一定的方法，揭示物流成本水平的变动及其影响因素，进而采取有效措施，合理地控制物流成本。

上述各项成本管理的内容是相互配合、相互依存的一个有机整体。成本预测是成本决策的前提；成本计划是成本决策所确定目标的具体化；成本控制是对成本计划的实施进行监督，以保证目标的实现；成本核算与分析是对目标是否实现的检验。

（二）物流成本管理的方法

1．物流成本横向管理法

物流成本横向管理法是对物流成本进行预测和编制计划。物流成本预测是在编制物流计划之前进行的。它是在对本年度物流成本进行分析，充分挖掘降低物流成本的潜力的基础上，寻求降低物流成本的有关技术经济措施，以保证物流成本计划的先进性和可靠性。

物流成本计划按时间标准进行划分，有短期计划（半年或 1 年）、中期计划（3 年）和长期计划（5 年或 10 年）等计划体系，在短期计划中又可划分为月度计划、季度计划、半年度计划和年度计划等。

2．物流成本纵向管理法

物流成本纵向管理法即是对物流过程的优化管理。物流过程是一个创造时间性和空间性价值的经济活动过程。为使其能提供最佳的价值效能，就必须保证物流各个环节的合理化和物流过程的迅速、通畅。物流系统是一个庞大而复杂的系统，要对它进行优化，需要借助于先进的管理方法和管理手段。可在其单项活动范围内进行，对整个物流系统进行模拟，采用最有效的数量分析方法来组织物流系统，使其合理化,具体包括以下内容：

（1）用线性规划、非线性规划制订最优运输计划，实现物品运输优化。物流过程中遇到最多的是运输问题。例如，某产品现由某几个企业生产，又需供应某几个客户，怎样才能使企业生产的产品运到客户所在地时总运费最小？假定已知这种产品在企业中的生产成本，从某企业到消费地的单位运费和运输距离，以及各企业的生产能力和消费量都已确定，则可用线性规划来解决；如企业的生产数量发生变化，生产费用函数是非线性的，就应使用非线性规划来解决。属于线性规划类型的运输问题，常用的方法有单纯形法和表上作业法。

（2）运用系统分析技术，选择货物最佳的配比和配送线路，实现货物配送优化。配送线路是指各送货车辆向各个客户送货时所要经过的路线，它的合理与否，对配送速度、车辆的利用效率和配送费用都有直接影响。目前较成熟的优化配送线路的方法是节约法，也称节约里程法。

（3）运用存储论确定经济合理的库存量，实现物资存储优化。存储是物流系统的中心环节。物资从生产到客户之间需要经过几个阶段，几乎在每一个阶段都需要存储。究竟在每个阶段库存量保持多少为合理，为了保证供给需隔多长时间补充库存，一次进货多少才能达到费用最省的目的，这些都是确定库存量的问题，也都可以在存储论中找到解决的方

173

法。其中应用较广泛的方法是经济订购批量模型,即经济订货批量(Economic Order Quantity, EOQ)模型。

(4)运用模拟技术对整个物流系统进行研究,实现物流系统的最优化。例如,克莱顿·希尔模型,它是一种采用逐次逼近法在模拟模型。这个方法提出了物流系统的 3 项目标:最高的服务水平,最小的物流费用,最快的信息反馈。在模拟过程中采用逐次逼近的方法来求解下列决策变量:流通中心的数目、对客户的服务水平、流通中心收发货时间的长短、库存分布、系统整体的优化。

3. 计算机管理系统管理法

计算机管理系统管理法是将物流成本的横向与纵向连接起来,形成一个不断优化的物流系统的循环。通过一次次循环、计算、评价,使整个物流系统不断地优化,最终找出其总成本最低的最佳方案。

任务二 物流成本的分析、预测与决策

物流成本分析是物流成本决策的基础,而物流成本预测则为企业物流成本决策提供依据。根据物流成本分析提供的素材,企业可制定各类物流成本决策,从而达到降低物流成本、提高物流成本使用效益及优化物流管理的目的。物流成本预测是企业物流成本管理的一个重要环节,能与物流成本分析一起为企业的物流成本决策提供科学的依据,以减少物流成本决策中的主观性和盲目性。

一、物流成本分析

分析是人们认识客观事物本质特征及其发展规律的一种逻辑思维方法。物流成本分析就是利用物流成本核算结果及其他有关资料,分析物流成本水平与构成变动的情况,研究影响物流成本升降的各种因素及其变动原因,寻找降低物流成本的途径。

物流成本分析并不只是对过去成本管理工作的回顾、总结与评价,更重要的是通过对过去企业物流资金耗费活动规律的了解,正确评价企业物流成本计划的执行结果,揭示物流成本升降变动的原因,为编制物流成本预算和成本决策提供重要依据,达到对未来成本管理工作展望和指导的目的。因而,物流成本分析是企业成本管理的重要组成内容。其任务主要有:依据物流核算资料,对照成本计划和历史同期成本指标,了解物流计划完成情况和变动趋势,查找影响物流成本变动的原因,测定其影响程度,为改进物流成本管理工作,降低产品成本提供依据和建议。

1. 物流成本分析的内容

物流成本分析贯穿于成本管理工作的始终,包括事前成本分析、事中成本控制分析和事后成本分析。

(1)事前成本分析。事前成本分析是指事前预计和测算有关因素对成本的影响程度,主要包括两方面内容,即成本预测分析和成本决策分析。

（2）事中成本控制分析。事中成本控制分析是指以计划、定额成本为依据，通过分析实际成本与计划成本定额成本的差异，对成本进行控制。

（3）事后成本分析。事后成本分析指将产品过程中发生的实际成本与计划成本进行比较，对产生的差异进行分析，找出成本升降的原因，这是成本分析的主要形式。事后成本分析主要包括：全部产品成本分析、可比产品成本分析、主要产品单位成本分析、产品成本技术经济分析。

2. 物流成本分析的步骤

（1）确定分析目标。分析时首先要明确物流成本分析所要达到的目标，然后才能根据实际情况进行分析。

（2）明确分析对象。物流成本的构成相当复杂，有些成本是显而易见的，有些又隐含在其他成本之中，出于降低物流整体成本的需要，也要把后者考虑在内。这样就必须明确物流成本分析的出发点，明确分析的对象。

（3）制订分析计划。对于一个比较系统的分析来说，制订计划是非常必要的，因此在开始进行分析前，应制订一个可行的分析计划。

（4）搜集基本数据。进行成本分析的数据都来自企业已有的实践，这些数据应尽可能搜集得完整和精确，只有这样才能计算出正确的结果。

（5）统计与核算。对搜集到的数据，要用一定的数学工具进行统计与核算，从而得出科学的结论，以此为企业提供物流方面决策的依据。

（6）得出分析结果，提出改进建议。根据上面步骤得出分析结果，有针对性地提出降低整体物流成本和提升企业绩效的意见。

二、物流成本预测

1. 物流成本预测的作用

所谓物流成本预测，就是指依据物流成本与各种技术经济因素的依存关系，结合发展前景一起为企业的物流成本决策提供科学的依据，以减少物流成本决策中的主观性和盲目性。物流成本预测是企业物流成本管理的一个重要环节，在企业物流成本管理过程中有不可替代的作用，主要有以下3点：

（1）物流成本预测为企业物流成本决策提供依据。物流成本预测是从客观实际出发，系统地研究物流过程中有关的信息资料，并对客观实际情况作出科学的论断，提出物流过程成本支出的若干可行性方案，以供企业决策。

（2）物流成本预测为确定目标成本打下基础。物流成本预测是物流成本管理的重要组成部分，是制定物流成本预算过程中必不可少的科学分析阶段。在物流过程之前，必须进行科学的分析论证，对每一步物流过程都应当有精心的成本预测，以免造成不应有的失误。

（3）物流成本预测可确定最佳的物流成本投入方案。物流成本预测可对物流各功能成本投入的多少及物流过程中的设计等方面进行分析、考核、测算，并以此为依据，提供若干套方案，根据多方面的综合平衡，测算企业最终的物流成本。

2．物流成本预测的分类

（1）按对象的范围可分为宏观预测和微观预测。宏观预测是指对大系统的综合的、总体的预测，如对整个流通领域物流成本的预测，它要求对整个流通领域在物资流通的整个过程中所消耗的成本进行预测。而微观预测是对个别具体的物流企业物资流通过程中所支付的成本进行预测，如基层企业所做的生产成本、运输成本、仓储成本、配送成本的预测等。

（2）按时间的长短可分为短期预测和长期预测。一般把 1 年或 1 年以内的预测称为短期预测，短期预测由于预测的时间短，不肯定因素和影响因素较少，所以预测结果比较准确。一般把 1 年以上的预测统称为长期预测，长期预测由于预测的时间比较长，有许多不确定因素的影响，所以预测结果一般不很精确，需要经常搜集新的信息或数据对预测方案和预测结果不断进行完善和修补。

（3）按预测目的、所用方法不同可分为定性预测和定量预测。定性预测是指预测者依靠熟悉业务知识、具有丰富经验和综合分析能力的人员与专家，根据已掌握的历史资料和直观材料，运用个人的经验和分析判断能力，对事物的未来发展作出性质和程度上的判断；然后再通过一定的形式综合各方面的意见，作为预测未来的主要依据。在定性预测法中主要有集合意见法、德尔菲法、主观概率法和历史类比法、经济指标法、调查预测法等。定量预测是根据过去和现在的资料，运用一定的数学方法建立预测模型，对现象未来的变化数值进行预测，包括时间序列分析预测法、回归分析预测法等。实际应用中应从预测对象的发展规律出发，正确地选择和运用预测方法。一般来说当能够占有较多的数据资料时可采用各种定量预测的方法，而当缺乏足够的数据资料时，只能采用定性预测的方法。在实际预测时往往根据掌握的情况采用多种方法同时预测，以获得较为可靠的结论。

3．物流成本预测的步骤

为了保证预测结果的客观性，企业进行物流成本预测通常分为以下 5 个具体步骤：

（1）确定预测目标。进行物流成本预测，首先要有一个明确的目标。物流成本预测的目标又取决于企业对未来的生产经营活动所欲达成的总目标。物流成本预测目标确定之后，便可明确物流成本预测的具体内容，据以搜集必要的统计资料和采用合适的预测方法。

（2）搜集和审核预测资料。物流成本指标是一项综合性指标，涉及企业的生产技术、生产组织和经营管理等各个方面。在进行物流成本预测前，必须掌握大量的、全面的、有用的数据和情况，并对原始资料进行加工整理和审核推算，以便去伪存真、去粗取精。对审核调整后的数据要进行初步分析，

画出统计图形，以观察统计数据的性质和分布，作为选择适当预测模型的依据。

（3）选择预测模型并进行预测。在进行预测时必须对已搜集到的有关资料进行分析研究，了解预测对象的特性，同时根据预测的目标和各种预测方法的适用条件及性能，选择出合适的预测模型，借以揭示有关变量之间的规律联系。预测方法是否选用得当，将直接影响预测的精确度和可靠性。

（4）分析评价。分析评价是对预测结果的准确性和可靠性进行验证。预测结果受到资料的质量、预测人员的分析判断能力、预测方法本身的局限性等因素的影响，未必能确切地估计预测对象的未来状态。此外各种影响预测对象的外部因素在预测期限内也可能出现新的变化。因而要分析各种影响预测精确度的因素，研究这些因素的影响程度和范围，进

而估计预测误差的大小，评价预测的结果。预测误差虽然不可避免，但若超出了允许范围，就要分析产生误差的原因，以决定是否需要对预测模型加以修正。在分析评价的基础上，通常还要对原来的预测值进行修正，得到最终的预测结果。

（5）提交预测报告。将预测的最终结果编制成文件和报告，提交上级有关部门，作为编制计划、制定决策和拟定策略的依据。预测报告应概括预测研究的主要活动过程，列出预测的目标、预测对象及有关因素的分析结论、主要资料和数据、预测方法的选择和模型的建立，及模型预测值的评价和修正等内容。

三、物流成本决策

决策是指决策者为了达到某种特定的目标，根据客观的可能性，在调查、预测和对现象规律认识的基础上，运用科学的方法，从若干个可供选择的方案中选出一个令人满意的方案作为未来行动的指南。

物流成本决策是指针对物流成本，在调查研究的基础上确定行动的目标，拟订多个可行方案，然后运用统一的标准，选定适合本企业的最佳方案的全过程。在科技咨询成本决策中，要强调科学的决策，杜绝非科学的决策，才能减少决策失误。因此决策必须遵从一些基本原则，包括最优化原则、系统原则、信息准确原则、可行性原则和集团决策原则。

最优化原则要求以最小的物质消耗取得最大的经济效益或以最低的成本取得最高的产量和最大的市场份额，获取最大的利润；系统原则要求决策时要应用系统工程的理论与方法，以系统的总体目标为核心，以满足系统优化为准绳，强调系统配套、系统完整和系统平衡，从整个经营管理系统出发来权衡利弊；信息准确原则要求不仅决策前要使用信息，就是决策后也要使用信息，通过信息反馈，了解决策环境的变化与决策实施后果同目标的偏离情况，以便进行反馈调节，根据反馈信号适当修改原来的决策；可行性原则要求决策必须可行，决策前必须从技术上、经济上以及社会效益上等方面全面考虑；集团决策原则要求决策不能靠少数领导"拍脑袋"，也不是找某几个专家简单地讨论一下，或靠少数服从多数进行决策，而是依靠和充分运用智囊团，对要决策问题进行系统的调查研究，弄清历史和现状，掌握第一手信息，然后通过方案论证和综合评估以及对比择优，提出切实可行的方案供决策者参考。

1. 物流成本决策的分类

物流成本决策所要解决的问题以及所面临的问题是多方面的，因此有不同类型的决策。根据决策学理论，物流成本决策可归纳为以下 5 种类型：

（1）战略决策与战术决策。战略决策是关系全局性、带方向性和根本性的决策，这种决策产生的影响深远，在较长时间范围内会对企业物流成本产生影响。例如，物流企业配送中心的选址决策、仓库是租赁或自建的决策等就对企业物流成本产生基础性影响。战术决策是为了保证战略决策的实施对一些带有局部性、暂时性或其他执行性质的问题所作的决策。例如，运输决策、库存控制决策等就是战术决策。

（2）规范性决策和非规范性决策。规范性决策是指在管理工作中，经常遇到一些重复出现的问题，这些问题的决策一般来说有章可循，有法可依，凭借已有的规章制度就可以解决。如物流成本的预算与控制决策就是属于规范性决策。非规范性决策是指偶然发生的或初次出现的非例行活动所作出的决策，这种决策依赖于决策者的经验智慧和判断能力。

（3）单目标决策和多目标决策。决策目标仅有一个，称此类决策为单目标决策；若决策目标不止一个，就称为多目标决策。

（4）个人决策和集体决策。个人决策效率高，但决策有局限性，风险也较大，适合于物流成本决策中的战术性决策或非规范性决策问题。集体决策能充分发挥集体智慧，信息比较全面，可避免局限性，但决策过程较长，领导人较多，对一些紧急的决策问题，常常不能当机立断。

（5）确定型决策与非确定型决策。确定型决策是指所决策的问题的未来发展只有一种确定的结果，决策者的任务就是分析各种可行方案所得的结果，从中选择一个最佳方案。如企业常常用到的量本利分析决策就是确定型的物流成本决策。非确定型决策是指决策所处理的未来事件的各种自然状态发生具有不确定性，这种不确定性又分为两种情况：一种是可判明其各种自然状态发生的概率，这种类型的决策不论选取何种方案，都要冒一定的风险，故称为风险型决策；另一种是指对未来的自然状态虽有一定程度的了解，但又无法确定其各种自然状态发生的概率，故称为非确定型的决策。

2．物流成本决策的步骤

（1）确定决策目标。物流成本决策的目标就是要求在所处理的生产经营活动中，资金耗费水平达到最低，所取得的经济效益最大，这是物流成本决策的总体目标。在某一具体问题中，可采取各种不同的形式，但总的原则是必须兼顾企业目前和长远的利益，并且要通过自身努力能够实现。为了针对具体问题建立物流成本决策目标，应注意以下问题：认真分析决策的性质；以需要和可能为基础；选择适当的目标约束条件；目标必须具体明确等。

（2）广泛搜集资料。这里的资料是指与进行该项物流成本决策有关的所有成本资料及其他资料。广泛地搜集资料是决策是否可靠的基础。一般来讲，全面、真实、具体是这种搜集工作的基本要求。若做不到，决策便很难保证正确可信。

（3）拟订可行性方案。物流成本决策的可行性方案就是指保证成本目标实现、具备实施条件的措施。进行决策必须拟订多个可行方案，才能从比较中择优。换言之，一个成功的决策应该有一定数量（当然应各自具备一定的质量）的可行性方案为保证。拟定可行性方案时，一般应把握住两个基本原则：一是保持方案的全面完整性；二是满足方案之间的互斥性。当然在实际工作中，这些原则可以根据具体情况，灵活掌握应用。

（4）作出选优决策。对各种可行性方案，应在比较分析之后根据一定的标准，采取合理的方法进行筛选，作出成本最优化决策。对可行性方案的选优决策主要应把握两点：一是确定合理的优劣评价标准，包括成本标准和效益标准；二是选取适宜的抉择方法，包括定量方法和定性方法。企业组织物流成本决策的方法，因决策内容、类型及资料等的不同而体现差异和多样性，主要有差量分析法、决策表法、均衡分析法等。

任务三 物流成本的控制

一、物流成本控制的概念

物流成本控制就是在物流成本的形成过程中，对物流活动过程进行规划、指导、限制和监督，使之符合有关成本管理的各项法规、政策、目标、计划和定额，及时发现偏差，采取措施校正偏差，将各项消耗控制在预定的范围内。一般情况下，物流成本控制可按成本发生的时间先后划分为事前控制、事中控制和事后控制 3 类，也即成本控制过程中的设计阶段、执行阶段和考核阶段。

二、物流成本控制的程序

成本控制的程序可以分为以下 4 个阶段。

1. 制定控制标准

对物流过程中料、工、费制定数量界限，即目标成本。

2. 执行控制标准

在物流管理中，按照制定的控制标准控制各物流环节的消耗与支出。

3. 揭示成本差异

通过揭示成本差异，分析超支或节约原因，区分哪些是可控费用，哪些是不可控费用，进一步修改成本控制标准。对于例外情况应及时上报，并进行进一步分析，找出出现差异的原因和责任者，从而进行处理。

4. 进行成本反馈

成本控制中，成本差异的情况要及时反馈到有关部门并及时进行处理。

以上几个步骤相互联系，循环往复，构成成本控制的循环，在成本控制的各阶段都是如此。

三、物流成本控制方法

成本控制的方法有很多，在成本控制工作中运用较多的是标准成本法。

标准成本法是通过将实际成本与事先制定的标准成本相比较，揭示成本差异产生的原因，从而采取有效措施，以实现标准成本的一种成本控制方法。

采用标准成本法，需将实际发生的成本与标准成本对比，进行差异分析。

1. 标准成本法的特点

标准成本法的特点是融成本计划、成本核算、成本控制和成本分析于一体，突出了成本控制的核心地位，本质上它是一种成本管理方法。

2．标准成本的种类

标准成本是通过精确的调整、分析与技术测定制定，用来衡量实际成本工作效率的一种目标成本。标准成本按其制定的基础，分为以下几种。

（1）理想的标准成本。它是以现有生产技术和经营管理处于最佳状态为基础所确定的标准成本，这种标准很难成为现实，因为它排除了工作中的一切失误、浪费和耽搁（如设备故障、工作停顿等），标准的要求太高，实际工作中不能将其作为考核的依据。

（2）基本的标准成本。它是以某一年的成本为基础制定出来的标准成本。这种标准成本一经制定，多年保持不变，使各期成本有一个共同的比较基础。但随着时间的推移，它不能反映现在应达到的标准，而成为一种过去的标准，所以在实际工作中很少采用。

（3）正常的标准成本。正常的标准成本是根据已经达到的生产技术水平，以有效地利用生产经营条件为基础，根据产品的各项标准消耗量（如材料、工时等）及标准费用率计算出来的标准成本。在制定这种标准时剔除了一些不可避免的不利因素，如机器故障、工作停顿等。要达到这种标准并非易事，但绝非高不可攀，经过努力是可以达到的，因而在实际工作中得到广泛的应用。

3．标准成本的制定

产品的标准成本，是由产品的直接材料、直接人工和制造费用组成的。制定标准成本时，应根据事先搜集的历史成本及相关资料，按成本项目分别确定单位产品的数量标准（耗用量标准）和价格标准（标准单价），将两者相乘计算出相应的成本标准，经汇总后最终确定单位产品的标准成本。

无论是哪一个成本项目，在制定其标准成本时，都需要分别确定其数量标准和价格标准。数量标准包括直接材料、直接人工和制造费用的耗用量标准，价格标准包括材料价格标准、工资率标准和制造费用分配率标准。

（1）直接材料的标准成本。直接材料的标准成本，是用统计方法、工业工程法或其他技术分析方法确定的。它是在现有技术条件下提供某种服务所需耗费的材料费用，其中包括必不可少的消耗，以及各种难以避免的损失。

直接耗材的价格标准是预计下一年度实际需要支付的进料单位成本，包括发票价格、运费、检验和正常损耗等成本，是取得耗材的完全成本。

① 直接材料的用量标准。直接材料的用量标准，由运输、仓管部门和使用原材料的员工根据使用过程中的实际损耗制定。

② 材料的标准单价。材料的标准单价包括材料的买价和运杂费、检验费、正常损耗等，通常由成本会计人员会同采购人员根据预计的市场价格及其变动趋势、各生产商报价和批量采购的优惠等相关因素共同制定。其计算公式为：

直接材料标准成本＝单位产品的用料标准×材料的标准单价

（2）直接人工的标准成本。制定直接人工的标准成本，就是要确定单位产品的标准工时和每一工时直接人工的价格标准（标准工资率）。直接人工的标准成本计算公式如下：

单位产品直接人工的标准成本＝单位产品的标准工时×标准工资率

① 标准工时。标准工时是指在现有物流运作技术条件下，提供某种服务所需要的时间，包括直接服务操作必不可少的时间，以及必要的间歇和停止，如工间休息、调整设备时间、

不可避免的不良服务耗用工时等。标准工时应以作业研究和工时研究为基础，参考有关统计资料来确定。

② 标准工资率：

$$标准工资率 = \frac{预计直接人工工资总额}{标准工时总额}$$

标准工资率可能是预定的工资率，也可能是正常的工资率。

如果采用计件工资制，标准工资率是预定的每项服务支付的工资除以标准工时或者是预定的小时工资。

如果采用月工资制，需要根据月工资总额和可用工时总量来计算标准工资率。

（3）服务费用的标准成本——变动服务费用成本标准。变动服务费用的数量标准通常采用单位服务直接人工工时标准，它在直接人工标准成本制定时已经确定。

变动服务费用的价格标准是每一工时变动服务费用的标准分配率，它根据变动服务费用预算和直接人工总工时计算求得。

4．标准成本的差异计算与分析

标准成本差异是指产品的实际成本与产品的标准成本之间的差额。当实际成本超过标准成本时，是不利差异或称逆差，用（＋）表示；当实际成本小于标准成本时，是有利差异或称顺差，用（－）表示。对于逆差，应及时找出原因，提出进一步改进措施，以便尽早消除；对于顺差，也应及时总结经验，巩固成绩。

由于实际成本是根据实际用量和实际价格计算的，而标准成本是根据标准用量和标准价格计算的，因此成本差异可以概括为"实际用量×实际价格"和"标准用量×标准价格"之差。

标准成本差异＝实际成本－标准成本
　　　　　　＝实际价格×实际数量－标准价格×标准数量
　　　　　　＝（实际价格－标准价格）×实际数量＋标准价格×（实际数量－
　　　　　　　标准数量）
　　　　　　＝价格差异＋数量差异

有关数据之间的关系如图7－2所示。

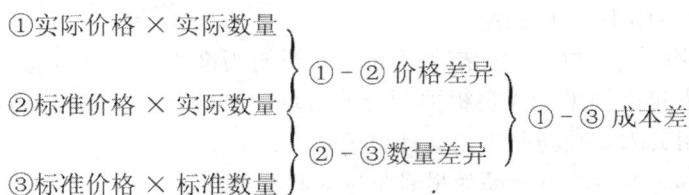

①实际价格 × 实际数量
②标准价格 × 实际数量　　① － ② 价格差异　　① － ③ 成本差
③标准价格 × 标准数量　　② － ③ 数量差异

图7-2　成本差异数据之间的关系

（1）直接材料成本差异的分析。构成直接材料差异的因素有两个，即价格差异和用量差异。

材料价格差异＝实际数量×（实际价格－标准价格）

材料用量差异＝标准价格×（实际数量－标准数量）

直接材料成本差异＝材料价格差异＋材料用量差异

【例 7 - 1】某企业本月流通加工产品 2 000 件，实际耗用甲材料 102 000 千克，其标准用量为 50 千克 / 件，该材料的实际价格为 9.50 元 / 千克，标准价格为 10 元/千克，试计算其直接材料成本差异。

解：标准用量：2 000×50＝100 000（千克）

材料价格差异：102 000×（9.50－10）＝－51 000（元）（有利差异）

材料用量差异：10×（102 000－100 000）＝20 000（元）（不利差异）

直接材料成本差异：－510 00＋20 000＝－31 000 元（有利差异）

造成材料价格差异的责任一般应由采购部门负责，其原因主要有未按经济批量订货、远途采购、采用不适当的运输方式、未能及时订货造成紧急订货的额外采购成本、材料市场价格有变动等方面。但由于市场价格变动导致的差异，则不应由采购部门负责。

造成材料数量差异的责任一般应由仓储部门负责，具体原因有很多，如操作不当造成废品、材料质量差造成废料、机器设备效率增进或减退造成用料减少或增加、操作技术改进而节省材料等。

（2）直接人工成本差异的分析。构成直接人工成本差异的因素有价格差异（通常为工资率差异）和人工效率差异（通常为工时差异）。其计算公式如下：

工资率差异＝（实际工资率－标准工资率）×实际工时

人工效率差异＝标准工资率×（实际工时－标准工时）

直接人工成本差异＝工资率差异＋人工效率差异

【例 7 - 2】某物流公司仓库本月流通加工产品 2 000 件，实际使用工时 19 000 小时，支付工资 152 000 元，直接人工的标准成本是 70 元 / 件（每件标准工时是 10 小时，标准工资率为 7 元 / 小时），试计算其直接人工成本差异。

解：标准工时：2 000×10＝20 000（小时）

实际工资率：$\dfrac{152\,000}{19\,000}＝8$（元）

工资率差异：（8－7）×19 000＝19 000（元）（不利差异）

人工效率差异：7×（19 000－20 000）＝－7 000（元）（有利差异）

直接人工成本差异：19 000＋（－7 000）＝12 000（元）（不利差异）

工资率差异形成的原因，主要有工人调度不当、工资率调整、奖励制度未达到预期的效果等。工资率差异的责任一般由安排工人工作的主管人员负责，但差异的具体原因也会涉及生产部门或其他部门。

人工效率差异的形成原因，包括工人劳动积极性低、工人经验不足、设备故障多、材料供应中断、工作准备时间长、工艺过程变更、作业计划安排不合理等。造成人工效率差异的责任一般应由仓管部门负责，但是由于工艺过程变更、材料质量不稳定等造成延长工时，则应由其他有关部门负责。

实训活动

【实训目的】

掌握物流成本的计算，并进一步熟悉物流成本的控制。

【实训内容】

A 公司是一个食品生产企业。截至 2010 年年底，该公司资产总额 4.123 万元，2010 年实现销售收入 1.01 亿元，实现利润总额 6.152 万元。内部设有会计部（兼做信息工作）、人事部、采购部、生产部、品控部、仓储部和销售部 7 个部门，共有员工 140 人，其中采购人员 5 人，生产人员 70 人，营销人员 20 人，其余为管理人员。该公司有一个总面积约 10 000 平方米的仓库，用于储存食品货物，而运输业务和装卸搬运业务均由外部人员承包，公司支付运费和装卸搬运费。该公司的成本费用科目有生产成本、制造费用、销售费用、管理费用、财务费用、营业外支出和其他业务成本，其中营业外支出 2010 年 12 月无发生额。

请根据数据对 A 公司进行物流成本核算。

【实训步骤】

1．获取 A 公司 2010 年 12 月相关成本费用发生额及明细资料，并逐项分析哪些费用与物流成本相关。

2．对与物流成本相关的费用内容进行汇总，将公司的物流成本相关费用明细汇成总表。

3．物流成本资料分析及物流成本核算。根据会计明细账、记账凭证、原始凭证及其他相关资料，对表中与物流成本相关的费用逐项进行分析，并设物流成本辅助账户，按 3 个维度计算物流成本。

4．由于运输业务和装卸搬运业务均由外部人员承包，在计算时，要先计算好各业务所占的比例。

巩固练习

1．物流成本的构成要素有哪些？

2．物流成本管理包含哪些内容？其管理方法有哪些？

3．简述物流成本分析、预测与决策的实施步骤？

4．如何进行物流成本控制？

项目八　第三方物流与国际物流

学习目标

1. 了解第三方物流产生的背景。
2. 理解第三方物流与传统物流业的区别。
3. 了解我国第三方物流的发展现状。
4. 了解国际物流的特点。
5. 掌握国际物流与国际贸易的关系。

情景导入

福田汽车与远成物流结成战略联盟

2009 年 4 月 28 日上午，中国商用车第一品牌福田汽车集团与领先的物流企业远成集团正式确立了双方之间的战略伙伴关系，福田汽车集团副总经理吴越俊先生与远成集团副总裁徐维宗先生正式签订战略合作协议。此外，福田汽车与远成物流还签署了首批 292 辆价值 4 000 万元的汽车采购合同以及首批价值数千万元的物流业务合同。这一合作标志着一种新的营销模式——交互营销模式在中国汽车行业首次浮出水面；也预示着福田汽车积极响应国家提倡科学发展观以及提倡企业自主创新政策而推出一系列的动作来扩大内需应对新的经济环境下挑战取得阶段性成果。

福田汽车与远成物流双方在汽车采购、物流服务等方面结成战略合作伙伴，共同推进各自业务的快速发展。根据协议双方约定，远成集团优先采购福田汽车集团旗下的欧曼、欧马可、奥铃与风景等产品，福田汽车遍布全国的服务网点为远成集团提供"保姆式"工作站服务；而作为对物流服务首次采购的回报，福田汽车集团的物流业务优先对远成物流开放。

对于福田汽车为什么会选择与远成物流进行战略合作这问题，福田汽车集团副总经理王向银先生指出："福田汽车与远成物流的管理团队本着真诚合作、共同发展的理念，双方友好地达成了共识与成果，今天的签约见证了双方的真诚，也预示着双方在战略发展上大家的理解与相互合作的信心。在当今的经济大环境受全球金融风暴、经济危机的影响的时候，双方的签约，就是将危机转为机遇、将困难变为挑战的最佳合作。"远成集团负责人表示，福田汽车集团是中国屈指可数的优秀汽车企业，汽车企业的资源优势能够与物流企业构成较强的互补性，通过各种形式的强强联合，实现双赢。有专家预测认为，此次战略合作的签约不仅对双方具有优势互补和互促，同时也将对中国汽车行业与物流行业的发展起到良好的推动作用，同时更符合中国当今经济的发展趋势。

为了应对下滑的市场，福田汽车以国家政策为导向，落实科学发展观，扩大内需，把处于不同行业的两个集团通过战略联盟开拓出一种新的营销模式——交互营销模式来应对市场。这一交互营销模式的核心理念就是双方互为客户、互为商品与服务的提供者，通过资源整合共同创造市场。互营销模式的特点就是互为客户，以资源整合共同创造新的市场。众所周知，目前流行企业间的联合多为同行企业间或企业产业链间的联盟，交互营销模式在中国营销界也算是一种突破。

（《交互营销 福田与远成物流结成战略联盟》，腾讯汽车 ，
http://auto.qq.com/a/20090506/000138.htm）

讨论与思考：

请结合案例分析第三方物流企业是如何为制造企业发挥助推器功能的。

任务一 第三方物流认知

第三方物流（Third Party Logistics，3PL）的概念来源于管理学中的 out-souring（外包），是指企业动态地配置自身和其他企业的功能和服务，利用外部的资源为企业内部的生产经营服务。将外包引入物流管理领域，即产生了第三方物流的概念。第三方物流是指生产经营企业为了更好地集中精力搞好主业，把原来属于自己处理的物流活动，以合同形式委托给专业物流服务企业，同时通过信息系统与物流服务企业保持密切联系，以达到对物流全过程的管理和控制的一种物流运作与管理方式，因此，第三方物流又叫合同制物流，是由供方与需方以外的物流企业提供物流服务的业务模式。

提供第三方物流服务的企业，其前身一般是运输业、仓储业等从事物流活动及相关的行业。从事第三方物流的企业在委托方物流需求的推动下，从简单的存储、运输等单项活动转变为提供全面的物流服务，其中包括物流活动的组织、协调和管理、设计最佳物流方案、物流全程的信息搜集与管理等。

一、第三方物流的产生

第三方物流是在企业物流管理水平的提高和物流业充分发展的基础上产生和发展起来的。

1. 第三方物流的产生是社会分工的结果

在业务外包等新型管理理念的影响下，各企业为增强市场竞争力，将企业的资金、人力、物力投入其核心业务上去，寻求社会化分工协作带来的效率和效益的最大化。专业化分工的结果导致许多非核心业务从企业的生产经营活动中分离出来，其中包括物流业务。将物流业务委托给第三方物流公司负责，可降低物流成本，完善物流活动的服务功能。

2. 第三方物流的产生是新型管理理念的要求

进入 20 世纪 90 年代，信息技术的高速发展与社会分工的进一步细化，推动着管理技术和管理思想的迅速更新，由此产生了供应链、虚拟企业等一系列强调外部协调和合作的新型管理理念。既增加了物流活动的复杂性，又对物流活动提出了零库存（Zero Inventory）、准时制（Just-In-Ime，JIT）、快速反应（Quick Response，QR）及有效的客户反应（Efficient

185

Consumer Response，ECR）等更高的要求，使一般企业很难承担此类业务，由此产生了专业化物流服务的需求。第三方物流的出现一方面迎合了个性需求时代的企业间专业合作（资源配置）不断变化的要求，另一方面实现了进出物流的整合，提高了物流服务质量，加强了对供应链的全面协调和控制，促进供应链达到整体最佳状态。

3. 第三方物流的产生是改善服务质量与提高竞争力的结合

企业物流的探索与实践经历了竞争力导向、成本导向、利润导向等发展阶段。将改善物流服务质量与提高竞争力相结合是物流理论与技术成熟的标志，也是第三方物流概念出现的逻辑基础。

4. 第三方物流的产生是物流领域竞争激化的结果

随着经济自由化和贸易全球化的发展，物流领域的政策不断放宽，同时也导致物流企业自身竞争的激化，物流企业不断地拓展服务的内涵和外延，从而导致第三方物流的出现，成为第三方物流概念出现的历史基础。

二、第三方物流与传统物流业的比较

与传统物流业相比，第三方物流在创造价值方面存在明显的优势，它能够充分调动社会资源，向客户提供功能完备的全方位、一体化物流服务，充当整个物流供应链组织者的角色。两者的不同之处可以从服务功能、物流成本、运营风险、增值服务等 7 方面进行综合比较分析，如表 8 - 1 所示。

表 8 - 1　第三方物流与传统物流业的比较

项目	第三方物流	传统物流业
服务功能	提供功能完备的全方位、一体化物流服务	仓储或运输单项功能
物流成本	规模经济性、管理方法先进性和技术性等使物流成本较低	资源利用率低，管理方法落后，物流成本较高
增值服务	可以提供订单处理、库存管理、流通加工等增值服务	较少提供增值服务
与客户关系	客户的战略同盟者，长期契约关系	临时买卖关系
利润来源	与客户一起的物流领域创造新价值	客户的成本性支出
运营风险	需要较大的投资，运营风险大	投资较少，运营风险小
信息共享程度	每个环节的物流信息都能透明地与其他环节进行交流与共享，共享程度高	信息的利用率低，没有共同有关的需求资源

三、我国第三方物流的发展现状

国家发展改革委员会、国家统计局和中国物流与采购联合会联合发布了《2010 年全国物流业运行情况通报》。该通报显示，2010 年我国物流运行形势总体良好，物流需求显著增加，社会物流总额实现较快增长，社会物流总费用与 GDP 的比率稳中有降，运行效率有所提高，物流业增加值稳步上升，为保证国民经济平稳较快发展发挥了重要的支撑保障作用。

2010 年全国社会物流总额 125.4 万亿元，按可比价格计算，同比增长 15%，增幅比上年提高 3.7 个百分点。2010 年全国社会物流总费用 7.1 万亿元，同比增长 16.7%，社会物流总费用与 GDP 的比率为 17.8%，同比下降 0.3 个百分点，物流运行效率有所提高。2010 年全国物流业增加值为 2.7 万亿元，按可比价格计算，同比增长 13.1%，增幅比上年提高 2.5 个百分点。物流业增加值占 GDP 的比重为 6.9%，占服务业增加值的比重为 16%，均与上年基本持平。由此可见中国物流业巨大的发展潜力。物流产业的快速发展并不能掩盖我国物流企业现存的问题，这些问题主要表现在以下几个方面：

（一）我国第三方物流企业的整体发展水平不平衡

我国第三方物流企业的起点不同，基础不同，导致各第三方物流企业的整体发展水平不平衡。有的企业仍以仓储、运输为主，还处于传统物流的阶段；有的企业则根据市场的需要建立自己的物流信息系统，处于向现代物流的转型期，仅有极少数企业跨入了现代物流的行业。从整体上讲，我国第三方物流企业的工作质量和效率不高，服务内容有限，无法形成完整的物流供应链，大多数企业只能提供单项或分段的物流服务。

（二）我国第三方物流企业基础设施不完备

第三方物流服务需要有硬件及软件技术上的支持。我国的经济水平普遍较低，现代化水平不高，第三方物流企业还处于起步和发展的阶段，基础设施还不完备。物流资产存量很大，但没有得到优化配置，利用率较低；物流设施相对比较陈旧，技术水平低，闲置比较严重。从硬件上讲，铁路、公路、港口、机场及物流中心、仓库等是物流业发展必不可少的固定设施，我国曾一度忽视物流，所以长期投资不足，物流硬件总体不发达。随着投入的不断增加，20 世纪末，初步建立起以铁路为骨干，公路、民航等多种运输方式协调发展的运输网络。但初具规模的物流设施仍无法满足物流发展的需要，在今后需要进一步完善。从物流设备上讲，我国的第三方物流现代化水平还不高，物流的整体装备存在不足，交通运输工具的装载能力、物流的自动化处理能力还比较缺乏。从物流软件上讲，随着互联网技术的发展，物流信息系统成为降低成本、提高效率、完善服务的基础，而我国绝大多数的物流企业还处于传统的手工作业阶段。

（三）我国第三方物流服务市场刚刚形成

国内企业对第三方物流还主要停留在概念的阶段，对集成物流服务的概念和价值理解甚少，并且几乎没有供应链管理的概念。第三方物流和相关服务通常被人们看做商品化服务，其需求者只是简单地购买最便宜的物流服务，并没有考虑价格高一些的物流服务可能会为其产品产生附加价值，从而带来竞争优势。它们倾向于把物流服务的各个有机组成部分看成独立的物流活动。在这样的环境下，物流服务提供商更加倾向于仅仅就供应链中某个较小的组成部分提供服务。与此相反，现代物流体系认为，对价格的过分重视往往会导致人们忽视"整体供应链"带来的集成化的物流服务。这种集成化的物流服务会产生双重好处，即一方面提高了服务的质量，另一方面又降低了整体成本。但是我国的物流服务市场还处于雏形阶段，与世界仍然无法接轨。我国第三方物流服务存在的问题主要体现在以下5个方面：

1．中国物流服务尚未国际化

随着加入世界贸易组织，中国更加紧密地与世界各国的经济联系在一起，至少有两个因素给中国的物流服务带来冲击：一是由于它们的外国合作伙伴往往已经建立起世界水平的物流系统，为了与国际接轨，中国的企业必须相应发展自己的物流体系。一是中国企业将不得不在没有政府保护和补贴的情况下，与那些已经或正在全世界范围内建立世界级第三方物流体系的企业展开竞争，特别是那些依靠进出口业务支持其区域经济发展的地区。

2．物流过程中的库存控制关注少

并没有什么方式可以让人们了解到目前到底有什么存货，数量有多少。市场上存在"倒逼机制"，即零售商为满足自己的销售需要而反向拉动生产商的库存数量，却不管生产商和原材料供应商可能因此而造成的损失。整个供应链各环节的产品和服务并不短缺，但是由于运作效率低下，使得整个供应链的产品库存推向上游，因此制造企业无法通过控制原材料库存降低整体成本。

3．第三方物流的标准化和规范化较差

第三方物流环节的运输工具、承载设施、设备的标准和规范不统一，导致物流无效作业环节增加，物流速度降低和物流成本上升，影响了物流的效益和竞争力。此外，目前我国第三方物流企业还存在经营成本较高、物流市场的机制不健全、竞争不规范等问题。第三方物流企业规模小，专业化程度低，没有形成大型的、有实力的、拥有跨地区甚至全国性网络的物流骨干企业和龙头企业，物流服务功能比较单一。

4．第三方物流配送建设与电子商务发展不相适应

目前，网络技术发展很快，但第三方物流配送系统建设相对滞后，影响了电子商务的推广和应用，成为电子商务发展的"瓶颈"。

5．第三方物流服务的信息系统缺少

第三方物流服务过程参与方之间的信息共享非常有限，在很多情况下甚至根本不存在。

总而言之：一方面我国目前专业的第三方物流企业较少，而能成规模的则更是少之又少，特别是新成立的第三方物流企业，有些竟然是鼠标加三轮车的配送体制；另一方面，一些资金比较雄厚的企业投巨资于储运设备和场地，建立自己的规模型第三方物流企业。

这些状况发展的结果是，一方面使配送服务水平粗糙化，另一方面也使社会储运资源大量闲置浪费。

四、促进我国第三方物流发展的对策

1．加快产权制度改革，激发企业活力

我国现有的第三方物流企业多数是从国有仓储、运输业转型而来，不能完全适应国际市场竞争，必须建立股权多元化的股份制企业和完善的法人治理结构，理顺权益关系，实现政企分开、所有权和经营权分离，保证企业按市场规则运作，激发企业活力，向现代物

流业转化。特别是规模较大的企业：一方面要进行内部的整合，优化内部资源配置；另一方面借助资本市场的力量，进行企业改制上市，吸收和利用社会闲散资金，克服资金不足的缺陷，促使企业快速成长壮大，促使现代企业制度的建立和运作。

2．应用现代信息技术，加强网点建设

信息化与否是衡量现代物流企业的重要标志之一，许多物流跨国企业都拥有"一流三网"，即订单信息流，全球供应链资源网络，全球用户资源网络，计算机信息网络。借助信息技术，企业能够整合业务流程，能够融入客户的生产经营过程。企业要抓网络建设，一方面，要根据实际情况建立有形网络，若企业规模大、业务多，可自建经营网点；若仅有零星业务，可考虑与其他物流企业合作，共建和共用网点；还可以与大客户合资或合作，共建网点。除了介绍公司、仓库、货物信息外，特别要提供用户所关心的送货信息，实现事物处理信息化，信息处理电子化。另一方面，要建立信息网络，通过互联网、管理信息系统、电子数据交换系统（EDI）等信息技术实现物流企业和客户共享资源，对物流各环节进行实时跟踪、有效控制与全程管理，形成相互依赖的市场共生关系。

3．培育自己的核心竞争力

第三方物流企业必须建立自己的核心竞争力，才能在竞争日益激烈的情况下站稳脚跟，适应客户越来越高的服务需求。核心竞争力可以是某种专利技术，也可以是某种企业文化。在第三方物流行业中，物流企业提供的服务产品是企业成功的关键，只有把握住服务产品的特征与发展趋势，冷静应对市场变化，企业才能在市场竞争中取胜。

结合核心竞争力的含义与第三方物流企业的实际情况，可以推出第三方物流企业是否具有核心竞争力的衡量标准，即第三方物流企业是否能提供既满足客户需求，又不易被竞争对手模仿的独特的服务产品，这个独特的服务产品就是增值服务。

第三方物流服务正向着更高层次的方向发展，且日益多样化、综合化。非基础服务产品的发展与创新，即增值服务的发展与创新，已经成为物流服务产品未来的发展方向。物流管理主体型服务都是增值服务的体现，显而易见，增值服务将成为第三方物流企业应对市场变化、争取客户支持的关键性服务，将作为企业的核心竞争力不断发展。

4．跟踪市场节奏，及时调整企业经营战略

在当今市场变化越来越快的形势下，对物流的需求出现了一些新的特征，即电子商务巨大的发展前景，给物流企业指明了发展方向。可以预见，能否抓住服务于电子商务的经济增长点，将是物流企业在未来的竞争中能否取得优势的关键。

5．树立合作竞争的价值观

生产企业在选择第三方物流企业时，最看重的是物流满足能力和作业质量。同时，第三方物流企业只有具备一定的规模，才有可能提供全方位的服务，才能实现低成本扩张，取得规模效益。目前，许多第三方物流企业都是计划经济时期的商业、物资、粮食等部门的储运企业转型而来的，都有特定的服务领域，彼此间竞争不大。若要适应国际化的竞争需要，必须打破业务范围、行业、地域、所有制等方面的限制，树立全国一盘棋的思想，整合物流企业，鼓励强强联合，组建跨区域的大型集团，而且只有兼并联合，才能合理配置资源和健全经营网络，才有可能延伸触角至海外，参与国际市场竞争。

另外，从物流业的发展趋势看，那些既有大量物流设施、健全网络，又具有强大全程

物流设计能力的混合型公司发展空间最大，只有这些企业能把信息技术和实施能力融为一体，提供"一站到位"的整体物流解决方案。公司要提供全方位服务的方式，与大客户加强业务联系，增强相互依赖性，发展战略伙伴关系，全面提升现代物流的运作水平和管理水平，改变传统物流的分块经营、多头负责的旧模式。通过服务平台有效地整合客户的资源，整合供应链各个环节，集成资源和能力，整合社会的运作资源，实施供应链一体化的高效运作。

6．加强物流成本的管理，努力降低物流总成本

一般的企业要对自己的物流成本很清晰，要明确不仅仅仓储费用和运输费用是物流的成本、缺货损失等，以上这些费用支出，尤其是存货持有成本对于企业的财务绩效起举足轻重的作用。企业的物流管理目标应是将物流总成本最小化，而绝不是只对部分物流成本进行优化。因为他们之间是交替损益的关系。一种成本降低的同时，有时会引发其他成本的上升，最终结果导致了成本的变相增加，而不是减少，所以企业很重要的一点是一定要明确它的物流总成本，进行详细的物流总成本的审计。

7．强化增值服务，增强工业企业的物流需求

第三方物流的增值服务是根据客户的需要，为客户提供的超出常规的服务，或者是采用超出常规的服务方法提供的服务。创新、超常规、满足客户需要是增值性服务的本质特征。增值服务主要是借助完善的信息系统和网络，通过发挥专业物流管理人才的经验和技能来实现的，依托的主要是第三方物流企业的软件基础，因此是技术和知识密集型的服务，可以提供信息效用和风险效用。这样的服务融入了更多的精神劳动，能够创造出新的价值，因而是增值的物流服务。

8．要重视物流人才培养，实施人才战略

企业的竞争归根结底是人才的竞争。我们与物流发达国家的差距，不仅仅是装备、技术、资金上的差距，更重要的是观念上的差距。只有物流从业人员的素质不断提高，不断学习与应用先进技术、方法，才能构建适合我国国情的第三方物流企业。要解决目前专业物流人才缺乏的问题，较好的办法是加强物流企业与科研院所的合作，使理论研究和实际应用相结合，加快物流专业技术人才和管理人才的培养，造就一大批熟悉物流运作规律、并有开拓精神的人才队伍。物流企业在重视少数专业人才和管理人才培养的同时，还要重视所有员工的物流知识和业务培训，提高企业的整体素质。

另外，发展第三方物流是一项系统工程，除了物流企业自身的努力外，还需要政府和行业协会的推动和调控作用，为第三方物流企业发展创造良好的外部环境。总的来说，可以总结为：一是尽快建立健全相应的政策法规体系，特别是优惠政策的制定和实施，使第三方物流的发展有据可依；二是尽快建立规范的行业标准，实施行业自律，规范市场行为，使物流业务运作有章可循；三是发挥组织、协调、规划职能，统一规划，合理布局，建立多功能、高层次、集散功能强、辐射范围广的现代物流中心，克服条块分割的弊端，避免重复建设和资源浪费现象，促进我国第三方物流企业健康、有序地发展。

任务二　国际物流与国际贸易

一、国际物流的概念

国际物流（International Logistics，IL），是组织材料、在制品、半成品和制成品在国与国之间进行流动和转移的活动。

对国际物流的理解分广义和狭义两个方面。

广义国际物流是指各种形式的物资在国与国之间的流入和流出，包括进出口商品、暂时进出口商品、转运物资、过境物资、捐赠物资、援助物资、加工装配所需物料、部件以及退货等在国与国之间的流动。

狭义的国际物流是指当国际贸易发生时，生产和消费在两个或两个以上的国家（或地区）独立进行，为了克服生产和消费之间的空间距离和时间距离，而对商品实体所进行的物理性移动的一项国际经济贸易活动。

由狭义概念可知，国际物流是伴随国际贸易的产生和发展而形成的，是国际贸易的必然组成部分，二者之间相互依存、相互制约。各国之间的相互贸易最终通过国际物流来完成国际商品交易的最终目的，即实现卖方交付单证、货物和收取货款，而买方接受单证、支付货款和收取货物的贸易对流条件。

与此同时，国际物流是现代物流系统中重要的物流领域，近十几年有很大的发展，也是一种新的物流形态。无论是广义的国际物流，还是狭义的国际物流，都是不同国家之间的物流，是国内物流的延伸和进一步扩展，是跨国界的、流通范围扩大了的物的流通，又称国际大物流。

二、国际物流的特点

国际物流是按国际分工协作的原则，依照国际惯例，利用国际化的物流网络、物流设施和物流技术，实现物品在国际的流动与交换，以促进区域经济的发展和世界资源的优化配置。国际物流为国际贸易和跨国经营服务，它以最佳的方式与路径，以最低的费用和最小的风险，保质、保量、适时地将物品从一国的供应方转给另一国的需求方。

相对于国内物流，国际物流具有以下一些特点：

1. 国际物流的系统范围广泛，政策性强

物流本身的功能、要素系统与外界的沟通已经很复杂，国际物流又在这复杂的系统上增加了不同国家的要素，这不仅使地域和空间变得广阔，而且所涉及的国内外因素更多，所需的时间更长，带来的直接后果是难度和复杂性增加、风险增大。正因为如此，国际物流一旦融入现代化系统技术，其效果会十分显著。

国际物流作为国际贸易的一个组成部分，在物流过程中，需要经常同国外发生直接或间接的联系，这种联系不仅是经济上、业务上的联系，而且也会涉及国际政治问题，所以，

国际物流既是一项经济工作，也是一项政策性很强的涉外活动。

2．物流环境存在差异，"游戏规则"具有国际性

国际物流的一个突出特点是各国物流环境的差异，尤其是物流软环境的差异。不同国家的不同物流适用法律的不同，使国际物流的复杂性远远高于一国范围之内的物流；不同国家不同的经济和科技发展水平会造成国际物流处于不同科技条件的支撑下，甚至有些地区根本无法应用某些技术而迫使国际物流全系统水平下降；不同国家的不同标准，也造成国际物流"接轨"的困难，因而使国际物流系统难以建立；不同国家的风俗人文也使国际物流受到很大局限。

由于物流环境的差异，迫使一个国际物流过程需要在多个不同法律、人文、习俗、语言、科技、设施的环境下运行，这无疑会大大增加国际物流的难度和系统的复杂性。

在国际物流活动中，由于其复杂性、差异性，就要求国际物流活动的参与者不能强迫其他参与者都遵守本国的相关规定。因此，在国际物流的发展过程中也逐渐形成了一些各国普遍遵守的国际通则。例如，我国国内水路运输对承运人实行严格责任制，而在国际海运中对承运人实行不完全的过失责任制。由此可见，国际物流中的"游戏规则"具有国际性。

3．运输距离长、中间环节多、时间性强、风险较大

国际物流是不同国家之间的物流，所以，国际物流的运输距离比国内运输距离要长得多，由于运输距离长，在运输过程中往往需要使用多种运输工具和变换不同的运输方式，造成装卸搬运和换装的中间环节多。

当前在国际市场上，出口商品的竞争十分激烈，不仅要求商品本身的质量好，而且要求上市的速度要快，以提高出口商品的竞争能力以巩固与扩大销售市场。所以，国际物流的时间性很强。

国际物流运输距离长、中间环节多、涉及面广，情况复杂多变，其风险也比国内物流要大得多。国际物流可能遇到的风险包括政治风险、经济风险、自然风险和意外事故等。例如，国际物流运输中，由于运输距离长、时间增加、中途转运、装卸频繁等原因，使物品遭受灭失、损坏的风险增大；由于汇率的变化、企业资信问题等原因，使国际物流运作中面临更多的信用及金融风险等。

4．对技术和标准化的要求更高

在国际物流中，生产企业或货主会在很大程度上依靠第三方物流经营者提供的物流服务和情报、信息以及相关单证，而这些信息交流的工作必须有国际化的信息系统作为支持。国际化信息系统是国际物流非常重要的技术手段。此外，在国际物流中，海上运输、航空运输以及国际多式联合运输等是国际物流采用的主要运输方式。国际物流运输线路长，对运输途中物品保管、存放条件要求高，运输环境较为复杂，因此，必然要使用专业化和大型的运输工具和运输设备来提高运输的效率，节约物流成本。

要使国际物流畅通起来，统一标准是非常重要的。如果没有统一的标准，国际物流水平将难以提高。目前，美国、欧洲基本实现了物流工具、设施标准的统一，如托盘采用 1 000 毫米 ×1 200 毫米规格，集装箱也有统一规格，使用统一的条码技术等，这大大降低了运转的难度，提高了运输效率，节约了物流费用。而那些尚未实现物流标准化、采用统一标准的国家在国际物流的货物转运、换装等诸多方面会耗费更多的时间和费用，这必将影响其

物流的国际竞争能力。

三、国际物流与国际贸易的关系

国际贸易（International Trade）是指世界各国（地区）之间的商品以及服务和技术交换活动，包括进口和出口两个方面。从一个国家的角度看，这种交换活动称为该国的对外贸易；从国际范围来看，世界各国对外贸易的总和，就构成了国际贸易，亦称世界贸易。国际物流是随着国际贸易的发展而产生和发展起来的，并已成为影响和制约国际贸易进一步发展的重要因素。国际物流与国际贸易之间存在非常紧密的关系。

1．国际物流是实现国际贸易的必要条件

国际贸易是国际的商品流通和商品交换，进出口商品在空间上的流通范围更为广泛，地域更大，其中国际物流更是不可缺少的重要环节。在一笔具体的进出口交易中，买卖双方签订合同以后，只有通过物流过程，按照约定的时间、地点和条件把商品交给对方，贸易的全过程才最后完成，如果没有国际物流，国际贸易是无法开展和进行的。

尤其是在当前的国际贸易中，由于国际市场竞争十分激烈，交易双方对于交货时间、运送速度和运输费用等更为重视，快速、及时、安全、优质的物流活动不仅能保证供应，按时交货，而且还有利于抢占市场，扩大商品销路。反之，如果装运不及时，运输迟缓，到货速度慢，就会影响贸易的开展与进行，甚至还会减少销路，失去市场，造成经济上的损失和信誉上的不良影响。

2．国际贸易促进物流国际化

第二次世界大战以后，出于恢复重建工作的需要，各国积极研究和应用新技术、新方法，促进生产力迅速发展，世界经济呈现繁荣兴旺的景象，国际贸易的发展极为迅速。同时，由于一些国家和地区的资本积累达到了一定程度，本国或本地的市场已不能满足其进一步发展经济的需要，加之交通运输、信息技术及经营管理水平的提高，出现了为数众多的跨国公司。跨国经营与国际贸易的发展，促进了实物和信息在世界范围内的大量流动和广泛交换，物流国际化成为国际贸易和世界经济发展的必然趋势。

3．国际贸易的发展对物流提出新的要求

随着世界经济的快速发展和全球生产力布局的改变，国际贸易表现出一些新的趋势和特点，从而对国际物流提出了更新、更高的要求。

（1）质量要求。国际贸易的结构正在发生着巨大变化，传统的初级产品、原材料等贸易品种逐步让位于高附加值、精密加工的产品。由于高附加值、高精密度商品流量的增加，对物流工作质量提出了更高的要求。同时，由于国际贸易需求的多样化，造成物流多品种、小批量化，要求国际物流向优质服务和多样化发展。

（2）效率要求。国际贸易活动的集中表现就是合约的订立和履行。而国际贸易合约的履行是由国际物流活动来完成的，因而要求物流高效率地履行合约。从输入方面的国际物流看，提高物流效率最重要的是如何高效率地组织所需商品的进口、储备和供应。也就是说，从订货、交货，直至运入国内保管、组织供应的整个过程，都应加强物流管理。根据国际贸易商品的不同，采用与之相适应的现代化运输工具和机械设备等，对于提高物流效

率起重要的作用。

（3）安全要求。由于国际分工和社会生产专业化的发展，大多数商品在世界范围内分配和生产。国际物流所涉及的国家多、地域辽阔、在途时间长，受气候、地理条件等自然因素和政局动荡、罢工、战争等社会政治因素的影响，因此，在组织国际物流时，选择运输方式和运输路径，要密切注意所经地域的气候条件、地理条件，还应注意沿途所经国家和地区的政治局势、经济状况等，以防止这些人为因素和不可抗拒的自然力造成货物灭失。

（4）经济要求。国际贸易的特点决定了国际物流的环节多、备运期长。在国际物流领域，控制物流费用、降低成本具有很大潜力。对于国际物流企业来说，选择最佳物流方案，提高物流经济性，降低物流成本，保证服务水平，是提高竞争力的有效途径。

总之，国际物流必须适应国际贸易结构和商品流通形式的变革，向国际物流合理化的方向发展。

四、国际物流企业在进出口贸易中的业务

进出口贸易的履约工作，过去大都由各外贸专业公司自己的报运部门执行，现在享有进出口经营权的外向型企业不断增加，这些企业为了集约化经营，便将履约中的许多工作采取外包策略，委托国际物流企业或国际货运代理办理。例如：进口履约中的租船订舱、报关、报检、转运及理货等；出口履约中的备货、货物保管、整理、包装、刷唛、租船订舱、集装箱装箱、理货以及办理报检、保险、报关和装船、制单结汇等。有的企业除对外成交签约外，其余的各项工作一概委托国际物流企业或国际货运代理办理。这种趋势今后可能还会进一步发展。因此，国际物流企业或国际货运代理在进出口贸易程序中的业务取决于与货主所签订的委托代理合同。国际贸易合同签订后的履行过程，就是国际物流系统的实施过程。

1. 出口合同的履行

在我国的出口业务中，多数采用成本加保险费加运费（Cost, Insurance and Freight, CIF）价格条件成交，并且一般采用信用证（Letter of Credit, L/C）付款方式。以 CIF 条件成交、信用证方式付款为例，其合同履行程序如图 8-1 所示。

从图 8-1 来看，出口合同的履行主要经过货（备货）、证（催证、审证、改证）、运（租船、订舱、报检和保险）、款（制单结汇）等环节。当从事进出口贸易的公司一边备货或备好货时，一般会选择合适的国际物流企业或货运代理来替它们租船订舱。当贸易方式为装运港船上交货（Free On Board, FOB）时，买方应及时将国际物流企业或货运代理的资料及装运指令交给卖方，以便卖方能顺利装船；当贸易方式是成本加运费（Cost and Freight, CFR）或 CIF 时，卖方也应将国际物流企业或货运代理租船订舱的情况和装运通知及时通知买方，以便买方投保或顺利提货。

出口合同履行程序的繁简取决于所使用的贸易术语和付款方式等。例如：在采用汇付或托收的情况下，就没有卖方催证、审证和改证的工作环节；在履行 CFR 出口合同时，就没有卖方负责投保的工作；在履行 FOB 出口合同时，卖方则既不负担租船订舱的任务，也无投保货物运输险的责任。

```
                          ┌──────────────┐
                          │   出口合同    │
                          └──────┬───────┘
                    ┌────────────┴────────────┐
              ┌─────▼─────┐            ┌───────▼──────┐
              │   备 货   │            │  来证（催证）  │
              └─────┬─────┘            └───────┬──────┘
  ┌────────────────▼─────────────────┐        │
  │核实商品品质、数量、包装、刷唛      │        │
  └────────────────┬─────────────────┘        │
              ┌─────▼─────┐            ┌───────▼──────────┐
              │  商品报检  │            │ 审核信用证（改证） │
              └─────┬─────┘            └───────┬──────────┘
        ┌───────────┴────────────┐
 ┌────┐ │                  ┌─────▼─────┐
 │商  │ │                  │   托 运   │
 │检  │ │                  └─────┬─────┘
 │证  │ │          ┌─────────────▼─────────────┐
 └──┬─┘ │          │  委托货运代理租船、订舱     │
    │   │          └─────────────┬─────────────┘
    │ ┌─▼────────┐ ┌─────────────▼──────────┐ ┌──────────────────┐
    │ │缮制各类单据│ │  配载后送货至码头仓库    │ │办理运输保险（保险单）│
    │ └──────────┘ └─────────────┬──────────┘ └─────────┬────────┘
    │            ┌────┐     ┌─────▼─────┐
    └───────────►│报  │◄────│           │
                 │关  │     │           │
                 └──┬─┘     │           │
          ┌─────────▼─────────┐         │
          │   海关验关放行     │         │
          └─────────┬─────────┘         │
              ┌─────▼─────┐             │
              │   装 船   │             │
              └─────┬─────┘             │
   ┌────────────────▼──────────────────┐
   │ 货物装船后取得大副收据并换取提单    │
   └────────────────┬──────────────────┘
   ┌────────────────▼──────────────────┐
   │汇集各种单证连同信用证交银行议付     │◄─────┘
   └──────┬─────────────────────────────┘
    ┌─────▼─────┐      ┌───────────┐
    │  外汇核销  │─────►│  出口退税  │
    └───────────┘      └───────────┘
```

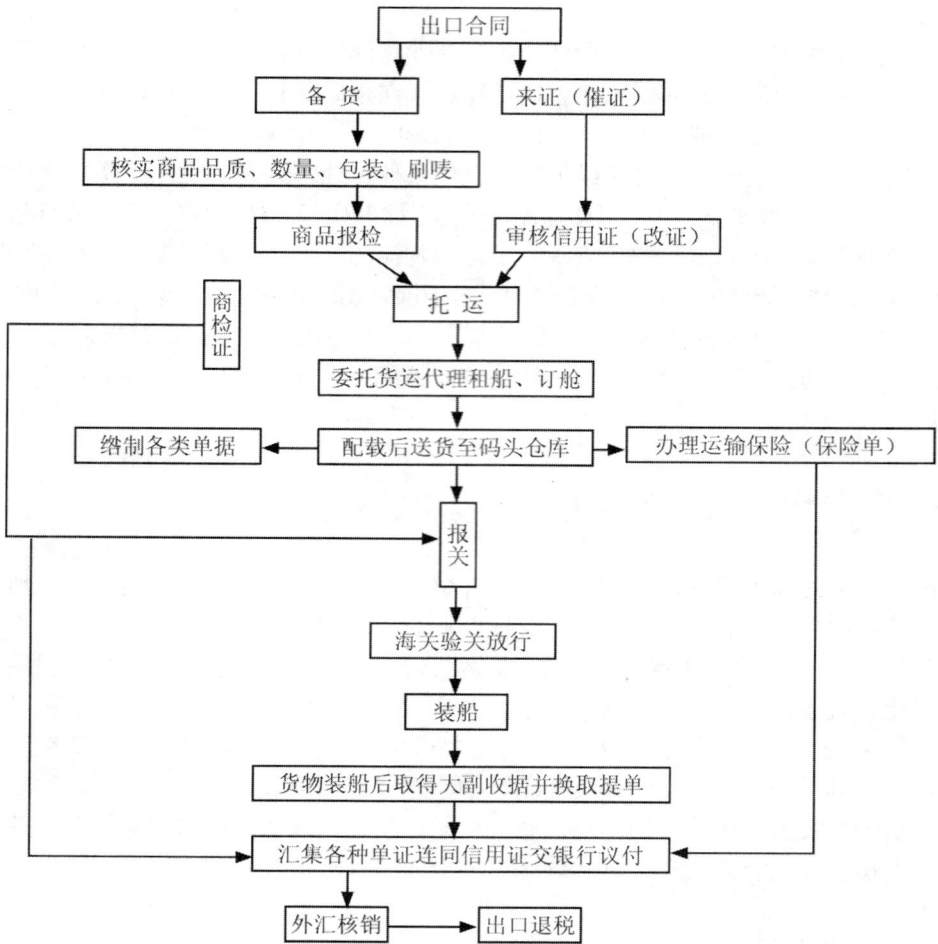

图 8 - 1 出口合同履行程序

2. 进口合同的履行

我国进口货物，大多数是按 FOB 条件并采用信用证付款方式成交的。按此条件签订的进口合同，买方履行合同的程序可以概括为证（申请、开立信用证）、船（租船订舱、保险）、款（审单付款）、货（报关、接货、检验），具体如图 8 - 2 所示。

从图 8 - 2 可知，FOB 条件并采用信用证付款方式成交的进口合同的履行程序包括开立信用证、租船订舱、接运货物、办理货运保险、审单付款、报关提货、验收与拨交货物和办理索赔等。

履行进口合同的环节和工作内容，主要取决于合同的类别及其所采取的支付方式。在采用汇付或托收的情况下，就不存在买方开证的工作环节；在履行 CFR 进口合同时，买方则不负责租船订舱，此项工作由卖方办理；在履行 CIF 进口合同时，买方不仅不承担货物从装运港到目的港的运输任务，而且不负责办理货运投保手续，这些工作由卖方按约定条件代为办理。

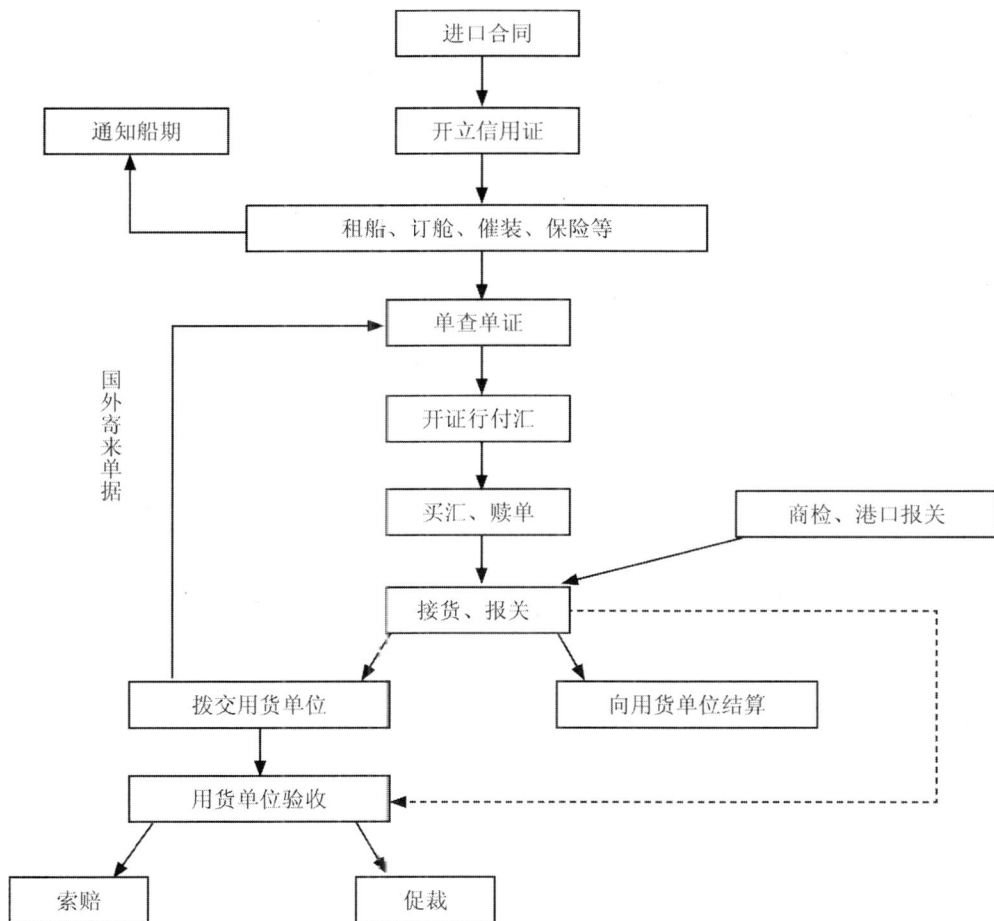

图 8-2 进口合同履行程序

实训活动

【实训目的】

了解我国及国际第三方物流企业的发展现状，掌握影响第三方物流企业发展的因素。

【实训内容】

选择国内与国外多家不同区域的比较有实力的大型物流企业进行调研，获得这些企业近3年的物流数据，并进行对比分析。

【实训要求】

1．尽可能获得跟物流有关的各项具体数据。

2．对比我国第三方物流企业和国际物流企业，描述我国物流企业的不足之处。

3．通过时间和地域的差异对比，总结影响物流企业发展的因素。

4．提出加快第三方物流发展的对策。

巩固练习

1. 我国第三方物流企业存在哪些不足？

2. 第三方物流相对于传统物流，具有哪些优势？

3. 针对当前第三方物流的发展现状，简述促进物流企业发展的措施。

4. 什么是国际物流？国际物流与国际贸易有何紧密联系？

项目九　物流客户服务

学习目标

1. 了解客户与服务的概念及两者间的关系。
2. 熟悉客户服务满意度的评价标准。
3. 掌握物流客户服务质量管理体系。
4. 掌握提高物流客户服务效率的方法。

情景导入

　　当前，国际知名物流公司纷纷进入中国市场，各大物流公司抢占市场的竞争使得客户资源愈显宝贵。据统计，企业的客户满意度如果有 5%的提高，企业的利润将会翻一番；而 2/3 的客户离去则多半是因为企业对他们的关心不够；企业向潜在客户推销产品的成功率大约为 15%，向现有客户推销产品的成功率则达到 50%，而企业向潜在客户推销产品的花费大约是向现在客户推销产品花费的 8 倍。美国的著名推销员乔·吉拉德在商战中总结出了"250 定律"。他认为每一位顾客身旁大体有 250 个亲朋好友。如果你赢得了一位顾客的好感，就意味着赢得了 250 个人的好感；反之得罪了一名顾客，也就意味着失去了 250 位顾客。因此物流企业经营者都认为，客户关系管理是企业成功和更富竞争力的最重要的因素之一。

　　　　　　　[王娟：《物流企业：句 CRM 要利润空间》，载《中外物流》，2006（03）。]

讨论与思考：

　　既然多数物流企业认识到了客户管理的重要，那么，物流客户服务的内容包括哪些方面？企业又应该如何提高客户服务质量？

任务一　客户服务的认知

一、客户与服务

（一）客户

　　对于企业来讲，客户的概念有外延和内涵之分：外延的客户是指市场中广泛存在的、对企业的产品或服务有不同需求的个体或消费群体；内涵的客户则是指企业的供应商、分销商以及下属的不同职能部门、分公司、办事处、分支机构等。

　　总之，在供应链环境下，个体的客户和组织的客户都统称为客户，因为无论是个体或组织都是接受企业产品或服务的对象，而且从最终的结果来看，客户的下游还是客户。因此客户是相对于产品或服务提供者而言的，他们是所有接受产品或服务的组织和个人的统称。

从物流客户的角度来看，客户可划分为 3 类：

第一类是常规客户或称为一般客户。这些客户主要受价格因素的影响，希望从企业那里获得直接好处，获得满意的客户价值。他们是经济型客户，消费具有随意性，讲求实惠，如果别的商店的价格比你低，他们就会马上离你而去。看重价格，是企业与客户关系的最主要部分，这直接影响企业的短期现实收益。

第二类是潜力客户或称伙伴客户，这类客户希望与企业建立一种长期伙伴关系，建立一种战略联盟，希望从与企业的关系中增加价值，从而获得附加的财务利益和社会利益，采用的是"双赢"战略。

第三类是关键客户或称为重要客户。这类客户希望从企业那里获得直接的客户价值外，还希望从企业那里得到社会利益，这类客户更关心商品的质量、价值和服务，他们是企业比较稳定的客户，虽然人数不占多数，但能给企业带来可观利润并且成为公司最大的利润来源。

（二）服务

服务是企业为他人的需要提供的一切活动。服务是人或组织的活动，或者对一种可触知产品的临时可支配性，目的是满足客户的需求和预期的要求。与有形产品相比，服务具有以下特征：

1．不可感知性

这是服务最为显著的一个特征，它可以从不同的层次来理解。

（1）服务的很多元素看不见，摸不着，无形无质。

（2）客户在购买服务之前，往往不能肯定他能得到什么样的服务。因为大多数服务都非常抽象，很难描述。

（3）客户在接受服务后很难察觉或立即感受到服务的利益，也难以对服务的质量作出客观的评价。

2．不可分离性

有形的工业品或消费品在从生产、流通到最终消费的过程中，往往要经过一系列的中间环节，生产和消费过程具有一定的时间间隔。而服务则与之不同，它具有不可分离的特点，即服务的生产过程与消费过程同时进行，也就是说服务人员向客户提供服务时，也是客户消费服务的时刻，二者在时间上不可分离。服务的这一特性表明，客户只有而且必须加入服务的生产过程才能最终消费到服务。

3．差异性

差异性是指服务无法像产品那样实现标准化，每次服务带给客户的效用、客户感知的服务质量都可能存在差异。这主要体现在 3 个方面：

（1）由于服务人员的原因，如心理状态、服务技能、努力程度等。

（2）由于客户的原因，如知识水平、爱好等，也直接影响服务的质量和效果。

（3）由于服务人员与客户间相互作用的原因，在服务的不同次数的购买和消费过程中，即使是同一服务人员向同一客户提供的服务也可能存在差异。

4．不可储存性

产品是有形的，可以储存，而且有较长的使用寿命；服务则无法储存，无法在某一年生产并储存。

5．缺乏所有权

缺乏所有权是指在服务和消费过程中不涉及任何东西的所有权的转移。既然服务是无形的又不可储存，服务产品在交易完成后便消失了，客户并没有实质性地拥有服务产品。

正由于服务具有上述特征，企业对于服务越来越重视。人比产品更独特，因此要区别对待客户，企业要用心经营的是客户，而不是产品。企业要获取的是客户份额，而不是市场份额，特别是以信息技术为依托，企业以服务来满足各类客户的需求，服务创造的价值并不少于产品制造创造的价值。

二、客户服务的概念及作用

（一）客户服务的概念

任何能让客户满意程度提高的服务项目，都属于客户服务的范畴。满意程度是客户"期望"的待遇与"获得"的待遇之间的差距。形成"期望"与"获得"之间差距的因素有许多，从企业服务产品广告宣传到产品本身的设计，以及员工的行为、客户本身的地位、素质，甚至感受服务当时的心情等，这些因素都很重要，但是对企业来说又是很难控制的。因此，满意的根源即构成客户服务的要素，而这些要素可以说是形形色色的，甚至是难以捉摸的。

对于客户服务（Customer Service）的定义，至今有 3 种较为典型的解释。

美国著名营销学者菲利普·科特勒（Philip Kotler）认为："服务是一方能够向另一方提供的基本上是无形的任何行为或绩效，并且不导致任何所有权的产生。它的产生可能与某种物质产品相联系，也可能毫无联系。"也就是说，服务可能以实体产品为依托，也可能与实体产品没有任何关系，只是一种技术或者智力付出；服务是一方向另一方的付出，这种付出可以使接受者获得满意；服务不会产生物权，但会产生债权，如服务是有偿的。

与菲利普·科特勒同时代的西奥多·莱维特（Theodore Levitt）却给客户服务下了另一个定义，他认为，客户服务是"能够使客户更加了解核心产品或服务的潜在价值的各种特色、行为和信息"，因此客户服务是以客户为对象，以产品或服务为依托的行为；客户服务的目标是挖掘和开发客户的潜在价值；客户服务的方式可以是具体行为，还可以是信息支持或是价值导向。

著名管理专家伯纳德（Bernard J. Lalonde）和保罗（Paul Zinszer）是从流程的角度来定义客户服务的："客户服务是一个以成本有效性方式为供应链提供显著的增值利益的过程。"他们认为，客户服务是一种活动、绩效水平和管理理念。把客户服务看做一种活动，意味着客户服务是企业与客户之间的一种互动，在这种互动中，企业要有管理控制能力；把客户服务看做绩效水平，是指客户服务可以精确衡量企业绩效，并且可以作为评价企业的一个标准；把客户服务看做管理理念，则是强调市场营销以客户为核心的重要性和客户服务的战略性。综上所述，物流客户服务是通过节省成本费用为整个物流交易提供重要的附加价值的过程。物流企业通过客户服务赢得新客户，留住老客户。

通过上述研究可知，如把客户服务范围限定得太窄，认为只与服务行业相关，显然是不正确的。随着我国市场经济的发展和市场竞争越来越激烈，多数物流企业获取和保持竞争优势的方法已经发生了改变。因此，对物流企业来说，掌握服务精髓，理解服务在国内外市场中能够为他们的产品确定持久的竞争地位所做的贡献是极为重要的。

总而言之，客户服务是一个过程，它具有经营管理的功能，属于一种经常性与计划性的工作。企业均通过它来保持与社会公众之间的了解，获得同情和支持。换句话讲，就是审读社会公众的意见，使本企业的政策与措施尽量与之配合，再运用大量的资料，争取建设性的合作，而获得共同利益。

（二）物流客户服务的作用

物流客户服务主要是围绕着客户所期待的商品，所期望的传递时间以及所期望的质量而展开的，在企业经营中有相当的作用，特别是随着网络的发展，企业间的竞争已淡化了地域的限制，其竞争的中心是物流服务的竞争。

1. 细分化市场营销要求物流客户服务必须差别化经营

进入细分化市场营销阶段，市场需求出现多样化和分散化，而且，发展变化十分迅速。在这种状况下，企业经营较以往任何时期都要艰巨，即只有不断符合各种不同类型、不同层次的市场需求，并且迅速、有效地满足其欲望，才能使企业在激烈的竞争和市场变化中求得生存和发展。而差别化经营战略中的一个主要内容是客户服务上的差异。所以，作为客户服务重要组成部分的差别化也相应具有了战略上的意义，即物流客户服务是差别化营销的重要方式和途径。

2. 物流客户服务水准的确立对经营绩效具有重要影响

决定物流客户服务水准是构筑物流系统的前提条件。在物流开始成为经营战略重要一环的过程中，物流客户服务越来越具有经济性的特征，即物流客户服务有随市场机制和价格机制变化而变化的倾向，或者说，市场机制和价格机制的供求关系决定了物流客户服务的价值，以及决定了一定服务水准下的成本，所以，物流客户服务的供给不是无限制的。因而，制定合理或企业预期的物流客户服务水准是企业战略活动的重要内容之一，尤其是对于一些特色运输、紧急输送等物流客户服务需要考虑成本的适当化或者各流通主体相互分担的问题。

3. 物流客户服务方式的选择对降低流通成本具有重要作用

低成本战略历来是企业营销竞争中的重要内容，而低成本的实现往往涉及商品生产、流通的全过程，除了生产原材料、零部件、人力成本等各种有形的影响因素外，物流客户服务方式等软性要素的选择对成本也具有相当大的影响力。合理的物流方式不仅能提高商品流通效率，而且能从利益上推动企业发展，成为企业利润的第三大来源。一些大型零售业为降低商品购入和降低物流成本，改变原来的物流系统，转而实行由零售主导的共同配送、直送、JIT 配送等新型物流客户服务，以支持零售经营战略的展开。这显示了物流客户服务的决策已成为企业经营战略不可分割的重要内容。

4．物流客户服务是有效连接供应商、生产商、批发商和零售商的重要手段

现代企业的竞争优势不是单一企业的优势，而是一种网络优势。企业经营网络的构造是当今竞争战略的主要内容，物流客户服务作为一种特有的服务方式：一方面以商品为媒介，打破了供应商、生产商、批发商和零售商之间的隔阂，有效地推动商品从生产到消费全过程的顺利流动；另一方面，物流客户服务通过自身特有的系统设施等不断将商品销售、在库等重要信息反馈给流通中的所有企业，使整个流通过程能不断协调适应市场变化，进而创造出一种超越单个企业的供应链价值。

三、客户服务的基本要素

企业的客户服务，不能简单地归结为产品的售后服务。根据提供物流服务的流程，物流企业的客户服务要素可以划分为 3 类，即交易前服务要素、交易服务要素、交易后服务要素。这 3 类要素分别属于客户服务流程的 3 个不同阶段：了解客户的需求和期望，进行服务设计的阶段；满足和超越客户需求，提供服务的阶段；确认客户是否满意和弥补不足的阶段。不同的阶段有不同的特色及所需的资源。

（一）交易前服务要素

交易前服务是一种积极的、超前的客户服务活动，它为客户服务的顺利开展提供有利的环境。交易前服务要素具体包括客户需求调查、企业的政策性因素、组织结构、系统柔性、物流服务的特色设计、客户宣传咨询等。

1．客户需求调查

客户需求调查主要指访谈调查，它是做好客户服务工作的第一步。通过面对面交流、呼叫中心或互联网进行信息沟通，分析并确认客户的真正物流需求，在此基础上制定本企业的客户服务战略和策略。交易前服务的质量除了用访谈成功率来衡量外，潜在客户群的扩大也是一个重要的标志。客户群的扩大，正是物流企业扩大市场占有率的基础和客户服务工作的重点。

2．政策性因素

政策性因素在长期内较少发生变动，对客户服务流程具有提纲挈领的指导作用，可以使客户对所获服务的期望保持相对稳定。政策性因素主要包括以下内容：客户服务政策的书面声明（该声明以正式文件的形式反映客户需要，明确服务标准和员工的责任义务等内容）；客户接受服务政策的声明（给客户提供书面的声明，可以减少客户对服务性能的某些不切实际的期望，在具体的性能指标没有达到的情况下，该声明应明确客户同企业进行信息沟通的方式）。

物流管理实务 ——————————————— 202

3. 组织结构

尽管不存在适合成功实施所有客户服务政策的某种组织结构，但企业的机构设置应该有利于客户服务相关职能部门之间的沟通与协作。

4. 系统柔性

变通是影响物流企业成功的重要因素，物流系统在设计时要注意柔性和必要的应急措施，以便有效地响应诸如自然灾害、原材料或能源的短缺等突发事件。

5. 物流服务的特色设计

产品的开发与设计是保证产品质量的重要手段，物流服务也是如此。服务过程的设计是物流服务质量的核心，它包括 3 方面的工作：根据市场调研过程中获得的信息（客户外包物流的动因和期望的服务质量），制定具体的服务标准或规范；设计出服务程序，以便达到已制定的服务标准；制定服务过程的质量控制规范，保证服务程序的完整实施和服务标准的严格执行。

6. 客户宣传咨询

物流企业应当为客户提供针对物流服务的管理咨询服务，如发放培训手册、举办研讨会、面对面咨询等。

（二）交易服务要素

物流企业在获得客户的订单后，只能说是一笔交易活动有了良好的开端，客户服务进入满足和超越客户需求的阶段，开始重点考虑交易服务要素。交易服务要素主要指直接发生在物流交易过程中的客户服务要素，根据物流业务的流程分析，主要包括以下内容：

1. 处理订单的时间

处理订单的时间即从收到客户订单到开始投入备货所花费的时间。该时间越短，则处理订单的效率越高，其服务能力也就越强。

2. 备货时间

备货时间是指从开始备货到发货所花费的时间，这里包含了采货、配货、包装等过程。

3. 运输时间

运输时间是指将货物从备货地点送到客户手中的时间。这个时间不仅要短，更强调准时。描述物流企业运输服务的要素还有运输的频数、运输的可靠性、应急运输的能力、完整运送货物的百分比等。

4. 库存的可靠性

库存的可靠性是指物流企业是否存在库存缺损而发生推迟交货的现象。

5. 库存的利用率

库存利用率是指物流企业是否存在不合理的库存积压等情况。

6. 加工配送的协同性

加工配送的协同性是指物流企业将商品从不同地点组织到一起，然后又发送到不同客户手中的协调能力，多次订货能否成批运送的能力等。

7. 信用服务能力

信用服务能力是指物流企业的验收、结算的快速准确性，资金融通能力以及合同的兑现率。

以上要素可以基本反映一个物流企业的服务能力和服务水平，是客户服务传递过程的主要表现。我国部分转型中的物流企业，在几十年的发展过程中，积累了可观的物流服务软硬件基础。只要他们能转变观念，加强管理和调度，其服务能力是很有竞争力的。

（三）交易后服务要素

物流企业同客户之间的交易过程结束后，客户服务工作并没有完结，而是进入确认客户是否满意并改进服务的阶段，这一阶段涉及的服务要素有很多，如发票的准确性；客户的抱怨、投诉等情况的处理；货物损毁情况、包装物回收情况等；询问并确认客户需求的总体满足程度，鼓励客户提出意见和建议。交易后服务要素既检查以往客户服务的工作实绩，更重要的是要发现服务工作中的不足并改进提高，这是新一轮交易前服务的开始。

任务二　物流客户满意度评价

一、客户满意度的概念

客户满意是"客户对其要求已被满足的程度的感受"；是人们在接受了产品或服务，包括其所携带信息的刺激以后，所作出的一种肯定的心理状态；是人们对产品的一种主观的综合的评价。也就是说，客户是否满意取决于其接收的产品及信息对其刺激的方式和程度。当这种刺激满足了客户的要求（包括明示的或潜在的需求）时，就会对客户形成正刺激，从而使客户满意，而且这种刺激的程度越深客户就越满意；反之，就会对客户形成负刺激，引起客户抱怨，甚至客户投诉。

客户满意度（Customer Satisfaction Measurement，CSM）来源于市场营销理论的基本概念。"满意度"是客户满足情况的反馈。导入客户满意（Customer Satisfaction，CS）经营，不单单是经营理念上的转变，须将 CS 纳入整个经营体系之中，要求所有员工密切合作，切实将客户的需要作为日常经营活动中的"轴心"，积极提供客户满意的服务，CS 战略才能得到贯彻和落实。

客户满意度表示客户在每一个满意属性上的深度，是对满意的量化界定方法；是客户对所消费的产品、服务的满意状态和程度；是由事前期待与实际评价之比构成。

客户满意度还可以分为两种：行为意义上的客户满意度和经济意义上的客户满意度。

1. 行为意义上的客户满意度

行为意义上的客户满意度，是客户在历次购买活动中逐渐积累起来的连续的状态，是一种经过长期沉淀而形成的情感诉求。它是一种不仅仅限于"满意"和"不满意"两种状态的总体感觉。

营销界有一个著名的等式：$100-1=0$。意思是，即使有 100 个客户对一个企业满意，但只要有 1 个客户对其持否定态度，企业的美誉就立即归零。这种形象化的比拟似乎有夸大其辞之嫌，但事实显示：每位非常满意的客户会将其满意的意愿告诉至少 12 个人，其中大约有 10 个人在产生相同需求时会光顾该企业；相反，一位非常不满意的客户会把其不满意的意愿告诉至少 20 个人，这些人在产生相同需求时几乎不会光顾被批评的企业。可见，客户的满意度是一个绝不适用数学和逻辑法则的、难以量化的主观品质。

2. 经济意义上的客户满意度

对经济意义上的客户满意度，可以从其重要性方面加以理解。美国 *Magnus So Derlund* 杂志曾刊登的一条"客户满意：口碑相关曲线"表明，企业的客户服务处于一般水平时，客户的反应不大；一旦其服务质量提高或降低一定限度，客户的赞誉或抱怨将呈数倍的增加。企业只有在认真分析自身的长处与不足的基础上，采取积极有效的步骤，不断修正自己的行为，才能取得经济意义上较高的客户满意度。

行为意义上的客户满意度，很大程度上表现为客户对企业的忠诚度。客户忠诚度是商家的最大财富。做好客户服务的基本思想，就是努力将潜在客户转化为现在客户，将满意客户转化为忠诚的终身客户。

在客户选择企业的时代，客户对企业的态度极大程度地决定企业的兴衰成败。正是深谙此奥妙，麦当劳和万国商业机器公司（International Business Machines Corporation，IBM）的最高主管亲自参与客户服务，阅读客户的抱怨信，接听并处理客户的抱怨电话。因为他们心中有一笔账：开发 1 个新客户的成本是留住 1 个老客户的成本的 5 倍，而流失 1 个老客户的损失，只有争取 10 个新客户才能弥补。

二、客户满意度的衡量标准

客户满意度是一种很难测定的、不稳定的心理状态。在实际工作中，一般可以用以下标准来测度：

（1）客户重复购买次数及重复购买率。这是衡量客户满意度的重要标准。在一定的时期内，客户对某一产品或服务重复购买次数越多，说明客户的满意度或忠诚度越高，反之越低。当然，还有其他的因素也会影响重复购买，必须根据不同的服务性质区别对待，才能确定这一指标的合理界限。

（2）产品或服务的种类、数量与购买百分比，即客户购买某类产品或服务的品牌、数量以及客户最近几次购买各种品牌所占的百分比。这种百分比大小，在一定程度上反映了客户对品牌的满意度和忠诚度。

（3）客户购买挑选的时间。一般来说，挑选的时间越短，说明他对这一产品的忠诚度越高，反之越低。

（4）客户对价格的敏感程度。客户对各种产品或服务的价格敏感程度不同，一般来说，对喜爱、信赖的产品或服务的价格变动敏感性低，对不喜欢、不信赖的产品或服务的价格变动敏感性高。

（5）客户对竞争产品或服务的态度。客户对竞争产品有好感、兴趣浓，对某一品牌的

205

忠诚度低，购买时很可能以前者代替后者；如果对竞争产品很没好感、兴趣不大，则对某一品牌的忠诚度高，购买指向比较稳定。

（6）客户对产品或服务的承受能力。客户对产品或服务的一般性质量事故或偶尔的质量事故持宽容态度，并会继续购买，则表明对某一品牌的忠诚度很高；若因此拒绝这一品牌，则忠诚度不高。

当然，除上述指标外，还有许多细化指标，企业可以多方面调查客户的满意度，了解客户意见，识别核心客户，变被动"等待"为主动"培养"忠诚客户。

任务三 物流客户服务质量与绩效管理

对物流企业来说，构筑完善的物流服务质量管理体系，保证物流服务全过程的高质量，提供让客户满意的服务是取得竞争优势的保障。企业发现问题、找出差距和提高物流服务的效率对企业的生存有重要的意义。

一、物流客户服务质量的内涵

从 20 世纪 60 年代以来，许多学者对服务质量的定义进行了大量的探索。每一种定义都有其优点和不足。在此，我们引进世界标准化组织对质量的定义：质量是反映产品或服务满足客户需求或隐含需求能力的特征和特性的总和。依照上述定义，服务质量则是产品生产的服务或服务业满足规定或潜在需求（或需要）的特征和特性的总和。特性用来区分不同类别的产品或服务，特征则丆来区分同类服务中不同的规格、档次和品位。

物流客户服务作为一种无形的特殊产品，其服务过程是一个有顾客直接参与的过程。正确认识物流客户服务质量的过程是在识别的基础上认可物流客户服务质量的过程。物流客户服务质量的内涵包括以下内容：

（1）物流客户服务质量是顾客感知的对象。

（2）物流客户服务质量是在服务提供和交易过程中的每一个环节表现出来的。

（3）物流客户服务质量既要有客观方法加以规定和衡量，更多地要按照顾客主观的认知加以衡量和检验。

（4）物流客户服务质量的提高需要内部形成有效的管理和支持系统。

从以上内容我们不难看出，物流客户服务产品与有形产品在其质量内涵上是有差异的，主要表现在以下几个方面：

（1）顾客评价物流客户服务质量时的主观标准（预期服务质量）更多一些，评价难度更大。

（2）顾客对物流客户服务质量的认知主要取决于他们预期与实际所感受到的服务水平的对比。

（3）顾客对物流客户服务质量的评价不仅看服务的结果，更注重服务的过程。

显而易见，顾客对物流客户服务质量的评价高低取决于他们预期与实际感知的服务质量的差距大小。

预期服务质量即顾客对物流客户服务企业所提供服务预期的满意度。感知物流客户服务质量则是顾客对物流客户服务企业所提供的服务实际感知的水平。如果顾客对服务实际感知水平符合或高于其预期水平，则顾客获得较高的满意度，从而认为企业具有较高的服务质量；反之，则会认为企业的服务质量较低。

顾客先入为主的预期服务质量标准直接影响顾客对整体服务的认知。如果预期质量过高，不切实际，即使从某种客观意义上说他们所接受的服务水平很高，他们仍然会认为企业的服务质量较低。

二、物流客户服务质量的构成要素

服务质量是由技术质量、职能质量、形象质量和真实瞬间构成，它是顾客感知质量与预期质量的差距的具体表现。

1．技术质量

技术质量是指物流客户服务过程的产出，也就是顾客从服务过程中所得到的东西。技术质量在物流客户服务质量评价指标中是最容易感知和评价的。一般来说，技术质量都有比较客观的标准，容易被顾客所感知和评价，因为它是物流客户服务交易的核心内容，并且具有一定的可感知性。

2．职能质量

职能质量是指物流客户服务推广过程中顾客所感受到的服务人员在履行职责时的行为、态度、着装和仪表等给顾客带来的利益和享受。这种利益和享受很难有一个非常客观的评价标准来说明是否满足了消费者需求。那种先入为主而存在于消费者头脑中的主观标准，往往起决定性的作用。同样的服务，由于服务对象不同，获得的服务质量评价可能会有很大的差异，即使是从在同一时间、同一地点享受同样服务的不同对象所获得的服务质量评价也不完全相同。这是因为服务过程的质量不仅与服务时间、地点、服务人员的仪态仪表、服务态度、服务方法、服务程序、服务行为方式有关，而且与顾客的个性特点、态度、知识和行为方式等因素有关。人们难以对它进行客观而公正的评价，职能质量完全取决于顾客的主观感受。

3．形象质量

形象质量是指物流客户服务企业在社会公众心目中形成的总体印象。企业形象是通过视觉识别系统、理念识别系统和行为识别系统多层次体现的。顾客可以从企业的资源利用、组织结构、市场运作和企业行为方式等多个侧面来认识企业形象，最后形成一个思维定式。到一个信誉非常好的企业去享受服务，人们很少担心服务质量问题，而更多地关注如何去享受企业所提供的服务。

一个优良的物流客户服务企业形象，是一笔巨大的无形资产。企业形象好比是"过滤器"，通过它，人们看到的技术质量，特别是职能质量将大不相同。良好的形象是一项保护伞，即使是物流客户服务过程中出现瑕疵，也会被良好的总体形象所掩盖。如果同样的问题频繁出现，则保护伞的作用将会逐渐丧失，企业形象也随之恶化，一个不好的形象会使顾客"横挑鼻子竖挑眼""鸡蛋里面挑骨头"。当然，那些为顾客所不能容忍的失误是绝对不能出现的，哪怕是非常微不足道的小事情，也会使企业在消费者心目中的美好形象产生逆转。因为物流客户服务质量出现了问题，在很多情况下是完全无法补救的。

4．真实瞬间

真实瞬间是指在特定的时间和特定的地点，物流客户服务供应者抓住机会向客户展示其服务质量的过程。它是一种真正的机遇，一旦时机已逝，服务过程就结束了，企业也就无法改变顾客对企业提供的服务的感知水平，在这个过程出现的服务质量问题是无法补救的。因为时间和地点是特定的，所以这个时机并不是在任何时间和任何地点都可能出现的，时机是有限的。

由于物流客户服务产品的不可存储性和服务过程的不可重复性，要求物流企业在提供服务产品的过程中应计划周密、执行有序，防止棘手的"真实瞬间"出现。

因此，物流企业的服务质量应从小事抓起，抓好物流客户服务过程中的每个细小环节，给消费者一个美好印象，使他们获得高质量的服务。

三、物流客户服务质量管理体系

世界标准化组织 1991 年颁布的[GB/T 19004.2—1994(idtl ISO 9004—2:1991)]《质量管理和质量体系要素——第二部分：服务指南》质量体系原则中，将服务质量体系的关键方面用一个"三角四圈图"来表示，如图 9-1 所示。该图表示出顾客是服务质量体系的关键点，只有当管理职责、人员和物质资源以及质量体系结构三者之间相互配合协调时，才能保证顾客满意。这个图是服务质量体系中最重要、内容最丰富、最深刻的一个框图，人们称之为"服务金三角"，其核心就是顾客。

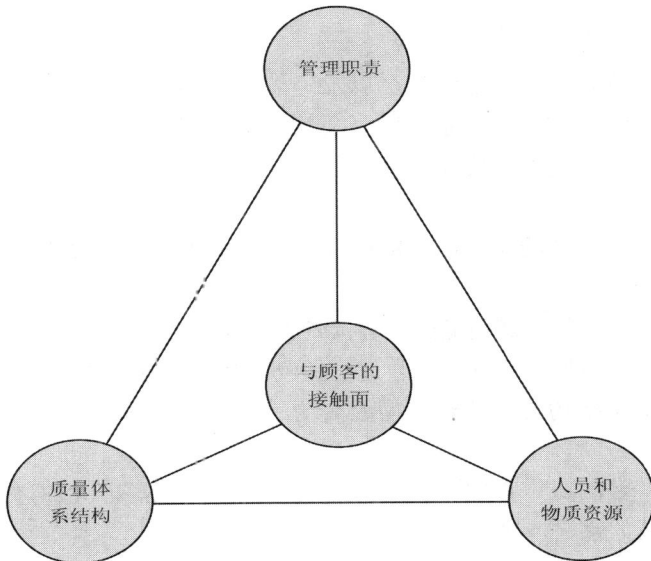

图 9-1 服务金三角

物流服务作为服务业与生产制造业的最大区别在于物流客户服务直接与顾客接触，其提供的服务过程与顾客的消费过程是在同一时间和空间里进行的；而制造业的生产过程，顾客不直接参与，顾客见到和接受的是企业生产出来并经过检验的产品。因此，制造企业一般只考虑企业内部员工的劳动管理、机器设备的维护和改造、生产工序的严格控制、产品和半成品的层层检验等提高产品质量的各项措施。而在物流服务业，顾客不仅直接接触到服务人员，还会直接接触到服务设施和设备，还会直接接触到服务的环境气氛；与此同时，顾客也在营造或影响服务的环境气氛。所以物流服务行业不容置疑地应将顾客作为其核心和焦点，必须时时处处考虑顾客的存在与要求。服务的目的就是"满足顾客的需求"。

"服务金三角"的3个顶端圆表示了服务质量体系的3个关键方面——管理职责、人员和物质资源、质量体系结构。管理者的首要职责是制定物流服务企业的质量方针和目标，以便全体员工理解和掌握，充分调动全体员工的积极性。管理者还要建立一个完善的质量体系，实施对所有环节的物流服务质量的控制、监督、评价与改进。人员和物质资源都是企业的资源，没有良好的人力资源和物质资源，企业就不能提供优质的服务。当然如果企业没有建立一个有效的质量体系，再好的人员和物质也不能得到合理的配置，且难以发挥作用。这3个关键方面必须最大限度地面向顾客——"服务金三角"的核心与焦点。

四、物流服务企业的绩效评价

绩效评价已经被物流服务企业所重视，很多企业设计了比较科学的绩效评价体系，并将这项管理工作形成制度固定下来，成为及时了解企业的运营绩效、调整和改进企业运营计划的基础。全面的物流服务企业绩效评价应当从企业内部评价和外部评价两方面进行。

（一）企业内部绩效评价

企业内部绩效评价是对企业运营状况以及资源、赢利能力等的基础性评价，是物流服务企业绩效评价的重点。它侧重将企业现有绩效水平同历史或目标水平进行比较，从而为管理者决策提供依据。企业内部绩效评价的指标分为以下几个方面：

1. 成本

成本是企业绩效最直接的反应。物流成本在职能上大体可以分为商品流通费、信息流通费和物流管理费。

（1）商品流通费，指为完成商品的实体流通而发生的各项费用。

（2）信息流通费，指搜集、处理和传递有关物流活动的信息而发生的费用。

（3）物流管理费，指物流企业开展物流活动所进行的计划、组织、监督、调查、控制所需的费用。

企业应当通过有效的成本管理，真实反映成本的发生情况，并通过对总成本构成情况的分析反映企业的绩效水平。

2. 资产衡量

资产衡量主要反映为实现企业目标所投入资本的使用和产出情况。其可以采用下面 6

209

项具体衡量指标：

（1）利润总额，指物流企业在一定时期内组织物流活动过程中收支相抵后的余额。它是评价物流企业绩效的基本指标。

（2）总资产报酬率，指物流企业一定时期内获得的报酬总额与平均资产总额的比率。它能够反映出企业资本投入与产出的总体水平。

（3）净资产收益率，指物流企业在一定时期内的税后净利润与平均净资产的比率。它能够反映企业自有资本获得收益的能力。

（4）定额流动资金周转天数，指物流企业在一定时期内定额流动资金周转一次所需要的时间，通常以天为单位。它反映了物流企业资金的利用效果。

（5）资产负债率，指物流企业在一定时期内的负债总额与资产总额的比率。它反映了企业的负债水平。

（6）营业增长率，指物流企业本年的营业收入总额与上年的营业收入总额的比率。它反映了企业的发展状况和发展潜力。

3．客户服务

这一指标主要反映了物流企业满足客户需求的相对能力。

4．作业衡量

作业衡量主要反映企业生产率情况和作业效果，可用下面几项具体指标进行评价：

（1）全员劳动率：指物流企业在一定时期内完成的物流业务总额与平均人员数的比率。它反映了企业人力资源的总体绩效水平。

（2）差错事故率：指物流企业在一定时期内出现差错或事故的业务数与该时期内执行业务总数的比率。它反映了企业的物流作业的总体质量水平。

（二）企业外部绩效评价

企业内部绩效评价主要集中在对企业作业情况和经营水平的监控上，而外部绩效评价则是要对企业的形象、信誉以及市场地位等情况作出评估。这对物流企业制定正确的发展战略，提高企业物流服务质量都是必不可少的。

企业外部绩效评价主要是通过搜集和分析客户、政府或社会公众等评价主体的反馈信息来进行的，也可以采用设定标杆，通过与先进企业进行对比的办法实现。

绩效评价对物流企业的经营和发展来说是至关重要的，企业必须在经营活动中不断总结经验，逐步设计出符合自身特点的绩效评价体系，通过全面、真实的绩效评价推动企业发展。

五、提高物流客户服务效率的方法

我国物流企业还处于向现代物流转型时期，在客户关系方面，虽然企业积累了一定的客户信息，但缺乏先进的科学技术手段对这些信息进行有效管理与分析，企业的决策层对先进的科学管理方法如客户关系管理（Customer Relationship Management，CRM）缺乏认识与实践经验。在我国物流企业中，一般先针对目标市场的需求进行市场调查，通过调查分析的结果设计服务项目。然而，由于问卷设计不合理、问卷分析不规范、搜集到的信息不够准确等原因导致最终制定的服务内容与客户期望存在偏差。另外，许多企业在客户服务管理中存在难以控制的因素。这些不足都降低了物流客户服务的效率，降低了物流企业对客户的服务水平。以下几个方法可以切实有效地提高物流客户服务效率。

（一）正确认识顾客期望

好的客户服务必定是以客户需求为首要出发点。物流体系中各影响方，从各自的利益角度出发，对物流相关的期望如图 9-2 所示。从图中可以看出，产品供应者的期望是忠诚的消费者客户，以及第三方物流优质的服务和合适的价格；产品消费者的期望是良好的产品品质、合适的产品价格、优质的产品服务，尤其在产品服务中，产品可得性和运输及时性、准确性等服务质量对其期望影响相当大；物流服务商的期望是忠诚的客户、更大的市场份额及自身发展。

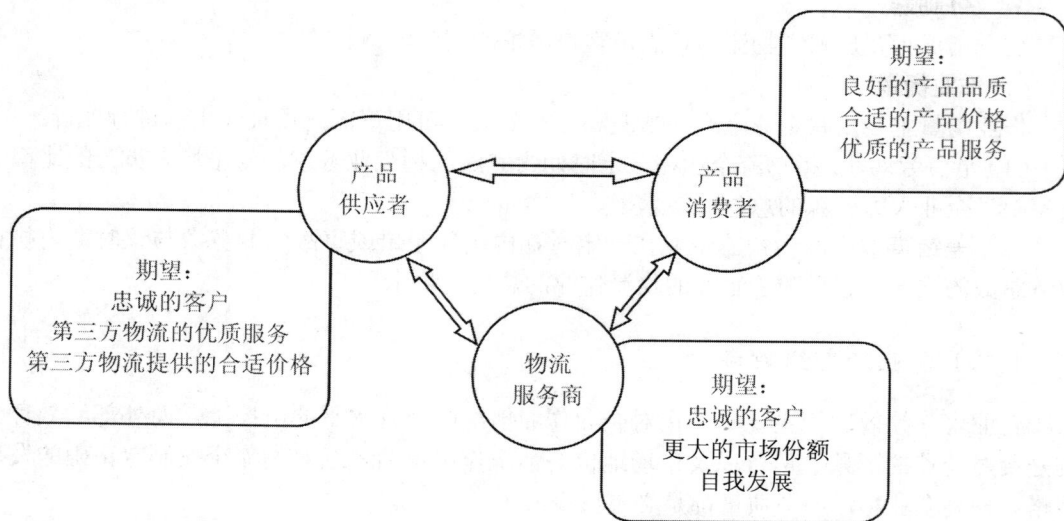

图 9-2　物流服务各方期望

（二）了解客户需求并制定差异化服务策略

一方面，企业需要取得准确的物流客户信息。物流客户信息的指标有市场占有率、投诉抱怨率、市场覆盖率、内部职能协调与响应流程时间、企业对客户的响应时间、价格适度性、环境与产品、客户关系管理等。

另一方面，企业应分析客户物流需求，划分客户群，了解客户需求的多样性，提升客户需求，了解竞争对手的水平，调查客户的潜在需求，制定差异化服务策略。

（三）建立 CRM 绩效模型

CRM 是指通过采用信息技术，使企业市场营销、销售管理、客户关怀、服务和支持等经营环节的信息有序地、充分地、及时地在企业内部和客户之间流动，实现客户资源的有效利用。客户管理专家曾对企业的营销进行研究，发现使用改善客户关系以增加客户满意度的营销方法，比通过折扣和利润回吐的营销手段增加了 15%的购买率和 30%的客户增长率，整体利润增长更是惊人地达到了 82%。美国学者斯坦科（Stank）在实证研究中发现，客户满意度和关系绩效之间的相关程度大于运营绩效与价格的相关程度，并发现运营绩效和价格水平还受到关系绩效的影响，从而形成以关系绩效为主导的影响客户满意度、进而由客户满意度影响客户忠诚度的理论模型，如图 9-3 所示。其中，关系绩效包括物流企业对客户需求的熟悉程度、合作中对客户的帮助和关心程度、能否为客户提供基于绩效长期共同提高的良好建议等 3 个主要内容。关系绩效使物流企业运营活动能够更加有针对性地进行，从而降低服务成本，提供合理和有竞争力的价格。市场共享是形成相互信任和联盟伙伴关系并保持这种关系长期发展的基础。这个模型有力地说明了客户关系对物流服务价值产生的重要影响。

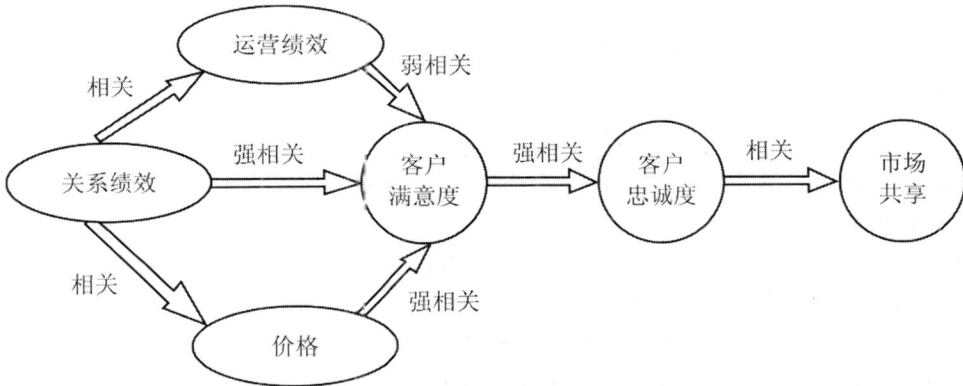

图 9-3　客户关系绩效模型

（四）提高物流企业的客户赢利潜力

任何客户都存在赢利的可能，因此都应当纳入物流企业关注的范畴。物流企业在决定客户服务内容时，应根据客户的经营规模、类型和对本企业的贡献度分别采取支援型、维持改善型和专注服务型策略。

1. 保护赢利客户并采取支援型策略

赢利客户是物流企业生存与发展的关键，因此应与其中的优质客户，建立长期、稳定的战略联盟；加强对赢利客户的保护，使他们免受竞争对手的攻击。对战略合作者实施积极的支援型策略，提供全程和配套的服务，根据合作者的要求来改变或重组服务流程。这些措施虽然可能暂时增加成本，但如能提高这些客户的忠诚度，就会保证物流企业从这些客户身上获得源源不断的利润，这为物流企业的生存和长期发展奠定了基础。

2. 发展与不赢利但有贡献客户的关系并采取改善型策略

这些客户虽然从利润上看是负的,但仍对企业有贡献,可补偿一部分的固定成本,减少企业的亏损;而且他们还存在巨大的改善空间,通过适当的措施,可能使这些客户转化为赢利客户,为物流企业的利润作出贡献。

3. 改变最不赢利客户的购买行为并采取专注型策略

对最不赢利客户,也必须慎重对待。这些客户往往是业务量庞大的超级客户。这些客户,尤其是其中知名的大客户,对企业的意义除了利润外,还有其品牌和影响力,便于企业作为"参考客户"或"榜样客户"去开拓新客户市场。如企业专注于这些客户的个性化需求,为他们量身定制专门的服务策略,则很可能通过多样化的增值服务来提高服务单价,从而使这些客户转变为赢利客户,为企业创造巨额利润。

(五)引进优秀物流人才并加强员工素质培养

物流服务的最终完成者是一线员工。企业的服务理念、服务质量最终都是通过员工传递给顾客,所以,要把"客户第一"与"员工第一"摆在同等重要的位置。对员工进行素质培养、业务培训和企业精神熏陶,使他们胜任工作,并鼓励和激励员工开展一些创造性的服务。

实训活动

【实训目的】
通过实践理解与客户服务质量有关的各种要素,掌握物流客户服务管理的方法。

【实训内容】
讨论拟定一份调查问卷,并使用这份调查问卷考核几个身边熟悉的物流企业。

【实训要求】
1. 通过对大众的调查统计,归纳出影响物流客户服务质量的因素。
2. 根据调查分析,阐述如何提高物流客服质量。
3. 总结调查情况,进一步完善调查问卷,保证调查更准确。

巩固练习

1. 什么是客户?什么是服务?它们之间存在何种关系?
2. 客户服务包含哪些基本要素?它们起什么样的作用?
3. 如何提高物流客户服务效率?
4. 如何对物流服务企业进行绩效评价?

参考文献

[1] 赵一萍．物流客户服务．北京：中国物资出版社，2006．

[2] 王淑娟，吴蔚，万立军，等．物流客户关系管理与服务．北京：清华大学出版社，2011．

[3] 李建萍，陈御钗，朱琳．物流技能实训教程．大连：大连理工大学出版社，2011．

[4] 王成林．物流实训．北京：中国物资出版社，2010．

[5] 田源．仓储管理．北京：机械工业出版社，2008．

[6] 史忠健，杨明．物流采购与供应管理．北京：中国人民大学出版社，2010．

[7] 夏秀艳，廖毅芳，许翔，等．运输管理实务．广州：广东省出版集团，广东经济出版社，2008．

[8] 霍红，马常红．物流管理学．北京：中国物资出版社，2010．

[9] 赵林度，李严锋，金汉信，等．仓储与库存管理．重庆：重庆大学出版社，2008．

[10] 王述英．物流运输组织与管理．2 版．北京：电子工业出版社，2011．

[11] 赵道致，王振强，等．采购与供应管理．北京：清华大学出版社，2009．

[12] 崔大巍．物流采购管理．北京：中国人民大学出版社，2011．

[13] 肖生苓．现代物流装备．北京：科学出版社，2009．

[14] 彭欣，周永明．物流学．北京：科学出版社，2010．

[15] 杨长春，顾永才．国际物流．3 版．北京：首都经济贸易大学出版社，2009．

[16] 霍红．第三方物流企业经营与管理．北京：中国物资出版社，2008．

[17] 张志勇，徐广姝，张耀荔．物流系统运作管理．北京：清华大学出版社，2009．

[18] 傅莉萍，沈艳丽．物流成本管理．北京：人民交通出版社，2008．

[19] 易华，李伊松．物流成本管理．2 版．北京：机械工业出版社，2009．

[20] 赵智锋．物流设备使月与管理．北京：人民邮电出版社，2010．

[21] 邬星根，李莅．仓储与配送管理．上海：复旦大学出版社，2005．

[22] 尚福久，马晓波，金科，等．物流信息技术实训．北京：清华大学出版社，北京交通大学出版社，2011．

[23] 彭扬，傅培华，陈杰．信息技术与物流管理．北京：中国物资出版社，2009．

[24] 王淑荣．物流信息技术．北京：机械工业出版社，2011．

[25] 朱凤仙，罗松涛，李人暗，等．物流配送实务．北京：清华大学出版社，2008．